미쳐서 살고
정신 들어 죽다

| 조선 후기의 빛나는 별들과 서양의 라이벌들 |

미쳐서 살고
정신 들어 죽다

| 조선 후기의 빛나는 별들과 서양의 라이벌들 |

이경식 지음

1판 1쇄 발행 | 2011. 4. 25

발행처 | Human & Books
발행인 | 하응백
출판등록 | 2002년 6월 5일 제2002-113호
서울특별시 종로구 경운동 88 수운회관 1009호
기획 홍보부 | 02-6327-3535, 편집부 | 02-6327-3537, 팩시밀리 | 02-6327-5353
이메일 | hbooks@empal.com

값은 뒤표지에 있습니다.
ISBN 978-89-6078-119-1 03900

| 조선 후기의 빛나는 별들과 서양의 라이벌들 |

미쳐서 살고
정신 들어 죽다

이경식 지음

Human & Books

일러두기

나이 표기는 모두, 해당 인물이 살던 당시 연도에서 태어난 연도를 빼서 계산했다.
예를 들어, 허균은 1569년 11월에 태어나서 1618년 8월에 죽었는데 이때 그의 나이는 마흔아홉 살이 된다.

목차

　멀고 먼 옛날, 지금으로부터 약 600년 전인 1392년, 고려가 망하고 유교를 지배이념으로 내세운 조선이라는 나라가 새로 들어섰다. 조선은 왕권을 강화해서 중앙집권적인 정치체제를 완비하고 과학과 문화를 활짝 꽃피웠다. 개국 후 제9대 왕인 성종대에 이르는 100년 동안, 개국 공신 집단과 그 자손들로 구성된 이른바 훈구파가 지배 집단을 형성하면서 (비록 왕실 사이에 권력 다툼이 있긴 했지만) 사회적으로나 국가적으로 별 탈이 없었다.

　그런데 왕권(王權) 중심의 지배세력인 훈구파에 대항하는 사림파 세력이 성장해서 신권(臣權) 중심의 지배 체제 개편을 요구하면서 정국에는 회오리바람이 불었고, 훈구파는 몇 차례의 사화(士禍)를 일으켜 사림파에게 핏빛이 낭자한 타격을 가했다. 그리고 사림파와 훈구파의 싸움은 이후 더욱 복잡하게 전개되어, 사림파 내부에서도 분파가 생겼다. 이렇게 다시 100년 의 세월이 흘러, 개국 200년 만에 조선은 임진왜란이라는 위기를 맞는다.

　한편 몽골족의 원나라를 멸망시키고 1368년에 등장한 한족의 명나라는 환관의 정치 개입으로 조정의 기강이 흐트러졌으며 16세기 들어 여러 폐단을 개혁하려는 움직임이 있었지만, 이를 둘러싸고 붕당 사이에 치열한 정쟁이 일어나 결국 개혁은 실패로 돌아간다. 그리고 왕실의 사치와 방탕으로 국운이 쇠해가던 와중에 일본이 조선을 침략하는 사건을 맞는다.

또 한편 일본에서는, 조선이 개국한 지 80년쯤 지난 뒤인 1467년부터 전국시대가 시작되어 단일국가 형성을 위한 치열한 싸움이 전개되다가 120여 년 만인 1590년에 마침내 도요토미 히데요시가 일본을 통일하고, 국내 정치의 안정을 도모하며 조선 침략에 나선다.

그리고 멀리 유럽에서는, 조선이 개국한 지 정확하게 100년 뒤인 1492년에 콜럼버스가 아메리카 항로를 발견한 이래 유럽의 여러 나라들이 약탈과 통상을 목적으로 앞 다투어 아메리카와 아시아 그리고 아프리카로 진출하기 시작했다. 그로부터 100년쯤 뒤인 1588년에 영국은 스페인의 무적함대를 격파하고 새로운 강자로 부상해 식민지 경쟁에 한발 앞서가며 장차 19세기에 펼쳐질 제국주의적 팽창의 기반을 마련한다.

유럽에서 대서양을 지배하는 강자가 뒤바뀌는 커다란 사건이 일어나던 바로 그 시기, 조선이 개국한 지 정확하게 200년 후인 1592년, 일본의 침략으로 조선에는 전쟁의 불길이 타오른다. 훗날 임진왜란으로 불릴 이 전쟁으로 조선은 말할 것도 없고 명나라까지 돌이킬 수 없는 큰 상처를 받는데……

1장 | 허준 VS 베살리우스

—인체를 신의 영역에서 인간의 영역으로

꼭 필요한 시기에 꼭 필요한 자리에 있던 사람은 많지 않다. 이런 점에서 보자면 구암 허준(1539~1615)과 안드레아스 베살리우스(1514~1564)는 행운아였다. 성현과 신의 세계가 무너지기 시작하고 이성과 합리성의 세계가 다가오던 그 시기를 선택한 것은 본인 의지가 아니었지만, 장소를 선택하고 행동을 선택해서 봉건과 중세의 어둠을 열어젖히며 근대를 맞은 것은 본인 의지였다. 그렇기 때문에 두 사람은 한 시대의 영웅 반열에 당당히 오를 수 있었다.

조선에서 중종이 재위하던 때인 1537년, 조선과는 지구 반대편에 있던 지중해를 바라보는 도시국가 베네치아공화국, 달이 훤하게 밝은 어느 날 밤 공동묘지. 세상이 조용히 잠든 자정 무렵, 사람 그림자 하나가 살그머니 나타난다. 땅딸막한 체구에 앳된 얼굴의 청년이다. 청년은 곱슬곱슬한 머리를 단정하게 이마에 바짝 붙여서 빗었다. 청년은 혹시 지켜보는 사람이 있지나 않을까 경계하며, 미리 봐둔 묘지를 찾는 듯 묘비들을 확인하며 이곳저곳을 옮겨 다닌다. 그러다가 마침내 어느 묘지의 흙을 손으로 파서 집는다. 흙이 부드럽다. 묘지를 덮은 지 얼마 되지 않은 게 분명하다. 청년의 입가에 미소가 피어오른다.

"여기군."

청년이 뒤쪽을 향해서 손짓을 하자, 또 다른 청년들 몇이 역시 조심스럽게 잔뜩 경계를 하며 나타난다. 다들 곡괭이나 삽 같은 도구를 하나씩 들었다. 이들은 허리를 숙이고 발소리를 죽여 곱슬머리 청년에게 다가간다. 곱슬머리 청년보다 나이가 많아 보이는 이들도 있지만 대부분은 어려 보인다. 십대로 보이는 어린 청년도 있다.

"여기다. 어서 파."

말이 떨어지기 무섭게 청년들은 삽질을 시작한다. 청년들은 이런 일을 전에도 여러 차례 해본 듯 일사불란하게 움직였다. 이들 사이에서는 별 말이 없었고, 이들의 동작은 숙련되었다. 청년들은 얼굴에 흐르는 땀을 연신 소매로 혹은 손등으로 훔쳤다. 한 삼십 분쯤 묘지를 파자 관이 나왔다. 청년들은 준비해 온 도구로 관의 뚜껑을 열었다. 그리고 시신을 들어내 들것에 올려놓는다. 그날 장례식을 치른 시신이라 부패 상태가 심하지 않았다.

"상태가 좋은 편입니다, 교수님."

교수님이라 불린 곱슬머리 청년의 이름은 안드레아스 베살리우스이다. 파도바대학교에서 의학을 공부하고 의사 자격을 얻자마자, 스물세 살의 나이로 이 대학교의 해부학 실습 책임자 겸 외과학 교수로 임명된 새파란 청년이었다.

그리고 얼마의 시간이 지난 뒤 파도바대학교의 해부 실습실.

실습대 위에는 평소처럼 돼지나 개의 사체가 아니라 사람의 사체가 놓였고, 묘지에서 묻은 흙을 신발과 옷에서 채 털어내지 않은 학생들은 베살리우스가 능숙하게 사체를 해부하는 모습에 시선을 고정하며, 그가 하는 말을 한마디도 놓치지 않으려고 집중했다.

장차 근대 해부학의 창시자로 의학사에 길이 남을 베살리우스가 그날 해부 실습에 사용한 시신은 사람들 몰래 훔친 것이었다. 사체 해부는 이례적인 경우를 제외하고는 종교적으로 금지되어 있었기 때문이다. 이렇게 시신을 훔치지 않으면, 인체의 해부학적 지식에 대한 갈망을 채울 수 없었다. 베살리우스는 파도바대학교에서 해부학 교수라는 직책으로 일 년에 서너 차례 공개 해부를 했지만, 그것만으로는 모자랐다. 해부를 더 많이 하고 싶었고, 따라서 시신이 많이 필요했던 것이다.

그래도 그나마 이탈리아는 사정이 나은 편이어서 사형이 집행된 범죄자의 사체를 해부용으로 쓸 수 있었지만, 그렇다고 해서 사형 집행이 자주 있는 것도 아니었고 또 베살리우스가 해부용 사체를 필요로 할 때에 맞춰 사형 집행이 이루어지는 것도 아니었다.

그런데 다행히도 베살리우스에게 우호적인 재판관이 있었다. 이 재판관은, 베살리우스가 해부에 필요한 시신이 없어서 어려

《인체 구조에 대하여》에 실린 베살리우스. 해부된 시신의 오른팔을 잡고 있다.

위한다는 얘기를 듣고는, 사형 집행의 시기와 방식을 베살리우스가 원하는 대로 맞춰 주었을 뿐만 아니라, 사형까지 내리지 않아도 될 범죄에 대해서도 웬만하면 사형 선고를 내리기도 했다.

사실 베살리우스가 베네치아의 파도바대학교를 선택한 것도 이탈리아에서는 사체 해부를 관대하게 봐주는 분위기가 형성되어 있었기 때문이다. 수십 년 뒤, 장차 지동설을 주장할 갈릴레이 갈릴레오(1564~1642) 그리고 혈액은 인체가 필요로 할 때마다 간에서 생성되는 것이 아니라 동맥과 정맥을 타고 순환한다는 사실을 처음으로 밝혀냄으로써 기존의 의학적 상식을 완전히 뒤집으며 근대 의학의 터전을 마련할 윌리엄 하비(1578~1657) 역시 파도바대학교에 입학하는데, 이것만 봐도 이 학교의 분위기가 얼마나 진보적이었는지 알 수 있다.

1300년 동안의 상식

베살리우스는 브뤼셀에서 1514년에 태어났다. 베살리우스의 아버지는 그가 태어나고 5년 뒤인 1519년에 신성로마제국의 황제가 된 카를 5세의 개인 약제사가 되었고, 그의 할아버지 역시 그 이전의 군주였던 독일의 막시밀리안 1세의 주치의였다. 한편 그가 태어난 해는, 마르틴 루터가 95개 조항에 이르는 장문의 대자보를 독일 비텐베르크대학 교회의 정문에 붙여 교황의 면죄부 장사에 의문을 제기하며 공개 토론을 제안함으로써 가톨릭교회를 근본부터 뒤흔드는 종교개혁의 횃불을 들기 2년 전이었다. 당시 루터의 대자보는 이렇게 시작되었다.

비텐베르크대학의 교수인 마르틴 루터 신부는 진리를 사랑하고 진리를 밝히려는 소망으로 아래와 같이 성명서를 발표합니다. 그리고 이 성명서에 관해서 대학 안에서 토론하고자 합니다. 토론 장소에 참석할 수 없는 분은 문서로 의견을 보내주시기 바랍니다. 우리 주님 예수 그리스도의 이름으로. 아멘.

세상을 지배하던 기존의 질서에 파열구가 생기기 시작하는 이런 어수선한 시대 분위기가 베살리우스가 장차 걸어갈 길에 어떤 식으로든 영향을 끼쳤음은 분명하다.

어린 시절부터 집 주변에서 작은 동물들을 잡아서 혼자 해부를 해보곤 하던 '괴짜 소년' 베살리우스는 십대 청소년으로 성장한 뒤, 자기 가족과 깊이 연관된 황제의 공식적이고 딱딱한 분위기가 마음에 들지 않았다. 그래서 굳이, 카를 5세와 적대적인 관계에 있던 프랑스 왕 프란시스의 고향인 파리에 있는 파리대학으로 의학을 공부하러 갔던 것이다. 그의 나이 열아홉 살이던 1533년이었다.

하지만 파리대학의 해부학 실습은 성에 차지 않았다. 해부 실습대 위에는 사람의 사체 대신 개나 돼지 혹은 원숭이의 사체가 놓였다. 사람의 사체를 해부한다는 것은 로마 교황의 종교적인 권위가 유럽을 지배해 왔던 중세 시대 동안에는 감히 상상도 못할 일이었기 때문이다. 그건 신의 영역에 도전하는 행위나 마찬가지였다.

합리적인 정신이 아니라 종교적인 믿음이 여전히 세상을 지배하고 있던 터라서, 인체는 신의 영역이었고 결코 호기심의 대상이 될 수 없었다. 자연 역시 마찬가지였다. 중세에는 호기심이나 정복의 대상으로 자연을 대하는 사람이 극히 드물었다. 사람들은 오로지 정신적이고 영적인 추구만 중요하게 여겼지,

현실적이고 실제적인 것에는 관심이 없었다. 이런 인식 태도는 의사들에게서도 마찬가지였다. 종교적인 측면에서든 혹은 현실적인 측면에서든 시신에 대해서 궁금해 한 사람들은 거의 없었다. 아마도 의사는 대부분, 부패한 사체의 악취를 맡을 때 인간의 신체에 대한 호기심보다는 독실한 신앙심을 더 강렬하게 느꼈을 것이다. 게다가 사람의 시신을 해부하고 싶어도 시신이 꼭 필요한 시간에 누군가가 죽을 가능성도 적었을 뿐더러 의과대학 가까운 곳에서 죽을 가능성 또한 적었다. 그래서 꼭 해부학습을 해야 할 때는 동물을 대용으로 해서 필요를 충족했다.

또한 해부를 하면서 손에 피를 묻히는 사람은 의사인 해부학 교수가 아니었다. 그 일을 대신하는 이발사외과의라는 존재가 따로 있었다. 교수가 높다란 의자에 앉아서 이런저런 지시를 하면, 이발사외과의는 지시에 따라서 가죽을 벗기고 해부를 했다. (당시의 이발사외과의는 오늘날로 치면 이발사도 겸하고 치과의사도 겸했다.) 환자의 피와 고름을 묻혀가면서 하는 '천한 일'은 신분이 높은 귀족 출신의 의사가 할 일이 아니었기 때문이다. 특별히 전문적인 기능을 필요로 하는 외과술다운 외과술이 없었으므로, 외과의 초창기에는 이 분야의 일이 고도로 전문적인 직업으로 분류되지도 않았던 것이다. 이런 분위기였기 때문에 해부학 실습 시간에 교수는 높은 의자에 앉아서 지시봉을 들고 동물 사체 해부를 지시하고 설명했으며, 1300년 전에 갈레노스가 남긴 책을 토씨 하나 틀리지 않고 인용만 할 뿐이었다.

클라우디우스 갈레노스(129~199)는 마르쿠스 아우렐리우스 황제의 주치의로 일하며 수백 권의 의학책을 써서, 히포크라테스의 의학을 실용적으로 정리했는데, 그가 죽은 뒤에 교회 권

클라우디우스 갈레노스의 초상화.

력이 유럽을 지배하자 그의 의학은 아리스토텔레스의 철학과 더불어 기독교의 가르침에 맞는 유일한 정통학설로 인정되었고, 이를 비판하는 사람은 교회의 이름으로 처단되었다. 이 바람에 갈레노스는 본인이 원하지 않았음에도 불구하고 그 뒤 1300년이 넘도록 의학의 발전을 가로막았다. 의학계에서 갈레노스의 말은 곧 법이었다. 누구도 거역할 수 없는 철의 원칙이었다. 심지어, 살무사의 머리, 염소 똥, 시체 조각을 넣고 끓인 갈레노스의 '만병통치약'은 18세기까지도 중요한 처방전으로 통용되었다.

인체, 신의 영역에서 인간의 영역으로

베살리우스는 이런 강의에 염증을 느꼈다. 자기 손으로 직접 해부를 할 수 있게 해달라고 교수에게 간청하기도 했다. 하지만 그가 무엇보다 바란 것은 동물이 아닌 사람을 해부하는 것이었다. 그래서 파리에 있는 공동묘지를 어슬렁거리며 사체의 뼈들을 수집하곤 했다. 하지만 그것만 가지고는 갈증을 달랠 수 없었다. 인체 해부를 하고 싶다는 소망은 아무래도 프랑스에서는 이루기 어려웠다. 그렇다고 해서 꿈을 접을 수는 없었다. 다행히 그가 품은 꿈을 펼칠 수 있는 곳이 있었다. 바로 이탈리아였다. 이탈리아에서는 검시와 사체 해부가 비교적 자유롭게 이루어졌던 것이다.

1302년 2월에 아졸리노라는 사람의 죽음이 이탈리아 볼로냐를 충격과 미스터리로 몰아넣었다. 여러 정황으로 보건대 자연사가 분명했지만, 친척 몇몇이 독극물로 살해되었다고 주장하고 나섰고, 급기야 청문회가 열리고 부검 명령이 떨어졌다. 당시로서는 전례가 없는 일이었지만, 볼로냐대학의 법학과 의학

과정의 진보적인 젊은 학자 여섯 명이 사체를 해부했고, 직접적인 사인이 독살임을 밝혀냈다. 그 뒤로도 검시와 시체 해부는 볼로냐대학 외의 이탈리아 다른 곳에서도 숱하게 진행되었다. 교황의 권위가 여전히 시퍼렇게 살아 있긴 했지만, 이탈리아의 여러 도시국가들은 교황의 권위를 인정하면서도 전적으로 굴복하지는 않았다. 사형수의 사체에 한해서는 해부를 허용했던 것이다. 이런 개방적인 정책 덕분에 이탈리아는 보다 진보적인 의학을 추구하며 유럽 전역에서 찾아온 청년들, 특히 인체 해부에 목마른 청년들에게는 해방구와도 같았다.

베살리우스 역시 이 해방구를 찾아서 1936년에 파도바대학에 입학했고, 다음 해에 학위를 받고 곧바로 교수로 임명되었다.

베살리우스는 파도바대학뿐만 아니라 볼로냐대학과 피사대학에서도 강의를 했다. 이제 베살리우스는 그토록 소원하던 인체 해부를 직접 해볼 수 있었으며, 이 과정에서 갈렌의 해부학이 인체를 직접 해부한 결과가 아니라 동물을 해부한 결과임을 확인했다. 그리고 이런 사실을 세상에 알려야겠다고 결심하고 해부학 도판 작업에 들어갔다. 파트너는 베네치아 최고의 초상화가 베첼리오 티치아노였다. 하지만 베살리우스의 인체 해부 장면을 많이 그린 사람은 티치아노가 아니라, 베살리우스와 마찬가지로 벨기에 출신의 화가이던 요한 스테판 칼카르였다. 당대의 유명한 미술사가이던 조르지오 바사리는 도해 작업이 진행되던 당시의 티치아노 화실을 자기 저서 《이탈리아의 가장 뛰어난 화가·조각가·건축가의 생애》(일명 《미술가 열전》)에서 다음과 같이 묘사했다.

티치아노 곁에 여러 사람이 있었지만 그 가운데 벨기에서 온 조반니 [요한]란 사람이 있었다. (…) 나폴리에 있는 그의 초상화를 보면, 그의 손은 해부학의 도해를 들고 있다. 이는 아마도 그가 한 작업에 경의를 표하기 위해서일 것이다. 그가 그린 해부학 도해는 안드레아스 베살리우스가 목판으로 만들어 자기 저작물과 함께 외국으로 보냈다.•

마침내 1542년 8월, 이탈리아를 떠난 28세의 청년 베살리우스는 이탈리아에 처음 발을 들여놓은 지 6년 만에 당나귀 행렬을 이끌고 알프스산맥을 넘었다. 목적지는 스위스 바젤이었다. 어렵고 복잡한 인쇄 작업을 가장 잘한다고 유럽에서 명성이 자자하던 인쇄업자 요하네스 오페리누스에게 출판 작업을 맡기기 위해서였다. 당나귀들은 무거운 짐을 지고 있었는데, 이 짐은 물론 인체 해부도 목판들이었다.

바젤에 도착한 베살리우스는 책 출판 작업을 진행하는 한편, 인체의 공개 해부 강의를 추진했다. 그리고 다음 해인 1543년에는 교수형에 처해진 살인자의 시신을 놓고 공개적으로 해부를 했다. 이발사의사를 비롯해서 온갖 사람들이 그가 진행하는 인체 해부 강의를 들으려고 몰려들었다. 베살리우스는 능숙한 솜씨로 시신의 피부를 해부해 나갔다.

"자, 보십시오. 이게 바로 사람의 간입니다. 개의 간과 다르죠? 이게 갈레누스가 잘못 알고 있었던 겁니다. 사람들이 1300년 넘게 잘못 알고 있었던 내용입니다."

그의 강의가 계속되었다.

"자, 여기 또 턱뼈를 보십시오. 갈레누스는 사람의 아래턱뼈가 두 개의 조각이 맞물려 구성되어 있다고 했지만, 그건 사실이 아닙니다. 사람의 아래턱뼈는 하나입니다."

얼마 뒤에는 또 이렇게 말했다.

• 줄리 M. 펜스터의 《의학사의 이단자들》에서 재인용.

"심장을 보십시오. 심방과 심방 사이에 구멍이 뚫려 있어서, 이걸 통로로 해서 피가 오간다는 갈레노스의 이론은 잘못된 겁니다."

그의 공개 강의가 사람들의 대단한 관심을 끌며 성공적으로 끝났음은 말할 것도 없다. (그는 해부된 시신의 뼈를 모아서 바젤대학에 기증했는데, 이 뼈는 지금도 이 학교의 박물관에 전시되어 있다.)

그리고 얼마 뒤에 《인체 구조에 대하여(De humani corporis fabrica)》가 출판되었다. (1555년에는 이 책의 2판인 《인체의 구조에 대한 7권의 책》이 골격, 근육, 혈관, 신경, 생식기, 흉부, 뇌 등 일곱 권으로 구성되어 출간되었는데, 해부도만 해도 300장이 넘었다.)

▲ 《인체 구조에 대하여》의 "근육" 편에 실린 해부도.
◀ 《인체 구조에 대하여》의 속표지.

이 책의 속표지 그림에서, 여자 시신의 오른쪽에서 해부를 진행하며 정면을 바라보는 사람이 베살리우스이다. 한편, 그 이전까지 해부학 실습의 소재로 쓰였던 원숭이와 개는 왼쪽과 오른쪽 구석으로 밀려나 있고, 기존의 해부 실습실에서 갈레노스의 해부학을 인용하던 교수가 앉았던 높은 의자에는 교수 대신 해골이 앉아 있다. 갈레노스의 해부학은 이미 케케묵은 과거의 것이 되고 말았음을 풍자한 것이다.

책은 전 세계로 날개가 돋친 듯 팔려나갔다. 또 이 책에 실린 인체 해부도는 파도바의 여러 풍경들을 먼 배경으로 삼고 있는데, 그 덕분에 수많은 의사들이 이 풍경들을 찾아서 성지순례 하듯이 파도바를 다녀갔다.

그러나 기존 의학계의 반발도 만만치 않았다. 파리대학 시절 스승인 자코부스 실비우스를 비롯하여 많은 의사들이 벌떼처럼 들고 일어났음은 말할 것도 없다. 천 년이 넘는 세월 동안 금과옥조로 여겨져 왔고 또 자기들이 불변의 진리로 알고 있던 갈레노스의 이론이 잘못되었다는 사실을 인정할 수 없었기 때문이다. 이들은 베살리우스의 방법을 따라서 직접 인체 해부를 함으로써 반격을 시도하려 했지만, 거꾸로 베살리우스가 옳다는 사실을 인정해야만 하는 결과를 맞고 말았다. 하지만 차마 갈레노스의 오류를 인정할 수 없었던 실비우스는 갈레노스 이후 천 년 그리고 수백 년의 세월이 흐르는 동안의 인체 구조가 변했다는 군색한 주장을 폈지만, 그가 옳다고 믿는 사람은 많지 않았다.

이렇게 해서 무려 1300년 넘게 의학계를 지배했던, 고대 그리스의 의학자 갈레누스가 세웠던 기존의 상식을 떠받쳤던 커다란 기둥 하나가 무너졌다. 한편 베살리우스의 《인체 구조에 대하여》가 발표된 1543년은 태양이 지구를 도는 게 아니라 지구가 태양을 돈다는 주장을 펼치는 니콜라우스 코페르니쿠스 (1473~1543)의 저서 《천체의 회전에 관하여》가 발간된 해이기도 했다. (이 책은 1616년 교황청의 금서 목록에 오르는데, 19세기 초에나 가서야 금서 목록에서 풀려난다.)

　바야흐로 과학의 빛이 종교의 어둠을 몰아내는 새벽이었다. 하지만 아직 어둠은 완전히 가시지 않았다. 거기까지 가기엔 아직도 멀고 먼 길이 남아 있었다. 예를 들어, 스페인의 신학자였으며 파리대학의 보조 의사였던 미카엘 세르베투스(1509~1553)는 독일에서 마르틴 루터와 함께 종교개혁의 대열에 서서 교황에 반대했으며, 자신이 쓴 신학 책에 '폐에서 혈액이 필터 역할을 하고 있으며 공기가 혼합되면 혈액의 색이 바뀐다'는 내용으로 혈액소 순환에 대한 내용을 최초로 기술하였다. 그런데 이 혈액소 순환 이론이 갈레노스의 책 내용과 다르다는 이유로 종교개혁가 캘빈은 그를 삼위일체를 배척한 이단자로 몰아 화형에 처했다.

　베살리우스의 기념비적인 업적의 일차적인 공은 누구보다도 먼저 베살리우스에게 돌아가겠지만, 그가 인체 해부학에 관해서 많은 지식을 얻을 수 있었던 것은 단순히 자기가 직접 인체를 해부하고 중세의 어둠에 묻혀 있던 진실을 찾으려고 노력한 덕분만은 아니었다. 베살리우스 이전에 이미 많은 학자들이 그런 선구적인 작업을 했었는데, 금속활자 발명에 따라 획기적으로 발달한 출판문화를 통해 베살리우스는 이런 성과를 자기 것으로 만들었고, 그럼으로써 이런 거인들의 어깨 위에 올라앉을 수 있었던 것이다.

　게다가 이차원적이었고 원근법과 비율 개념이 부족하던 기존의 중세 미술계 풍토에서 신의 그늘이 점차 엷어지면서 화가들은 사실에 입각한 그림을 그리려고 할 때였다. 화가들은 일차적인 실천 과제를 인간의 신체를 보다 사실적으로 묘사하는 걸로 삼았다. 베로키오, 미켈란젤로, 라파엘 그리고 레오나르도 다빈치 등이 주도한 이런 운동이 있었기에,

《인체 구조에 대하여》의 삽화와 같은 정밀하고 세밀한 그림이 가능했다.

베살리우스가 《인체 구조에 대하여》를 출간한 뒤로 인체 해부 행위는 새로운 지식을 탐구하고 또 찬양하는 근대적인 분위기의 아이콘이

"니콜라스 툴프 박사의 해부학 강의", 렘브란트, 1632년.

되었다. 이 책이 출간된 지 120년 뒤인 1662년에 렘브란트가 그린 집단초상화 "니콜라스 툴프의 해부학 강의"에도 이런 모습을 생생하게 엿볼 수 있다. 이 그림에서 시신의 발 쪽에 놓인 두툼한 책이 바로 《인체 구조에 대하여》이다.

서원(書院), 그리고 천민 허준의 《동의보감》

《인체 구조의 해부》가 출간된 1543년, 조선에는 특이한 일 하나가 일어났다. 사건이라고 해도 좋을, 커다란 의미가 있는 일이었다. 조선에 처음으로 서원이 세워진 것이다. 풍기군수로 부임한 주세붕이 유생 교육을 목적으로 서원을 건립한 것이다. 조선 최초의 서원인 백운동서원이다. 그는 영남감사의 물질적 지원과 지방 유지의 도움으로 서원의 서적 및 재정적 기반을 마련하였다.

그런데 그 뒤에 풍기군수로 부임한 이황은 백운동서원에 대한 국가적인 차원의 지원을 요구했고, 명종은 백운동서원에 소수서원(紹修書院)이라는 어필(御筆) 현판과 서적 그리고 노비를 내렸다. 국가 공인 서원인 이른바 '사액서원'이 된 것이다. 그 뒤 전국 도처에 서원이 서고 또 이들이 사액을 요구하여, 재위 기간이 17세기 말과 18세기 초에 걸쳤던 숙종 때에는 사액서원이

무려 131개나 되었다.

서원은 표면적으로는 조선의 사학기관이지만 내용적으로는 조선 초기부터 왕실과 혼맥으로 얽힌 권력집단인 이른바 '훈구파'에 대항해서 세력을 키운 '사림파'의 정치적인 기반이었다. 조선 사회가 정치적으로 점차 안정기에 접어들면서 조선 왕조 창업 이후 막강했던 왕의 권력은 줄어들었고, 왕은 이제 일반 사대부와 권력을 나눠 가질 수밖에 없었다. 사림파가 이렇게 권력을 획득하자, 이번에는 사림파 내부에서 다시 남인, 북인, 노론, 소론이 갈리면서 권력투쟁이 계속 이어졌다. 백성을 볼모로 해서…….

하지만 사림파나 국왕이나 모두 이념적인 권위로 내세운 것은 유교였고, 이 권위는 조선을 지탱하는 힘이었다. 서원 설립은 이 권위를 강화하는 작업이었고, 1543년에 서원이 최초로 설립되었다는 것은 조선의 국가 이념인 유교가 한편으로는 심화되면서 또 다른 한편으로는 그만큼 흔들리기 시작했다는 반증이다. 공자와 맹자의 성현 말씀이 먹히지 않는, 혹은 그들이 전혀 알지 못했고 설명할 수 없었던 새로운 세상이 열리기 시작했다는 말이다.

이런 점에서 백운동서원의 설립은 특별한 의미가 있는데, 바로 이 서원이 설립되기 4년 전, 다시 말해서 《인체 구조에 대하여》가 출간되기 4년 전인 1539년에 구암 허준은 경기도 양천현 파릉리(지금의 서울시 강서구 등촌2동)에서 태어났다. 할아버지는 경상도우수사를 지냈으며 아버지 허론도 무관으로 용천부사를 역임한 양반이었지만, 허준은 노비의 몸에서 태어났기 때문에 어머니의 신분을 따르는 조선의 신분 원칙대로 노비였다. (허준 역시, 육칠십 년쯤 뒤에 세상에 태어나는 《홍길동전》에서 홍길동이 그러는 것처럼, 아버지를 아버지라 부르지 못하고 형을 형이라 부르지 못하며 성장했다.) 하지만 허준 개인적으로나 조선 그리고 한국의 후손들에게 다행스럽게도, 허준은 어릴 적에 좋은 교육을 받았다. 덕분에 우리는 《동의보감》이라는 찬란한 유산을 가질 수 있게 되었다. 유네스코는 2009년에 한국의 보물 1085호인 《동의보감》을 세계기록문화유산으로 지정했다.

이런 일이 있기 14년 전인 1995년 11월 24일, 중국의 장쩌민 국가 주석이 한국을 방문하고 국회에서 연설을 할 때도 한국과 중국 사이의 오랜 우호관계를 설명하며 《동의보감》을 언급했다.

"우리 양국 인민은 2천여 년 전부터 왕래를 시작했으며 (…) 17세기에 발간된 《동의보감》도 우리 양국 문화교류사에서 미담으로 전해지고 있습니다."

《동의보감》 간행 목판.

《동의보감》은 1613년에 간행되었다. 선조가 처음이 책의 편찬을 지시한 것은 임진왜란 때인 1596년이었다.

근자에 나도는 중국의 의학 서적들을 보자면 모두가 용렬하고 천박하여 불필요한 것만 많이 모아 도무지 볼 만한 책이 없으니, 여러 의학 서적들을 모아 엮어서 한 권의 책으로 편성하라. 또한 사람의 질병은 대개 조리와 섭생의 잘못으로 생겨나는 것이니, 수양을 우선으로 하고 약은 그다음이어야 할지니 책을 편집하는 데 있어서, 요점 정리에 주력하여 쓸 것이고, 특히 의원과 약도 없는 빈촌과 산간벽지의 백성들은 가엾게도 일찍 죽는 자가 많고, 우리 조선은 향약이 많이 나는 데도 불구하고 백성들이 안타깝게도 그를 알지 못하니 약을 분류할 때에 향약의 이름까지도 함께 기록하여, 백성들이 알기 쉽도록 하시오.*

그리고 14년 동안의 작업 끝에 마침내 허준은 1610년에 총 25책으로 구성된 《동의보감》을 완성했고, 이는 1613년에 활자본으로 간행되었다. 《동의보감》은 인체의 내부적 구성 요소인 원기를 위주로 하여 오장육부를 중점으로 서술하는 내경편(內景篇), 인체의 외형을 다루는 외형편(外形篇), 병론 일반과 각 질병별 각론을 다루는 잡병편(雜病篇), 약물 이론과 치료법을 다루는 탕액편(湯液篇), 침구 이론과 치료법을 담은 침구편(鍼灸篇)의 5개 편으로 구성되어 있다. 책이 완성되자 광해군은 다음과 같이 말하며 기뻐한다.

양평군 허준은 (…) 심지어는 귀양 가서 지내고 전쟁으로 떠돌아다니는 동안에도 그 일을 쉬지 않고 해서 이제 비로소 책으로 엮어 올렸구나. 이어 생각건대, 선왕께서 찬집하라고 명하신 책이 과인이 계승한 뒤에 완성을 보게 되었으니, 내가 비감한 마음을 금치 못하겠다. 허준에게 숙마(熟馬) 1필을 직접 주어 그 공에 보답하고, 이 방서(方書)를 내의원으로 하여금 국(局)을 설치해 속히 펴내도록 한 다음 안팎으로 널리 배포토록 하라.**

이 책이 나온 뒤에 중국 사신들이 조선에 오면 으레 《동의보감》을 찾았는데, 이런 광경을 묘사한 대목이 《조선왕조실록》 여러 곳에서 나온다. 뿐만 아니라 중국에서도 이 책을 30여 차례 간행했다. 《열하일기》에도 박지원이 중국의 한 서점에서 《동의보감》의 중국판 초간본(1768년)을 보고 반가워하는 대목이 나온다. (한편 일본에서는 이보다 50년 정도 앞서 1723년

• 《동의보감》의 서(序)에서.
•• 《광해군일기》 광해군 3년(1610) 8월 6일.

에 《동의보감》의 첫 출간이 있었다.)

우리나라 서적으로서 중국에 들어가 출판한 것이 매우 드무나 홀로 《동의보감》 25권이 널리 유행하고 있다. 그 판본이 아주 정묘하다. (…) 내 집에는 좋은 의서가 없어서 매양 병이 나면 사방 이웃에 돌아다니며 빌려 보았더니, 이제 이 책을 보고서 몹시 사 갖고자 하였으나, 은 닷 냥을 낼 길이 없어서 섭섭함을 이기지 못한 채 돌아올 제, 다만 능어가 쓴 서문(序文)만을 베껴서 뒷날의 참고에 자(資)하려 한다.•

박지원이 소개한 이 책의 중국인 서문 가운데는 '허준이 비록 궁벽한 외국에 태어났으나, 능히 아름다운 책을 지어서 중국에 유행시켰으니, 대체로 말이란 족히 전할 것을 기약하는 것이지, 어떤 지역으로써 한계를 지을 것은 아니니라.'며, 중국의 황제까지도 이 책을 최고의 책이라고 인정했지만 세상 사람이 보기 쉽지 않은 터라 안타까워하면서, 천하의 보배는 마땅히 천하가 함께 나누는 게 옳다며 이 책의 내용을 높이 평가하는 부분이 나온다.

너무도 엉성하고 우스꽝스럽다?

《동의보감》의 내경편 첫 장 즉 본문 첫 장을 열면 다음과 같은 그림이 나온다. 신형장부도(身形臟腑圖)이다. 그런데 어쩐지 너무 엉성해 보인다. 우리가 상식적으로 알고 있는 인체 해부도와는 너무도 동떨어졌다. 《동의보감》보다 70여 년 전에 서양에서 발간된 《인체 구조에 대하여》와 비교하면 어린애가 그린

• 《열하일기》의 "구이외문(口外異聞)"에서.

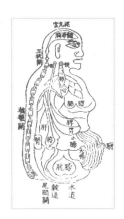

신형장부도. 인체의 내경 즉
내면 풍경을 그린 그림.

그림처럼 전혀 사실적이지 않다. 이런 우스꽝스러운
모습이 그 유명한 《동의보감》의 실체라니, 허탈한
마음이 들 수도 있다.

그런데 바로 여기에 신형장부도, 더 나아가 《동의
보감》 및 한의학에 대한 오해가 개입되어 있다. 신형
장부도는 인체를 해부한 해부도가 아니다. 살아서
숨을 쉬는 사람을 대상으로 해서 정(精)과 기(氣)와
신(神)이 어떻게 생성되고 운행되는지를 그린 그림이
다. 눈을 뜨고 있고, 코를 벌름거리며, 입을 벌리고,
배는 출렁거린다. 그러니 실제로 오장육부의 생김새
나 구조 자체는 중요하지 않다. 그것들이 수행하는 기능이 중
요할 뿐이다. 사실 동양의 의학계에서도 인체 해부도는 이전부
터 있었지만, 당시의 의사들은 해부도를 중요하게 여기지 않았
다. 기본적으로 사람 및 질병을 바라보는 관점이 달랐기 때문
이다.

예를 들어서 팔다리가 저리다거나, 근골에 손상을 입었다거
나, 허리나 옆구리가 아프다거나, 목이 붓고 아프다거나, 피부 질
환이 일어나는 등의 온갖 증상들은 인체 내부의 변화에 따른
것이고, 이런 증상 자체가 치료의 목표가 되지 않는다고 보았
다. 겉으로 드러나는 증상과 관련된 인체 내부의 원인, 즉 인간
의 감정이나 섭취하는 음식의 문제, 차고 더운 문제, 습하고 건
조한 문제, 과로나 스트레스 등의 문제를 찾자는 것이 《동의보
감》이 최종적으로 정리한 동아시아 의학의 관점이었던 것이다.

신형장부도에서 팔과 다리를 생략한 것도 이런 까닭에서이
다. 인체의 근본이 장(臟)과 부(腑)이고 팔다리는 일종의 부속
기관이다. (나무의 뿌리가 흙속에 감추어져 있는 장부라면 겉
으로 드러나는 가지는 팔과 다리이다.) 즉 근본적인 요소인

정·기·신(精氣神)의 운행 과정을 보다 선명
하게 설명하기 위해서 팔다리를 생략한 것이
다.

허준은 척추를 따라 움직이는 척수액이
'정·기·신'의 본질이며, 정은 땅의 정수이고
기는 사람의 정수이며 신은 하늘의 정수라
고 보았다. 그랬기 때문에 실제로 존재하지
않는 '삼관'의 기관을 신형장부도에 그렸던 것이다.

《동의보감》의 목차 일부. "내경" 편 맨 앞에
'정·기·신' 항목이 나온다.

> 등 쪽에 삼관이 있으니 뇌의 뒤가 옥침관이요, 협척을 녹노관이라
> 하고 아래를 미려관이라 하는데 모두 정기가 오르내리는 길이다.

허준은 인체는 하나의 완결된 우주이며 이 소우주의 원리를
밝히는 것이 의학의 본질이라고 보았다. 외부 요인에 의한 질병
을 치료한다는 차원이 아니라, 어떻게 하면 몸을 건강하게 유
지해서 질병을 예방할까 하는 차원에 무게가 실린 것도 이 때
문이다. 이런 관점에 섰기 때문에 허준은, 신체 구조적으로는
인체의 내부에 들어 있는 근육과 뼈도 내경이 아니라 외형으
로 분류했다.

이런 관점의 연장선에서, 인체를 해부하는 행위를 금기시하
며 불편한 눈으로 바라보는 일반적인 조선(중국 및 일본도 포
함)의 의학적 시선은 어렵지 않게 찾아볼 수 있다. 유교의 '신체
발부 수지부모'라는 이념 때문에 산 사람이든 죽은 사람이든
신체를 손상하는 것은 부관참시나 육시와 같은 가장 지독한
형벌의 연장선에서 바라볼 수밖에 없었던 것이다. 예를 들어서
성호 이익은, 임진왜란 때 의병장으로 이름이 높았던 전유형이
사람의 시체를 해부했기 때문에 천벌을 받아서 결국 이괄의

난에 연루되고 사형을 당했다는 식으로 적고 있다.

> 우리나라에서는 참판 전유형이 평소부터 의술에 밝았고 의서까지 저술하여 후세 사람에게 길이 혜택을 주었으니, 그 활인(活人)한 공적이 얼마나 컸겠는가? 그러나 갑자년 이괄(李适)의 난리에 참형을 당했으니, 허물이 없는데도 앙화를 면하지 못했던 것이다. 사람들의 말에는, '그는 임진왜란 때 길거리에서 세 사람의 시체를 해부해 본 후부터 그 의술이 더욱 정통해졌지만, 그가 비명에 죽은 것은 이로 말미암아 앙화를 입은 것이다.' 하였다.*

또한 죽은 사람의 신체는 정·기·신이 없어서 살아 있는 사람의 신체와 완전히 달라진다고 파악했기 때문에 해부에 대한 필요성을 동양의학에서는 별로 느끼지 못한 측면도 있었다.

하지만 그렇다고 해서 허준이 해부학적으로 무지했던 것은 아니다. 위가 명치와 배꼽 사이에 있고, 인두에서 위까지의 길이가 1자 6치인데 2자 6치까지 늘어나며, 위에는 음식물이 3말 5되가 들어갈 수 있다고 구체적으로 기록하고 있으며, 쓸개는 매달린 박같이 생겼다고 묘사하기 때문이다.

또한 허준은 외과술에 무지했거나 외과술을 허술하게 다루지도 않았다. 《동의보감》에는 복부가 파열됐을 때의 수술법인 장두상지법을 소개하는데, '뱃가죽 파열로 장이 밖으로 나왔을 때, 삼이나 상백피로 실을 만들어 화예석(花蘂石)을 바르고 봉합한다.'고 적었다. 외과적인 봉합을 할 때는 뽕나무 껍질로 만든 상백피실을 쓰며, 큰 수술의 경우엔 초오산(草烏散)으로 마취를 시켜야 한다고 했다. 초오산은 마취제 효과를 내는 것으

• 이익, 《성호사설》의 "오장도(五臟圖)"에서.

로, 극약에 가까울 만큼 독성이 강한 약재인 초오와 다른 약재들을 섞어서 만들었다.

한편 허준보다 앞선 세대로 명종 때 활약한 임언국은 종기 치료로 유명한 의학자였다. 임언국 역시 양반 신분이 아니라서 정확한 출생·사망연도 및 활동 내용이 기록으로 남아 있지 않지만, 《치종비방》이라는 외과 치료법에 관한 저술을 남겼는데, 이 책은 종기의 다양한 종류를 분류하고 치료법을 소개한다. 그의 또 다른 저서 《치종지남》은 30여 종에 이르는 각종 종기의 수술도형(手術圖形)을 그리고 해설을 붙였으며, 또 95종의 치료법과 함께 수술할 때 사용하는 외용약을 사용하는 법 열일곱 가지를 기술하고 있다. 특히 그는 이미 십자절개술을 사용했다.

임언국의 《치종지남(治腫指南)》. 쐐기 표시로 칼로 환부를 째는 방향을 표시하고 있다. 현재 일본의 교토대학[京都大學] 도서관에 소장되어 있다.

허준이 자기보다 한두 세대 먼저 활동했던 임언국과 그의 선진적인 외과 치료법을 몰랐을 리가 없었다.

천하의 보배 《동의보감》

환자들이 책을 펴서 눈으로 보기만 한다면 허실, 경중, 길흉, 사생의 징조가 맑은 물거울에 비추인 것처럼 확연히 드러나도록 하였으니, 잘못 치료하여 요절하는 근심이 없기를 바라노라.

허준이 《동의보감》에서 밝힌 편찬의 대원칙이다. 이런 원칙 아래 허준은 전체 25권 가운데 2권을 목차 구성에 할애했다. 목차도 '목록(目錄)'과 '총목(總目)'을 따로 정리해서, 목록에서는 각 질병의 세세한 항목을 모두 기술하고 총목에서는 큰 제목만 기술하여 질병의 명칭까지만 나오도록 했다. 내경, 외형, 잡병으로 인체의 구성 부분에 따라서 질병을 대분류한 것과 탕액과 침구로 치료 방법을 기술함으로써, 인체의 내부를 기본으로 파악하고 이를 바탕으로 인체의 외부를 파악하여야 하며, 이를 바탕으로 해서 질병의 원인과 증상을 잘 파악하고 나서 치료에 임해야 한다는 메시지를 우리에게 전달하고 있는 것이다. 이것만으로도 《동의보감》은 의학사에 높이 우뚝 선 커다란 산이 될 수 있었다.

허준이 살았던 16세기 말과 17세기 초에 중국 의학계에서는 여러 학파들이 난립하여 저마다 자기 학파의 주장만을 고수하는 상황이었다. 그런데 허준이 《동의보감》으로 이들 학파의 주장들을 하나의 틀로 집대성해 동양의학의 새로운 틀을 마련하면서 의학계의 표준이 되었다. 그랬기 때문에 중국의 황제도 《동의보감》을 천하의 보배로 인정했고, 이 책은 중국에서 30차례나 간행될 수 있었다.

《동의보감》의 현대적인 가치를 존스홉킨스 의대의 의사학 교수인 마르타 한손은 '허준 선생은 17세기 동아시아의학을 정리했다.'고 극찬한다. 그리고 옥스퍼드대학교 생물학 교수이자 심장을 스스로 뛰게 하는 신경세포를 최초로 발견한 데니스 노블은 '《동의보감》은 시스템 생물학에 중요한 실마리를 제공하고 있으며, 현대의학적 견지에서도 과학성이 입증된다.'고 말한다.

하지만 《동의보감》이 가지고 있는 무엇보다 큰 가치는, 약재를 기존의 의서처럼 중국을 기준으로 한, 따라서 가격이 비싸고 구하기 어려운 약재가 아니라 우리 땅에서 나는 싸고 구하기 쉬운 약재로 썼으며, 또 이 637개 향약(鄕藥)의 이름을 한글로 표기하여 백성들이 쉽게 이용할 수 있도록 했다는 점이다. 이런 점을 허준은 집례(集例, 일러두기)에서 다음과 같이 적었다.

옛사람들의 처방에 들어가는 약재의 양과 수가 너무 많아서 모두 마련해서 쓰기가 어렵고 (…) 가난한 집에서 어찌 이것을 감당하겠는 가. (…) 또 중국의 약과 우리나라의 약을 기록했는데 우리나라 약의 경우에는 우리나라에서 부르는 이름과 산지(産地)와 채취 시기, 음지와 양지에서 말리는 방법을 기재하여 미리 갖추어 쓰기에 편리하게 하였으니 멀리서 구하거나 얻기 어려운 폐단이 없을 것이다.

이수광도 《지봉유설》에서 이런 점을 높이 평가하면서 '그동 안 어린아이의 마마는 약 쓰는 것을 금하고 앉아서 죽기를 기다렸다. 그랬는데 어의 허준이 약을 써서 살아난 사람이 자못 많았다. 민간 사람들이 어려서 죽은 것을 면한 자가 많았다.'고 적었다.

과학의 발전 그리고 이를 이루기 위한 과학자의 노력이 인간의 삶의 질을 높이는 모범적인 사례가 바로 《동의보감》이다.

조선시대에 중인으로 산다는 것

허준이 어떤 계기로 의학을 연구하기 시작했는지 확인할 수 있는 자료는 없다. 아쉬운 일이지만 당연하다. 비록 허준이 광해군의 두창을 잘 치료한 공으로 마흔두 살이던 1591년에 당상관의 반열에 오르고 또 임진왜란 때 어의로서 선조 옆을 떠나지 않고 모신 공으로 전쟁이 끝난 후 호종공신(扈從功臣)이 되며, 1596년에는 광해군의 병을 고쳐 종2품 벼슬에 제수되고 1606년에는 정1품 벼슬까지 승진하며 양평군이라는 작호를 받지만, 그에 관한 자세한 기록은 없다. 성장 과정이나 의술을 배운 계기와 과정, 그리고 말년에 어디에서 무엇을 하며 어떻게 살았는지 알 수가 없다. 신분이 천민이었기 때문이다.

허준의 초상화, 최광수.

심지어 그의 묘도 한국전쟁 이후로 어디에 있는지 아는 사람이 없다가, 한 향토사학자의 10년에 걸친 끈질긴 추적 끝에 1991년에야 발견되었다. 임진왜란 때 공신으로 책봉되어 초상화가 그려졌다지만, 지금까지 남아 있지 않다. 왼쪽의 허준 초상화는 현대에 제작된 것이다. 한의사 최광수 씨가 허씨 문중을 찾아다니면서 초상화가 전해지는 허씨 가문의 인물들을 사진으로 담은 뒤, 이들의 얼굴에서 비슷한 점을 모아 허준의 초상화를 직접 그렸다. 이 초상화가 허준의 실제 모습과 얼마나 닮았을지는 알 수 없지만, 이 초상화가 현재 허준의 국가 지정 표준 영정이다.

조선시대에는 양반이 아니면 인간으로 대우를 받으며 살 수 없었다. 조선이라는 나라는 왕과 사대부의 것이었고, 그 이외의 사람은 그저 가치 생산의 도구이자 통치의 대상일 뿐이었기 때문이다. 왕이 백성을 두려워하며 백성을 위한 것은 이들이 나라의 주인이기 때문이 아니었다. 언제든 주인의 말을 듣지 않고 주인에게 대항할 수 있었기 때문이다. 생산 활동을 게을리 해서 국고가 텅 비게 할 수 있었기 때문이다. 개가 주인을 물지 않도록 잘 다스리는 것, 그것이 정치였다. 간행까지 총 17년이 걸리고 막대한 예산이 들어가는 거대한 국가적 프로젝트였던 《동의보감》 편찬을 결정하고 끝까지 독려했던 선조는, 의술의 혜택을 제대로 누리지 못하고 죽어가는 백성을 '인간적으로 불쌍하게 여겨서' 이 사업을 추진한 게 아니었다. 임진왜란으로 흉흉해질 대로 흉흉해진 민심을 조금이나마 누그러뜨려 왕권을 안정적으로 유지하기 위해서는 이런 위민 사업이 절대적으로 필요하다고 판단했기 때문이다. 그리고 백성도 감히 자기가 나라의 주인이라는 생각을 하지 못했다. 조선을 비롯한

동양이나 서양이나 아직은 그런 세상이었다. 그런 봉건 세상에 사람들은 살고 있었다.

하지만 이런 세상에서도, 씨앗이 싹을 내고 줄기를 뻗으며 자라나듯이 기술들이 진보하고 이를 바탕으로 과학은 발전의 길을 걸었다. 이런 상황에서 신분이 낮은 사람이 자기의 사회적 신분을 조금이라도 높일 수 있는 통로는 이런 과학 분야, 즉 전문 기술 분야에서 두각을 나타내는 것이었다. 의원(의사), 역관(통역관), 산관(수학자), 율관(법률학자), 음양관(천문학자), 화원(화가), 악원(음악가) 등이 되는 것이었다. 이들이 경제적인 기반을 마련하고 이를 바탕으로 해서 사회에서 '중인'이라는 일정한 세력 집단을 형성하며 나름대로의 입지를 굳히고 사회에 영향력을 행사하기까지는 앞으로도 많은 세월을 기다려야 했다. 사회의 생산력이 발전하면서 이들이 수행하는 역할은 필연적으로 커질 수밖에 없다는 사실에 만족해야 했다. 1882년에 가서야 서얼 및 중인에 대한 관직 제한이 법률적으로 최종 철폐되기 때문이다.

* * *

베살리우스는 당대에 부와 명예를 거머쥐었다. 하지만 허준은 천민 출신이었고 끝내 천민의 딱지를 뗄 수 없었기 때문에 딱 그만큼의 부와 명예를 누릴 수밖에 없었다. 하지만 이 차이는 과거 당대의 차이일 뿐, 두 사람은 지금 모두 봉건과 중세의 어둠 속에서 근대 의학의 길을 연 선각자로 사람들은 기억하고 있으며 또 그렇게 역사에 영원히 기록될 것이다. 신의 영역에 있던 모호한 존재이던 인체를 인간의 영역으로 해방시켰기 때문이다.

2장ㅣ허균 VS 세르반테스

—봉건 타파의 깃발을 들다

꿈을 꾸면 행복하다. 현실이 힘들수록 더욱 그렇다. 그렇기 때문에 사람들은 기를 쓰고 꿈을 꾸려 한다. 교산 허균(1569~1618)이 《홍길동전》으로 꿈을 꿨고, 미구엘 드 세르반테스(1547~1616)도 《돈키호테》로 꿈을 꿨다. 꿈을 이루려면 잠에서 깨어나야 하지만, 홍길동은 영원히 그 잠에서 깨어나지 않았고 돈키호테는 잠에서 깨자마자 쓰라린 후회를 하며 죽었다. 한편, 허균은 잠에서 깨자마자 죽었고 세르반테스는 영원히 잠에서 깨지 않았다.

조선에서 임진왜란이 일어나기 21년 전인 1571년의 10월 7일, 그리스 본토와 펠로폰네소스 반도 사이에 동서로 길게 만입(灣入)하는 이오니아해(海)의 후미에 있는 코린트 만(灣)의 레판토 앞바다를 갤리선들이 가득 메우고 육탄전을 벌였다. 이른바 레판토해전이었다. 지중해를 제압하고 있던 투르크가 베네치아 령(領) 키프로스섬을 점령하자, 이들이 서지중해 지역으로 더 이상 팽창해오는 것을 저지하려고 교황청과 스페인이 동맹을 맺고 연합 함대를 편성했는데, 이 연합 함대와 투르크의 함대가 맞붙은 것이다.

레판토해전을 묘사한 그림. 갤리선들이 바다를 가득 메우고 있다.

팽팽하게 맞서던 전세를 연합 함대의 승리로 돌려놓는 결정적인 전공은 스페인 함대가 세웠다. 터키 함대의 기함(旗艦)에 접근해서 올라탄 스페인의 정예 보병들은 투르크의 해군을 상대로 백병전을 벌였다. 선상은 피로 물들고 여기저기서 비명이 터졌다. 그리고 투르크 함대의 사령관인 알 파샤의 목이 베어져 장창에 꿰인 채 마스트에 걸리자, 곧바로 전세는 기울었다. 당시 최강을 자랑하던 투르크 함대는 25,000명의 전사자를 내며 궤멸되었고, 전투는 연합 함대의 승리로 끝났다. 유럽의 가톨릭 및 신교 교회에서는 일제히 승리를 찬양하는 종소리가 울려 퍼졌다. 레판토해전의 승리로 스페인의 함대에는 '무적함대'라는 영광스러운 이름이 붙었다. 이 전투에 참가한 병사들 가운데 미구엘 드 세르반테스라는 스물네 살의 청년이 있었다.

그로부터 17년이 지난 1588년 5월, 메디나 시도니아 공작이 지휘하는 무적함대는 영국을 향해 리스본을 출항했다. 영국 정벌에 나선 것이다.

당시 스페인이 신대륙에서 막대한 금은보화를 싣고 돌아올 때 해적들이 이 상선을 습격하는 일이 잦았다. 이 해적들은 배와 무기를 조달하기 위해 영국의 엘리자베스 여왕으로부터 투자를 받았고, 엘리자베스 여왕은 이들로부터 막대한 배당금을 받았다. 스페인의 펠리페 2세는 당시 가장 악명이 높던 해적 드레이크를 인도하라고 엘리자베스 여왕에게 요구했지만, 엘리자베스 여왕은 오히려 드레이크에게 기사 작위를 하사하며 영국의 영웅으로 만들었다. 이에 분노한 펠리페 2세가 영국을 치라고 명령을 내린 것이다. 원정에 나선 무적함대는 약 8,000명의 선원과 2만 명 가까운 병사 그리고 130척의 선박으로 구성된 대규모 함대였다. (이 가운데 약 40척이 전함이었고, 나머지는 대개 수송선과 소형 선박이었다.) 이에 비해 영국의 배는 80척 정도밖에 되지 않았고, 그나마 상선을 급조한 것이 많았다. 게다가 전투를 치를 수 있는 배는 34척밖에 되지 않았으며, 병력도 8,000명에 지나지 않았다. 아무도 영국이 이기리라고는 생각하지 않았다.

하지만 승리의 여신은 영국 편이었고, 스페인 최고의 제독이던 산타 크루스 후작을 대신해서 함대의 지휘를 맡은 시도니아 공작은 노련한 행정가였을 뿐 훌륭한 군인이 아니었음이 드러났다. 무적함대는 사정거리가 훨씬 더 긴 대포를 장착한 영국 해군에 무참하게 깨지고 말았다. 무적함대의 신화가 깨지는 순간이었다. 그와 동시에 스페인의 영광이 깨지는 순간이기도 했다. 대포를 주된 화력으로 무장한 영국 전함과 르네상스 시절의 해상 전투 기술을 전력의 중심으로 삼았던 무적함대가 벌인 이 전쟁은 중세와 산업사회를 가르는 상징적인 사건이었다.

하지만 사실상 스페인의 몰락은 이미 오래전부터 시작되었다. 로마가톨릭 세력의 맹주임을 자처하며 신대륙에서 들어오는 막대한 재화를 군비 강화에 쏟아 넣던 펠리페 2세는 이미 1557년에 국고 지불 정지의 파산 선고를 했어야 할 정도로 재정적으로 어려움을 겪었다. 칼레해전에서 격파되어 침몰한 무적함대는, 주인공으로 활동하던 역사 무대에서 퇴출을 당해야만 하던 스페인의 상징적인 모습이었다. 1598년 펠리페 2세가 사망할 무렵 스페인의 시대는 이미 끝나가고 있었으며, 대신 신흥 강국 네덜란드가 제해권을 장악하고 유럽의 강자로 새롭게 부상했다.

조선에 임진왜란이 있었다면, 스페인에는 칼레해전이 있었다. 조선이 임진왜란을 통해서 사회의 구조적인 문제를 뼈아프게 목도했다면, 스페인은 칼레해전에서의 무적함대 침몰을 통해서 스페인의 영광이 이미 사라져버린 과거임을 역시 뼈아프게 목도했다. 그리고 그 처연한 현장에 세르반테스가 있었다.

레판토의 외팔이

세르반테스의 삶은 그 자체로 하나의 드라마틱한 소설이다. 《돈키호테》라는 세기의 걸작을 남긴 것만으로도 충분히 위대하지만, 봉건사회에서 근대로 넘어가기 이전의 과도기적인 시대의 스페인 사회에서 일어난 굵직한 사건들을 세르반테스 본인이 직접 돌파하며 온갖 불행과 행복을 맛보았으며, 이런 사실을 역사를 통해 후대에 전했기 때문이다.

세르반테스는 1547년에 마드리드 인근에서 경제

세르반테스의 초상화, 1600년.

적으로 무능한 이발사외과의인 아버지 아래에서 태어났으며, 그의 가족은 여러 지역을 전전하며 가난하게 살았다. 그러다가 스무 살 때인 1566년에 처음 소네트를 써서 문학의 세계에 발을 들여놓았다. 하지만 창작은 잠시뿐이었고, 3년 뒤에 교황의 사절로 스페인을 방문한 추기경의 시종 자격으로 이탈리아로 갔다. 그리고 베네치아에 주둔하던 스페인 군대에 자원해 보병이 되고 여기에서 그는 평생 자랑스럽게 여기는 경험을 한다. 로마가톨릭의 영광을 실현한 레판토해전에 참가해서 전투 중에 가슴과 왼손에 총상을 입은 것이다. 이 총상 후유증으로 평생 왼손을 쓰지 못했지만, '레판토의 외팔이'라는 별명을 평생 자랑스럽게 간직했다.

그는 레판토해전 이후에 4년이나 더 군인으로 복무하며 여러 전투에서 활약한 뒤에 스물여덟 살 때인 1575년에 퇴역해서 고향으로 향했다. 그런데 그가 탄 배가 해적선의 습격을 받았고, 세르반테스는 해적의 포로가 되어 알제리로 끌려갔다. 해적은 가족에게 몸값을 요구했지만, 가족이 마련할 수 없는 거금이었다. 탈출을 하는 수밖에 다른 방법이 없었다. 그는 네 차례나 탈출을 시도했지만, 그때마다 실패하고 혹독한 처벌을 받았다. 그런데 이런 사정을 딱하게 여긴 알제리의 스페인 사람들이 몸값을 대신 지불해 준 덕에 그는 스페인으로 돌아올 수 있었다. 5년 만에 얻은 자유였고, 그때가 1580년이었다.

그는 한때 유랑극단에서 희극배우를 하며 여배우와 사랑에 빠져 아이를 낳지만 여자가 다른 남자와 결혼하는 바람에 열여덟 살이나 어린 소지주의 딸과 결혼한다. 하지만 1년 만에 다른 여자에게서 아이를 갖고, 떠돌이 생활을 한다. 공직으로 진출하려고 몇 차례나 시도했지만 뜻을 이루지 못하고 생계가 막막해지자, 세르반테스는 시와 희곡을 쓰기도 했다. 하지만 큰 명성은 얻지 못했다. 그러다가 마침내 관리가 된 세르반테스는 영국과 일전을 준비하던 무적함대의 물자 조달관으로 일했다. (그랬기에 무적함대의 패배 소식은 그 누구보다도 세르반테스에게 뼈아픈 소식이었을 것이다.) 세르반테스는 또 나중에 세금 징수관으로도 일했으며, 비리 혐의를 받고 징역도 몇 차례 살았다. 그 가운데 한 번인 1597년 가을에 세비야에서 옥살이를 했는데, 이때 《돈키호테》를 구상했다. 즉, 스페인 영광의 시대가 펠리페 2세의 죽음과 함께 결정적으로 마침표가 찍히는 시점에 《돈키호테》의 집필이 시작되었던 것이다.

미쳐서 살고, 정신 들어 죽다

세르반테스는 《돈키호테》를 쓴 이유를, '지금 유행하고 있는 기사(騎士) 이야기의 인기를 비꼬고 타도하기 위한 것'이라고 밝혔다.

16세기 전반 스페인에서는 기사 이야기가 소설의 한 장르로 유행했는데, 초인적인 무용(武勇)과 사랑하는 여성에 대한 고결한 사랑, 국왕에 대한 충성 등이 기본 요소인 기상천외한 공상 모험 이야기였다. 이런 소설이 스페인에서 유행한 것은 신대륙 발견 당시에 스페인 사람들이 가졌던 미지(未知)의 세상에 대한 꿈이나 모험심과 맞아떨어졌기 때문이다. (크리스토퍼 콜럼버스는 스페인의 이사벨라 여왕의 후원을 받아 탐험에 나서서 1492년에 아메리카 대륙에 유럽인으로서는 처음으로 발을 디뎠다.) 하지만 스페인의 화려한 영광의 시대는 무적함대의 침몰과 함께 사라지고, 왕은 부족한 재정을 메우려고 가혹한 세금으로 국민의 허리를 휘게 만들었다. 바로 그 시점에, 기사 이야기가 펼쳐 보이는 꿈과 모험에 대한 동경이 터무니없음을 보여주겠다는 게 세르반테스의 의도였다는 말이다. 이미 과거가 되어버린 영광에 대한 집착을 풍자하겠다는 뜻이었다. 이렇게 본다면 돈키호테가 벌이는 황당한 일화들은 영광스러웠던 과거가 여전히 현실이라고 생각하는 경향에 대한 우스꽝스러운, 그래서 더욱 슬픈 조곡(弔哭)인 셈이다.

원래 제목이 "재기발랄한 시골 향사, 라 만차의 돈키호테(El Ingenioso Hidalgo Don Quixote de la Mancha)"인 《돈키호테》의 주인공은 알론소 키하노라는 노인이다. 중세의 기사 모험담에 매료되어 정신이 나간 그는 낡고 녹슨 갑옷을 차려 입고 늙고 말라빠진 말 로시난테를 타고, 섬의 총독 자리를 주겠다는 약속으로 꾀어낸 산초 판사를 시종으로 거느리며 기사 편력의 길을 떠난다. 돈키호테는 가는 곳마다 그의 기사도 정신과 저돌적 태도로 인해 온갖 황당무계한 모험을 겪으며 현실 세계와 좌충우돌한다. 풍차를 거인으로 알고 덤볐다가 나가떨어지기도 하고, 여관을 성으로 착각하고 여관 주인에게 기사 작위를 받기도 하며, 양떼들을 적군이라고 착각하고 양떼 속으로 돌진하고, 죄 없는 시골 사람들을 적이며 마귀로 오인하고 덤벼들기도 한다. 그러나 그에게 남는 것은 가혹한 실패의 연속뿐이다. 그래도 그는 '고귀한 뜻'을 꺾지 않고 용기를 내어 낙천적이며 너무도 순진한 모습으로 다시 도전에 나선다. 하지만 끝내 그는 사랑을 찾지 못하고, 세상으로부터 인정받지 못한다.

오랜 편력을 끝내고 고향으로 돌아온 돈키호테는 죽기 직전에 정신이 돌아와서 조카딸에게 이렇게 말한다.

서재에서 기사 모험담을 읽다가 정신이 나가 버린 돈키호테. 구스타브 도레의 삽화, 1863년.

나는 이제 정신이 제대로 밝아졌고 자유롭단다. 머릿속에 자욱하던 안개 낀 무지의 그림자 하나도 없이 말이다. 그 역겨운 기사도에 관한 책들을 끊임없이 죽도록 읽어대다가 정신에 안개가 끼었던 게지. 이젠 그것들이 다 엉터리이고 사기였음을 알았단다. 마음이 아픈 건 그런 깨달음이 이렇게 뒤늦게 찾아왔다는 것뿐이야. 이제는 그 허송세월에 대한 보상으로 영혼에 빛이 될 만한 다른 책들을 읽을 시간이 남아 있지 않거든. 애야, 나는 지금 곧 죽을 것 같은 느낌이 든다. 이 순간 나는 내 일생이 미친 사람이라는 오명을 남기고 죽을 만큼 나쁜 사람이 아니었음을 사람들에게 알리고 가고 싶구나. 비록 미친 짓을 하고 살았지만 내가 죽는 순간까지 그런 모습을 사실로 보여주고 싶지는 않다.[•]

하지만 정신을 차리는 순간 현실은, 본인은 외면했지만 예전부터 이미 그러고 있었던 누추한 모습으로 나타난다. 진리라고 믿고 좇았던, 세상을 조금이라도 낫게 바꾸겠다며 품었던 순수한 이상은 알고 보니 이상이 아니라 허망한 꿈이었다. 허송한 세월이 아깝고, 이미 죽음은 임박했다. 돈키호테가 죽고, 그의 묘비명은 이런 글귀를 담고 서 있다.

여기 그 용맹성이 극단으로 치달았던 강력한 시골 양반이 누웠노라.
죽음도 그의 삶을 죽임으로써 승리하지 못한 듯하노니
온 세상 사람들을 얕보았던 그는 온 세상의 허수아비이며 무서운 도깨비였다.
좋은 기회를 맞았던 그의 운명이 받은 평판은,
미쳐서 살고 정신 들어 죽다.

허균 VS 세르반테스 —

43

• 세르반테스의 《돈키호테》(민용태 번역)에서.

돈키호테로서는 너무 일찍 일어난 셈이었다. 차라리 미친 채로 그냥 죽었다면 아마 행복했을 것이다. 홍길동이 율도국을 세우고 왕이 되어 아들딸 다섯을 낳고 일흔두 살까지 행복하게 살다가 죽고, 그 뒤로도 자손들이 대대로 선정을 베풀어 백성들이 태평성대를 누리며 잘 산 것처럼……. 하지만 세르반테스는 돈키호테를 잠에서 깨웠다. 그리고 누추한 현실을 바라보며 참담한 심정으로 죽게 만들었다.

돈키호테를 깨우고 또 현실에서 죽게 만든 세르반테스는, 본인이 사망한 다음 해인 1617년에 간행된 유작 《사랑의 모험》 서문에(이 서문은 사망하기 직전에 썼다고 한다) 마치 유언과 같은 말을 다음과 같이 썼다.

모든 시간은 계속해서 이어지는 것이 아닙니다. 아마도 이 끊어진 실을 이으면서, 내가 여기서 쓰지 않은 것들, 그리고 잘 어울렸던 부분들을 언급할 시간이 올 겁니다. 안녕, 아름다움이여. 안녕, 재미있는 글들이여. 안녕, 기분 좋은 친구들이여. 만족스러워하는 그대들을 다른 세상에서 곧 만나길 바라면서 난 죽어가고 있다오!

자기가 '죽어가는 공간'은 '다른 세상'이 있기에 세르반테스에게는 의미가 없다. 다른 세상에서 친구들을 다시 만날 수 있기에 죽음조차도 흐뭇하게 받아들일 수 있다. 세르반테스는 이 세상에서 미처 다 꾸지 못한 꿈을 계속해서 꾸겠다면서 그 '다른 세상'으로 세상 사람들을 초대한다. 꿈에서 깨고 싶지 않았던 것이다.

《돈키호테》 1부는 세르반테스가 쉰여덟 살이던 1605년에 출간되었고 2부는 (허균이 《홍길동전》을 쓰기 3년 전인) 1615년에 출간되었다. 그리고 말년에 정식으로 수도원에 들어가 수도 사로 죽었다. 그때가 1616년 4월 23일이었고, 공교롭게도 바로 이 날에 (돈키호테와 대척점에 서는 캐릭터인 햄릿을 창조한) 셰익스피어도 사망했다. 1616년은 또한 누르하치가, 장차 명나라를 끝장내고 청나라로 이름을 바꿀 후금을 건국한 해이기도 하다. 그리고 세르반테스가 죽고 2년 4개월 뒤인 1618년 8월 24일, 지구 반대편의 조선 땅에서는 봉건 타파 혁명을 꿈꾸었던 허균이 반역죄로 공개 처형을 당한다.

혁명의 조짐 속에서

유럽에서 그리스 본토와 펠로폰네소스 반도 사이의 이오니아해(海)에서 레판토해전이 벌어진 지 2년이 지난 1569년, 허균이 태어났다. 서울이었고, 11월 3일이었다.

그런데 그가 태어나기 십여 일 전에 흰 무지개가 해를 꿰는 심상치 않은 현상이 하늘에서 일어났다. 이런 일이 일어나자 열일곱 살 어린 나이의 선조는 공무를 접고 감선(減膳)하였다. 감선이란 나라에 어려운 일이 일어났을 때, 왕이 근신하는 뜻에서 수라상의 음식 가짓수를 줄이고 신하들이 모이는 남당(南堂)에 나아가 식사를 하는 행위였다. 흰 무지개가 해에 걸리는 게 왕이 그렇게 반성해야 할 일이었을까? 그랬다. 왕이 민심을 잃고 나라가 위태로워질 것임을 상징하는 심상치 않은 조짐이었기 때문이다. 그리고 같은 해 11월 29일에도 낮에 하늘에서 이변이 일어나 선조가 직접 보고는 전전긍긍하며 두려움에 떨었다고 《선조실록》은 기록하고 있다.

그런데 이런 불길한 조짐은 이미 다섯 달 전부터 조선의 하늘에서 벌어졌다. 하얀색의 은과 같다고 해서 태백(太白)이라고 이름이 붙은 금성이 비정상적으로 운행하는 현상이 자주 일어난 것이다. 세종 시대에 편찬된 천문학 서적인 《천문유초(天文類抄)》에는 금성의 운행을 다음과 같이 적고 있다.

> 태백의 정상적인 운행은 동쪽에서 떠서 동쪽으로 지거나 서쪽에서
> 떠서 서쪽으로 지는 것인데, 동쪽에서 떠서 서쪽으로 지거나 서쪽에서
> 떠서 동쪽으로 지는 것을 경천(俓天)이라고 부른다. 이 경우엔 혁명이
> 일어나 백성이 왕을 바꾼다. 또한 태백이 대낮에 나타나서 태양과 밝기
> 를 다투면 강한 나라는 약해지고 작은 나라는 강해지며 여왕이 번창
> 한다.

그런데 6월 5일 미시(오후 한 시에서 세 시)에 금성이 나타났다. 그리고 6월 8일에는 금성이 경천했고, 선조는 '요즈음에 와서 태백이 낮에 나타나더니, 오늘은 경천하기까지 하였다. 이는 실로 비상한 변고로서, 경천은 더욱 큰 재변이다. 놀랍고 두렵기 그지없다.'고 "비망기(備忘記)"에 적었다고 《선조실록》은 말하고 있다. 이어 8월 6일과 9일에도 금성은 비정상적으로 운행했다.

천문 현상 하나에 선조가 벌벌 떨며 감선이라는 정치적인 제스처를 취할 정도로 이미 민심은 흉흉할 대로 흉흉했다. 이미 십 년 전인 1559년(명종 14년)에 백성은 난을 일으켰었다. 황해도 해주에서 백정 임꺽정이 일으킨 난이었다. 이 해의 《조선왕조실록》은 임꺽정이 난을 일으킨 것을 두고 조정 대신들이 다음과 같이 논의했다고 적었다.

> 도적이 성행하는 것은 수령의 가렴주구 탓이며, 수령의 가렴주구는
> 재상이 청렴하지 못한 탓이다. 지금 재상들의 탐오가 풍습을 이루어
> 한이 없기 때문에 수령은 백성의 고혈(膏血)을 짠다. 그런데도 곤궁한

백성들은 하소연할 곳이 없으니, 도적이 되지 않으면 살아갈 길이 없는 형편이다. 그러니 너도나도 스스로 죽음의 구덩이에 몸을 던져 요행과 겁탈을 일삼으니, 이 어찌 백성의 본성이겠는가. (…) 군사를 거느리고 추적 포착하기만 하려 한다면 아마 포착하는 대로 또 뒤따라 일어나, 장차 다 포착하지 못할 지경에 이르게 될 것이다.[*]

조정 대신들의 논의에서조차 국정 기강이 문란해져 손을 쓸 수조차 없음을 적나라하게 인정하는 말들이 오가고 있다. '모이면 도적이고 흩어지면 백성'인 이런 사정이 10년 뒤라고 해서 크게 달라졌을 리가 없다. 게다가 중종과 문정왕후 사이에 태어난 명종이 후사가 없이 죽은 뒤, 중종의 손자(중종과 창빈 안씨 사이에 태어난 덕흥대원군의 아들)이던 선조가 열다섯 살 나이에 별안간 왕이 된 게 1567년 7월이었고, 그로부터 겨우 2년밖에 지나지 않은 때였다. 또한 나이가 어려 처음에는 명종의 비 인순왕후 심씨가 수렴청정하다가, 열일곱 살이던 이 해 들어서 비로소 친정을 행사하였으니 왕권은 아직 미약하기만 했을 터, 당시 선조가 느낀 불안감은 이루 말할 수 없었을 것이다.

혁명을 꿈꾸는 《홍길동전》

전국시대(戰國時代)를 통일하여 봉건적인 지배 질서를 강화하는 데 온 힘을 쏟던 도요토미 히데요시는 조선 원정군을 편성하고 1592년 4월에 침공 명령을 내렸다. 총병력 20여만 명의 왜군이 조선을 향했다. 그리고 4월 13일, 왜군 병선의 700여 척이 부산포에 이르고 있다는 경상도 가덕도 응봉봉수대(鷹峰烽

• 《명종실록》 명종 14년 3월 27일.

燧臺)의 보고가 곧 경상도·전라도의 각 감영(監營)과 중앙에 전달되었다.

이렇게 시작된 임진왜란은 국토를 황폐화시켰고, 국가와 민간의 재정은 파탄을 맞았다. 국가는 부족한 재정을 메우려고 안간힘을 썼고, 이 과정에서 납속(納粟, 조선시대에 국가가 부족한 재정을 보충할 목적으로 백성에게서 곡물과 돈을 받고 관직을 주거나 신분을 올려주거나 또는 군역을 면제하는 등의 특전을 부여하는 것)이 남발되면서, 무너진 사회 체제에 편승해서 관리는 제 배를 불리느라 바빴다. 결국 일반 백성의 부담은 가중되었다. 전쟁 중의 피폐한 백성들의 모습을 허균은 "본대로 기록함(記見)"이란 시에서 다음과 같이 묘사했다.

> 해는 저물어가고 늙은 아낙이 황폐한 마을에서 통곡하네
> 헝클어진 머리엔 서리 내리고 두 눈은 넋이 나가 공허하다
> 사내는 빚 갚을 돈이 모자라 차가운 감옥에 갇혔고
> 아들놈마저 도위(무관의 벼슬직)를 따라 서원(청주의 옛 이름)으로
> 떠났다오
> 집안은 난리 통에 기둥 서까래마저 불타버리고
> 이 몸은 숲에 숨느라 베잠방이마저 잃어버렸다오
> 일거리는 끊어지고 살고 싶은 마음도 없는데
> 관가의 아전은 왜 또 대문을 두드리는가●

이 피난길에서 허균의 아내는 아이를 낳다 죽었고, 갓난아기역시 젖을 먹지 못해 죽고 말았다.

이런 참담한 일이 벌어지는데도, 왜적을 막아야 할 관리는

● 허균의 《성소부부고(惺所覆瓿藁)》의 "본대로 기록함"에서.

오히려 왜적을 물리치겠다고 자발적으로 일어난 의병 조직을 핍박하고 나서기도 했다. 병사로 쓸 만한 사람이 의병에 가담하는 바람에 전공을 세우는 데 관군이 의병 조직에 비해 불리하다면서 백성의 의병 참여를 저지한 것이다. 의병장 조헌은 순찰사 윤선각을 찾아가서 이 일을 놓고 따졌다. 그러자 안세헌이라는 사람(이 사람은 전쟁이 일어나자마자 우리나라 사람을 많이 죽이고 목을 벤 뒤에 머리털을 깎아 왜적의 목이라며 공훈을 요구하던 사람이었다)은 만일 조헌이 공을 세우면 미적거린 죄를 뒤집어쓸 것이라며 윤선각을 꾀었다. 윤선각은 이 충고를 받아들여, 조헌의 진영에 가담한 의병들의 부모와 처자를 잡아 가두었다. 이처럼 외적과 전쟁을 치르는 와중에서도 오로지 자기 이익만 좇던 관리들이 부지기수였다. 한편, 선조의 두 아들이 함경도로 피난 가서 백성들에게 민폐를 끼치자 국경인이라는 이름의 난민이 두 왕자와 여러 신하들을 묶어서 왜군에 바치며 항복하기도 했다.

"임진전란도", 이시눌, 1834년. 1592년 부산진(위)과 다대포진의 치열한 전투상황을 세밀하게 묘사하고 있다.

이렇듯 임진왜란은 조선 사회의 구조적인 모순을 적나라하게 드러냈다. 기존 체제로는 조선이 더는 버틸 수 없음이 임진왜란으로 확인되었다. 이런 사실은 왕실의 눈으로 보나 양반의 눈으로 보나 또 양민이나 노비의 눈으로 보나 분명한 현실이었다. 형편이 이렇다 보니 1596년에는 이몽학이 '왜적의 재침을 막고 나라를 바로잡겠다'는 명분을 내세우고 충청도 홍산에서 반란을 일으켜 서울로 진격하기도 했다. 난은 진압되었지만 백성의 피폐한 삶은 나아질 게 없었다. 왕실과 사대부는 이전투구의 권력다툼을 벌이는 가운데서도 유교 이념으로 지배 이데올로기를 더욱 공고하게 세우려고만 했다.

하지만 천하에 두려워할 만한 것은 오직 백성
뿐이라고 허균은 믿었다. 백성은 물과 불과 범
보다 더 무섭지만, 윗자리에 있는 사람들은 백
성이 무서운 줄 모르고 업신여기며 모질게 부
려먹는데 백성이 결국 참지 못하고 들고 일어날
것이라고 했다.

"호민론"의 일부.

이루어진 일이나 함께 기뻐하면서 늘 보이는 것에
얽매인 자, 시키는 대로 법을 받들고 윗사람에게 부림을 받는 자는 항
민(恒民)이다. 이들은 두려워할 만한 존재가 아니다. 모질게 착취당하
여서 살이 발겨지고 뼈가 뒤틀리며, 끝없이 이어지는 요구를 물리치지
않고 집에 들어온 것과 논밭에서 난 것을 다 가져다 바치면서도 한숨
을 쉬며 윗사람을 원망이나 하고 마는 자는 원민(怨民)이다. 이들도 두
려워할 만한 존재가 아니다. 그런데 자기 생각을 남몰래 푸줏간에 감추
고 딴 마음을 품고 세상을 살피다가 때를 만나면 자기 뜻을 펼치려는
자가 호민(豪民)이다. (…) 호민이 틈을 엿보아서 적당한 때를 노려 팔
을 걷어붙이고 소리를 치면, 원민들이 소리만 듣고 모여들어 함께 의논
하지 않았어도 같은 소리를 외친다. 항민들도 또한 살 길을 찾아 어쩔
수 없이 호미자루와 창자루를 들고 따라나서 무도한 놈들을 죽인다.
(…) 견훤이나 궁예와 같은 사람이 나와서 몽둥이를 휘두르면, 근심과
원망에 가득 찬 민중들이 따라가지 않는다고 어찌 보장하겠는가?*

뒤집어서 읽으면, 근심과 원망에 찬 백성들이 창을 들고 일
어나는 게 마땅하다, 혹은 응당 그렇게 해야 한다는 뜻이 되기
도 한다.

• 《성소부부고》의 "호민론(豪民論)"에서.

미처서 살고 정신 들어 죽다 ㅡ

그리고 바로 이런 발상의 연장선에서 허균은 《홍길동전》을 썼다. 기존 질서 아래에서는 도저히 인간답게 살 수 없음을 깨달은 홍길동이 착취와 억압에 시달리는 백성의 힘을 업고서 새로운 나라를 세우는 모습을 그린 소설이었다. 이때가 1612년으로 허균의 나이 마흔세 살 무렵이었다. 두 차례에 걸친 왜란이 끝난 지 십여 년 뒤였고, 전쟁으로 국토가 황폐해져서 무거운 조세와 학정으로 백성의 삶이 피폐해져서 민심이 흉흉하던 때였다. 게다가 이 시기는 명나라가 망해가던 시기였으므로(1616년에 나라를 세운 후금은 1644년에 명나라를 멸망시키고 청나라를 세운다) 국제적으로도 대변화의 거친 흐름이 요동치던 때였다. 말하자면, 변화가 사회의 트렌드였던 셈이다.

19세기 세책본(貰册本) 《홍길동전》의 첫 페이지. 세책본이란 주로 돈을 받고 빌려주기 위해 제작된 책이다.

'화설(話說) 조선국 세종조 시절에 한 재상이 있었다. 성은 홍이요 이름은 아무개이다. (…) 일찍 두 아들을 두었으니 하나는 이름이 인형이니 정실 류씨 소생이요 또 하나는 이름이 길동이니 시비 춘섬의 소생이라.'로 시작하는 《홍길동전》은 현실을 개혁하고 이상을 실현하는 인물인 홍길동을 내세워서, 임진왜란 이후 더욱 강고하게 고착화되는 성리학적 관념의 신분제도 및 봉건적인 여러 제도의 구조적 모순을 개혁하고 이상향을 실현하려는 이념을 드러내고 있다. 비록 최소한의 안전판을 마련하기 위해서 허균은 타도 대상을 왕이 아니라 탐관오리로 설정하고 있지만(예를 들어, 《홍길동전》에는 '길동은 스스로 호를 활빈당이라고 하면서 조선 팔도로 다니며 각 읍 수령이 불의로 모은 재물이 있으면 탈취하고, 혹시 가난하고 의지할 데 없는 사람이 있으면 구제하되, 백성은 침범하지 않고 나라의 재산에는 추호도 손을 대지 않았다.'고 되어 있다), 적자와 서자·얼자 사이의 신분을 타파하자는 주장은 분명 조선의 지배 이념인 성리학의 질서를 전면적으로 부정하는 내용이다. 이런 길동을 그의 형 인형은 다음과 같은 말로 나무란다.

"사람이 세상에 태어남에, 오륜이 으뜸이요, 오륜이 있음으로써 인의예지가 분명하거늘, 이를 알지 못하고 임금과 부모의 명을 거역해 불충불효가 되면 어찌 세상이 용납하겠느냐?"

하지만 세상이 용납하지 않는 일을 길동이 실천했다. 그것은 바로 혁명이었다. 서얼 출신의 이몽학이 임진왜란 중에 그랬듯이, 그리고 허균이 태어나기 70년 전 연산군 시대인 1500년에 실존 인물 '강도 홍길동(洪吉同)'이 그랬듯이 허균의 홍길동(洪吉童)은 허균을 대신해서 소설 속에서 혁명을 실천한다. 그리고 또 성공한다. 하지만 현실에서 이 혁명은 결코 쉽지 않았다.

허균, 모반을 피하다

서얼을 적자와 가르는 신분 차별은 송충이는 솔잎을 먹고 살아야 한다는 성리학적 질서에 따른 당연한 귀결이기도 했거니와 조선에서는 특히 왕권의 정통성을 떠받드는 중요한 기둥이기도 했다. 조선 개국 초에 정도전은 왕권(王權)과 신권(臣權)이 조화를 이루는 이상적인 왕도정치를 꿈꾸었지만, 강력한 왕권에 바탕을 둔 국가를 꿈꾸던 이방원에게 죽임을 당했다. 나중에 정종에 이어 조선의 세 번째 왕이 되는 이방원은 정적 정도전을 제거하면서 그의 죄를 '마음대로 나라 권세를 잡고 임금의 총명을 가려서 적서(嫡庶)의 분수를 어지럽혔다.'고 규정했다. 정도전이 이성계의 서자인 방석을 왕으로 밀었다는 게

• 《태종실록》 태조 7년(1398년) 8월 26일.

이유였다. 그리고 태종은 이 일을 정당화하기 위해서 '서얼에게는 현직(顯職)을 금한다.'는 규정을 명시적으로 정했고, 그 뒤이 내용은 성종 때 편찬된 《경국대전》에서 법제화되었다. 서얼에 대한 이런 차별은 후에 노론 세력을 견제하려는 정조의 탕평 인사에서 부분적으로 해소되고, 또 그 뒤에는 남인 세력을 견제하려는 노론 세력에 의해 다시 부분적으로 해소되며, 1884년 갑신정변 뒤에 적자와 서·얼자의 신분 차별이 최종적으로 철폐된다. 하지만 허균으로서는 그때까지 아직 300년 가까운 세월을 기다려야 했다.

허균은 그 세월을 가만히 앉아서 기다리려 하지 않고 신분 차별의 타파를 외쳤다.

나라를 다스리는 사람은 임금과 더불어 하늘이 준 직분을 행하는 것이니 재능이 없어서는 안 된다. 하늘이 인재를 내는 것은 본디 한 시대의 쓰임을 위해서이다. 그래서 하늘이 사람을 낼 때는 귀한 집 자식이라고 하여 풍부하게 주고 천한 집 자식이라 하여 인색하게 주지는 않는다. (…) 어찌하여 숲 속과 연못가에서 살면서 큰 보배를 품고도 팔지 못하는 자가 수두룩하고 영걸 찬 인재가 하급 벼슬아치 속에 파묻혀서 끝내 그 포부를 펴지 못하는가? (…) 동서고금에 첩이 낳은 아들의 재주를 쓰지 않는다는 말은 듣지 못했다. 우리나라만이 천한 어미를 가진 자손이나 두 번 시집 간 자의 자손은 벼슬길에 나아가지 못하게 한다. (…) 한낱 여인네가 원한을 품어도 하늘이 마음이 언짢아 오뉴월에 서리를 내리는데 하물며 원망을 품은 사내와 원한에 찬 홀어미가 나라의 반을 차지하니 화평한 기운을 불러오기는 어려우리라. (…) 하늘이 냈는데도 사람이 버리는 것은 하늘을 거스르는 것이다. 하늘을 거스르고도 하늘에 나라를 길이 유지하게 해달라고 비는 것은 있을 수 없는 일이다.●

허균은 신분 차별 철폐라는 혁명을 꿈꾼 불온한 인물이었지만, 정작 본인은 서자가 아니었다. 뿐만 아니라 그의 집안은 당대의 일류 명문가였다. 《선조수정실록》에는 그의 집안에 대해서 다음과 같이 기록하고 있다.

> 동인과 서인으로 당이 갈라진 뒤로 허엽은 동인의 종주(宗主)가 되어 의논이 가장 엄격했다. (…) [허엽의] 세 아들인 성·봉·균과 사위인 우성전·김성립은 모두 문사로 조정에 올라 논의하여 서로의 수준을 높였기 때문에 세상에서 일컫기를 '허씨(許氏)가 당파의 가문 중에 가장 치성하다.'고 하였다.**

아버지 허엽은 동인의 영수였고, 이복형인 허성은 동인이 남인과 북인으로 갈라진 뒤 남인을 대표하는 인물로 이조판서와 병조판서를 역임하였으며, 동복형인 허봉은 허균을 가르칠 정도로 학문 수준이 높았다. 또한 조선 최고의 여류시인 난설헌 허초희가 그의 누이였다.

그럼에도 불구하고 허균은, 아버지가 서얼에 대해 개방적이었고 사촌과 육촌 가운데서도 서얼이 많았으며 또 서얼 출신인 이달을 스승으로 모시고 배웠던 까닭에 서얼들과 깊은 친교를 나누며 지냈을 뿐만 아니라, 지배 이데올로기인 유교 이념과 배척되는 불교 및 도교에도 심취했다. 그의 이런 모습은 사헌부와 사간원 그리고 홍문관이 공동으로 광해군에게 올린 상소문 그리고 훗날 남인계의 젊은 학자들이 천주교에 기우는 것을 비판하며 이들을 깨우치려고 안정복(1721~1791)이 쓴 글에서 적

• 《성소부부고》의 "유재론(遺才論)"에서.
•• 《선조수정실록》 선조 13년(1580년) 2월 1일.

나라하게 엿볼 수 있다.

> 허균은 천지간의 한 괴물입니다. (…) 수레에 매달아 찢어 죽여도 시원치 않고 그 고기를 씹어 먹어도 분이 풀리지 않을 것이며 (…) 허균이 일생 동안 해온 일을 보면 악이란 악은 모두 갖추어져 있습니다. 강상(綱常, 삼강오상의 도리)을 어지럽힌 더러운 행동을 보면 다시 사람이라 할 수가 없고 요망스러운 참언을 만들어내는 것이야말로 그의 장기이니 (…)*

> 허균은 총명하고 문장에 능했으나 행실이 전혀 없어서 거상(居喪) 중에 고기를 먹고 아이를 낳았으므로 사람들이 모두 침을 뱉으며 비루하게 여겼었다. 그래서 스스로 사류(士流)에게 받아들여질 수 없음을 알고 불교에 귀의하여 밤낮으로 부처에 예배하고 불경을 외우면서 지옥을 면하기를 기구하였다. 그러면서 부르짖기를, '남녀 간의 정욕은 하늘이 준 것이고, 윤리와 기강을 분별하는 일은 성인의 가르침이다. 하늘은 성인보다 높으니, 차라리 성인의 가르침을 어길지언정 하늘이 준 본성을 거스를 수는 없다.' 하였다.**

유교 이념이 이단으로 지목하던 불교와 도교에 깊이 빠져든 허균의 행태는 유교 이념으로 보자면 도저히 용납할 수 없을 정도였다. 특히, 불교에 대해서는 한때 출가하여 중이 되려는 생각도 있었으며 불교의 오묘한 진리를 접하지 않았더라면 한평생을 헛되이 보낼 뻔했다고 고백하기도 하였다. 게다가 그는 서얼 출신들과도 가깝게 어울렸다. 이런 여러 이유로 해서 그

---

* 《광해군일기》 광해군 10년(1618년) 윤4월 29일.
** 안정복의 《천학문답(天學問答)》에서.

는 열 번 가까이나 벼슬에 나갔다가 쫓겨나기를 반복했다.

1612년에는 가까운 벗 권필이 광해군을 풍자하는 시를 지었다가 매를 맞아 죽었고, 또 12월에는 진주사가 되었다가 다음 날 곧바로 갈렸다. 이 해는 또한 《홍길동전》을 지은 것으로 추정되는 해이기도 하다. 그런데 다음 해인 1613년에 이른바 '칠서의 옥'이라는 사건이 일어난다. 허균과 가까이 지내던 일곱 명의 사대부 가문 서자 출신이, 여주 남한강가에 토굴을 파고 거처를 마련해서 '무륜당(無倫堂)'이라 이름을 짓고 스스로를 죽림칠현(竹林七賢) 혹은 강변칠우(江邊七友)라고 자처하며 시도 짓고 술도 마시며 지내면서 역모를 꾀했다. 그리고 거사에 필요한 자금을 마련하려고 문경새재에서 은상(銀商)을 살해했다. 《조선왕조실록》의 《광해군일기》는 광해군이 직접 이들을 조사한 내용을 기록하고 있는데, 다음은 그 일곱 명 가운데 한 명이던 박응서가 진술한 내용이다.

7년 전에 서양갑이 맨 먼저 역모를 주장하였습니다. (…) 어느 날 흉모를 이야기하기를 '우리들이 뛰어난 재질을 갖고 있는데도 오늘날의 법 제도 때문에 출세 길이 막혀 뜻을 펴지 못하고 있다. 사나이가 죽지 않는다면 모르지만 죽는다면 큰 이름을 드러내야 할 것이다.' 하였습니다. (…) 무사들과 관계를 맺으려 하였으나 자금이 없는 것을 한스러워하였습니다. (…) 그러다가 금년 봄 정월에 서양갑이 박치의와 허홍인 등과 함께 은상을 때려죽이고 은 6~7백 냥을 얻었습니다. 지금까지 예정되어 있는 계획은 3백여 인을 동원해서 대궐을 밤중에 습격하는 것이었습니다. 이를 위해 먼저 우리와 친한 무사로 하여금 조정의 집정자(執政者)에게 뇌물을 써서 선전관이나 내금위, 수문장 등의 관직을 얻어 내응(內應)할 발판을 마련하는 동시에 또 집정자에게 뇌물을 주어 정협을 훈련대장으로 임명하고 금과 비단을 모두 뿌려 3백여 인과 결탁한 다음 야음을 이용해 대궐을 습격하려 하였습니다. 이때 제일 먼저 대전을 범하고 두 번째로 동궁을 범한 다음 급히 국보(國寶)를 가지고 대비전에 나아가 수렴청정을 하도록 청하는 한편 성문을 굳게 닫고 백관을 모두 바꿔치려 하였습니다.*

이들은 평소 허균과도 가까이 지낸 인물들이었지만, 가혹한 조사를 받고 반역죄로 처형될 때까지 끝내 허균의 이름을 입에 올리지 않았다. 허균은 그렇게 처형을 당하던 친구들을 바라보며 무슨 생각을 했을까?

하지만 그걸로 끝난 게 아니었다. 1617년, 허균이 칠서의 옥 역모 사건과 연관이 있다는 말이 당시 집권층 사이의 권력투쟁 와중에서 나오자, 허균은 무력으로 광해군을 축출하고 권력을 잡으려고 계획을 세운다. 그러나 함께 모의를 하던 인물 하나가 체포되어 자백을 하고 허균은 체포되었다. 기존에 진행되던 권력투쟁을 이용해서 뜻을 이루려고 했지만, 오히려 권력투쟁의 복잡한 이해관계의 덫에 걸려서 실패하고 만 것이다. 칠서의 옥 사건이 일어난 지 5년 뒤인 1618년 8월 18일, 허균은 사람들이 지켜보는 가운데 시장 바닥에서 공개 처형을 당했다. 그의 나이 마흔아홉 살이었다.

한밤중에 일어나 사방을 둘러보니
갠 하늘엔 별들이 곱기도 하네
한바다에 눈 같은 파도가 울부짖고
건너자니 바람이 너무나도 세다
젊음이 그 얼마나 지탱할런가

• 《광해군일기》 광해군 5년(1613년) 4월 25일.

근심에 잠기니 사람은 늙어만 가고

어찌하면 죽지 않는 약 얻어

새를 타고 하늘로 올라 삼도를 노닐까*

　허균이 처형되고 열흘 뒤, 이 역모 사건에 연루되어 체포된
허균의 첩 추섬이 고문을 받은 끝에 진술한 허균의 죄는 다음
과 같다.

　경운궁의 흉격과 흉서, 남대문의 흉방은 허균이 모두 스스로 한 짓
입니다. (…) 허균이 역모를 꾸민 지 이제 3년이 되었는데 밤에 소리를
쳐서 도성 중의 사람들이 다 나가게 한 뒤의 그 계획은 반드시 까닭이
있었을 터인데 그 모의는 알지 못하겠습니다. 승군(僧軍)과 포수(砲手)
를 이끌고 8월을 기한으로 삼았으며 거사는 15일로 정했다고 하였습니
다.**

이무기의 꿈

　《홍길동전》에서 길동의 아버지 홍 판서는 번개가 치고 천둥
소리가 우당탕거리는 가운데 청룡이 수염을 휘날리며 달려드
는 꿈을 꾸고 놀라 깬 뒤에, 용꿈을 꾸었으니 반드시 귀한 자
식을 낳으리라 생각하고 부인 류씨를 안으러 내당으로 갔다가
퇴짜를 맞는다. 그러자 달아오른 몸을 주체하지 못한 홍 판서
는 꿩 대신 닭이라고 열여덟 살 나이의 노비 춘섬의 손을 잡고
작은방에 들어가고, 이렇게 해서 길동이 태어난다. 길동이 용

미쳐서 살고 정신 들어 죽다 ─

의 아이라는 말이다. 허균이 홍길동에게 자기의 모습을 투영했
듯이, 다음 시 "명연(鳴淵, 우는 연못)"에 등장하는, 장차 용이
될 이무기에도 자신의 이미지를 투영했다.

> 그늘진 웅덩이 아득히 깊고
>
> 거뭇한 물안개 그윽이 물굽이를 둘러 쌌네
>
> 그 아래 천년 묵은 이무기
>
> 불쑥불쑥 튀어 오르며 살아라
>
> 때때로 흰 기운 토하면
>
> 흩어져 연기 아득할 뿐이지만
>
> 언제쯤이면 천둥과 비를 일으키며
>
> 날아올라 신선이 될까*

　허균의 호 가운데 하나가 교산(蛟山)이다. 교산은 그가 태어
난 강릉의 야트막한 산으로, 산의 형상이 꾸불꾸불해서 붙여
진 명칭이었다. 그런데 이 '교(蛟)'가 바로 용이 되지 못한 이무
기를 말한다. 일반 백성을 혁명의 편으로 끌어들이려고 한글로
혁명의 당위성을 설파하며 혁명을 꿈꾸다 형장의 이슬로 사라
진 허균, 죽어서는 이무기의 탈을 벗고 용이 되고 또 신선이 되
었을까?

　허균은 봉건 타파의 깃발을 높이 들었고 또 그 바람에 처형
을 당했지만, 그건 그가 살아 있을 때 벼슬에서 숱하게 쫓겨나
던 것과 전혀 다르지 않았다. "벼슬에서 떨려났다는 소식을 듣
고 쓰다(聞罷官作)"라는 시에서 그는 '예절의 가르침으로 어찌
자유를 얽매리오 / 뜨고 가라앉는 것을 다만 천성에 맡기노라

* 《성소부부고》의 "명연".

/ 그대들은 모름지기 그대들의 법을 지키게 / 나는 내 나름대로 내 삶을 이루겠네'라고 읊었다. 그렇게 떠나도 그에게는 남아 있을 미련이 아무것도 없었다. 그에게는 신선이 사는 도교의 세상 그리고 불교의 극락이 있었기 때문이다. 후대에 초상화 한 점 남지 않았지만, 그래도 허균은 '자기 나름의 세상'에서 평온할 것이다.

그러나 그가 두고 떠나간 조선은 변하지 않았다. 서얼 출신에 대한 차별은 변하지 않았고, 집권층은 권력 다툼으로 달과 해를 보냈고, 권력에서 소외된 양반층은 여전히 경세의 꿈을 가슴으로만 품을 수밖에 없었고, 백성은 도탄에서 허덕였다. 봉건의 조선은 여전히 현실 속에서 건재했다. 그랬으니, 허균은 조선 왕조가 끝날 때까지 끝내 복권되지 않았다. 그의 문집은 금서가 되었고, 그의 초상화도 한 점 남아 있지 않다.

* * *

잠을 자면 행복한 꿈을 꿀 수 있지만, 그 꿈을 이루려면 잠에서 깨어 일어나야 한다. 깨어 일어나 현실 속에서 우선 자아를 확립해야 한다. 그리고 꿈을 이룰 주체가 될 계층과 세력을 규합해야 한다. 하지만 아직까지 조선에 그리고 스페인에는 그런 게 없었다. 그랬기에 홍길동은 율도국이라는 이상적인 나라에서 살며 영원히 꿈에서 깨어나지 않았고, 돈키호테는 이상을 좇는 순수한 열정의 꿈에서 깨어나는 순간 죽을 수밖에 없었다. 세상을 보다 낫게 바꾸는 혁명, 그리고 그 전제가 되는 자아의 확립은 허균이나 세르반테스의 몫이 아니었다. 후대 사람들의 몫이었다.

한 가지 더.

만화가 신동우는 어린이 신문에 연재했던 만화 《홍길동》을 1969년에 책으로 펴냈다. 깃발에 '활빈당'이라는 글자가 보인다.

스페인에서는 유럽연합 통화인 유로의 자국 통화를 발행하면서 10, 20, 그리고 50유로센트짜리 주화에 세르반테스의 얼굴 도안을 넣었다. 그런데 아쉽게도 우리나라 주화나 지폐에서는 허균의 얼굴을 찾아볼 수 없다. 홍길동이라는 이름은 누구나 다 알고 있고, 또 홍길동이 어떤 생각을 하며 어떻게 활동했는지 한국 사람이면 누구나 다 안다. 그만큼, 부와 권력에서 소외되고 억압과 착취를 받는 사람들이 용기를 가지고 살아갈 수 있도록 도와줘 사회를 공평하게 한다는 '활빈(活貧)' 개념이 한국인의 정신세계에서 중요한 요소를 차지하도록 하는 데 《홍길동전》이 결정적으로 기여했다고 말해도 틀리지 않을 것이다. 이 정도면, 허균의 얼굴을 우리 화폐에 자랑스럽게 올릴 수 있지 않을까? 조선 왕조 시대에 끝내 복권되지 않았던 그를 복권시키고, 그의 사상적·문학적 업적에 걸맞게 국가적인 차원에서 초상화도 번듯하게 하나 마련해야 하지 않을까?

3장 | 윤두서 VS 렘브란트

— 자화상으로 인간을 구현하다

윤두서 VS 렘브란트

사람들이 신의 영역에서 벗어나 인간의 영역으로 들어서면서 맨 먼저 한 것은 자아에 대한 성찰이었다. 주체와 객체에 대한 인식이 구분되기 시작했고, '나'라는 주체가 개념화되고 '나'는 또한 자기 자신의 객체가 됨으로써 개인의 자의식은 발전하기 시작했다. 이 시기 문학에서 자서전이 나타났듯이 미술에서 자화상이 나타났다. 공재 윤두서(1668~1715)와 렘브란트 반 레인(1606~1669)은 자화상으로 근대적인 인간의 모습을 구현하며, 스스로 역사가 되었다. 그런데 윤두서는 역사의 고통을 영혼의 눈으로 응시하며 대쪽처럼 맞서려 했고, 렘브란트는 역사의 전개를 감정의 눈으로 응시하며 물처럼 함께 흘러갔다.

렘브란트를 키운 암스테르담의 부(富)

렘브란트는 1606년 7월에 네덜란드 레이던에서 제분소를 운영하던 아버지의 아홉 번째 아들로 태어났다. 부모의 신분은 귀족이 아니었지만 재산이 풍족해서 렘브란트는 좋은 교육을 받으며 성장했다. 1620년에 레이던대학교에 등록했지만 흥미가 없어서 곧 화가가 되겠다는 뜻을 품고(구체적인 계기는 기록으로 남아 있지 않다) 레이던의 어떤 화가의 도제로 들어갔다. 그리고 1924년에는 암스테르담으로 가서, 이탈리아에서 그림을 배웠으며 역사화로 명성이 높던 라스트만의 도제가 되었다.

렘브란트는 암스테르담에서 라스트만 아래에서 많은 것을 배운 뒤에 여섯 달 만에 독립하기로 결심하고 레이던으로 돌아갔다. 비록 스물두 살의 어린 나이였음에도 불구하고 자기 서명이 들어간 그림을 그리고, 학생을 가르쳤다.

그리고 스물다섯 살이던 1931년에 암스테르담으로 돌아가서 본격적으로 작품 활동을 했고, 성공했다.

하지만 화가로는 성공했지만 개인적으로는 수많은 불행이 그를 덮쳤다. 결혼해서 낳은 세 아이가 잇달아 거의 태어나자마자 죽었고, 네 번째 아이만 성인으로 성장했다. 그리고 1934년에 결혼한 아내도 8년 만에 죽었다. 게다가 많은 돈을 벌었음에도 불구하고, 헤픈 씀씀이 때문에 1656년에는 파산 신청을 해야 했다. 1662년에는 재혼을 한 아내가 죽고 또 1668년에는 유일한 아들마저 죽었다. 그리고 이듬해 렘브란트는 임종을 지켜보는 사람도 없이 초라한 집에서 죽었다.

불행이 연속되던 삶 속에서도 그림에 대한 열정은 조금도 식지 않아, 죽는 순간까지 그는 계속 그림을 그렸다. 그가 남긴 그림은 유화 약 600점, 에칭 300점, 소묘 천 수백 점 등이 있다.

이 가운데 자화상만 약 80점 정도 된다. (분류 기준에 따라서 자화상의 수는 100점 가까이 되기도 한다.)

스물두 살의 자화상, 1628년.

당시에 암스테르담은 빠르게 성장하던 무역의 중심지였다. 1588년에 무적함대가 격침된 뒤로 스페인은 해상 무역의 강자 자리를 네덜란드에 내주었고, 네덜란드는 17세기 화려한 전성기를 맞았다. 목재와 곡물을 중심으로 하는 대형 화물과 사치품을 취급하던 그 네덜란드 무역의 중심에 암스테르담이 있었던 것이다.

스페인과 포르투갈이 무역을 독점하던 시절에 네덜란드는 스페인과 포르투갈의 식민지 운영 및 무역에 참여해서 이윤을 얻었다. 예를 들어 포르투갈이 후추를 아시아에서 독점적으로 들여오면, 네덜란드가 이를 포르투갈 정부로부터 대량으로 구매한 다음 재판매하는 방식으로 이윤을 창출했던 것이다. 그런데 1580년에 포르투갈이 스페인에 병합된 뒤에 네덜란드는 아시아 무역에서 배제되었다. 네덜란드에서는 이 어려움을 타개하려고 여러 개의 무역회사들이 난립한 뒤에 하나로 통합된 네덜란드동인도회사가 1602년에 출범해 아프리카, 인도, 인도네시아, 일본 등과의 무역을 독점했고(이렇게 된 결정적인 계기가 무적함대의 격침이었다), 이 회사는 네덜란드에 황금기를 가져다주었다. (네덜란드의 이 전성기는 18세기 후반에 네덜란드가 영국에 밀릴 때까지 계속 이어진다.) 그런데 이 네덜란드동인도회사의 본사가 바로 암스테르담에 있었다.

"암스테르담의 뮤셀 선창", 1673년, 루돌프 바쿠이젠. 배의 돛대에 네덜란드 동인도회사의 이니셜이 들어간 네덜란드 깃발이 펄럭인다.

한편 암스테르담의 경제력이 커지면서 1608년에는 세계 최초로 증권거래소가 설립되었고, 암스테르담은 금융산업의 중심지가 되었다. 그 당시에 이미 정기적으로 각국 통화의 환율을 발표할 정도였다. 그러니 암스테르담은 유럽 전역 및 아시아와 아프리카 등지에서 일자리를 찾아서 혹은 일확천금의 꿈을 꾸러 온, 다양한 종교를 가진 사람들로 넘쳐났다. 기본적으로 프로테스탄트였지만 종교적으로 열려 있었던 만큼, 암스테르담의 분위기는 전체적으로 개방적이고 활력이 넘쳤다.

활력뿐만 아니라 돈도 함께 넘쳐나던 암스테르담에서 렘브란트는 유명한 화상(畵商)이던 오일렌부르크에게 숙소를 제공받고 주문을 받아 초상화를 그렸는데, 1631년에 렘브란트가 이 화상에게 빌린 돈이 날품팔이가 한 해 동안 꼬박 일을 해야 벌 수 있는 돈의 다섯 배나 되는 1,000길드였다는 사실에서, 화가 특히 초상화를 그리는 화가로서 렘브란트의 솜씨가 탁월했음과 암스테르담에 돈이 넘쳐났음을 알 수 있다. (당시에 암스테르담에서는 개도 돈을 물고 다녔을지 모른다.) 렘브란트는 암스테르담에 넘치는 활력의 본질적인 특성을 누구보다도 잘 알았기 때문에, 보수적인 위엄에다가 소품이나 구도 혹은 동작의 변화를 적절하게 동원해 현실적인 생동감을 불어넣음으로써 의뢰자를 만족시켰다.

하지만 초상화를 그리는 화가에 대한 인식은 좋지 않았다. 이런 사실은, 당시를 살았던 시인이자 예술평론가이며 관료였던 콘스탄테인 호이헨스가 1931년 무렵에 쓴 회고록에서 초상화를 그리는 화가를 평가한 대목에서 확인할 수 있다.

> 사람의 얼굴만 죽어라 그려대는 화가들은 그다지 존경을 받지 못한다. (…) 그러나 이런 사람들 덕분에 우리는 죽은 뒤에도 살아 있을 수 있고, 후손들이 조상들과의 접촉을 계속 이어갈 수 있다.*

초상화를 그리는 화가는 오늘날로 치면 증명사진이나 스냅사진을 찍어주는 사진사였지 존경받을 만한 예술가가 아니었다는 말이다. 하지만 렘브란트는 초상화를 의뢰하는 사람들이 준 돈으로 그림을 계속 그릴 수 있었고, 그렇게 그린 그림으로 당대 사람들에게 예술가로 존경을 받지 못했을지 모르지만, 후대에는 영원히 이어지는 존경을 받게 된다. 영원한 존경을 받는 화가가 되는 길로 나아가는 렘브란트의 여정은 어쩌면 어떤 철학자와의 우연한 혹은 필연적인 만남에서 비롯되었을지도 모른다.

시대가 만들어낸 위대한 영웅이 늘 그렇듯이 그에게도 행운이 찾아왔다. 그는 이 행운을 놓치지 않았고 다른 화가들이 하지 않았던 시도, 다른 사람들이 생뚱맞다고 생각했던 시도를 했다. 그랬기에 '환쟁이'가 아니라 위대한 예술가가 될 수 있었다. 그 행운은 르네 데카르트와의 만남이었다. 지금은 남아 있지 않지만 데카르트를 그린 렘브란트의 데생화가 있었다는 18세기 기록이 있다. 렘브란트가 데카르트를 만났다는 뜻이다.

데카르트의 초상화, 프란스 할스, 1648년.

렘브란트, 데카르트를 만나다

"나는 생각한다. 고로 나는 존재한다."

허균과 세르반테스가 죽은 지 약 20년 뒤인 1637년에 간행된 《방법서설》에서 데카르트가 한 말이다. 데카르트는 1596년에 태어나서 1650년에 죽었다. 17세기 전반부를 산 셈이다. 바야흐로 르네상스도 이미 끝이 나, 중세의 어둠이 물러가고 근대가 밝아 오던 바로 그 시기였다. 중세가 신이 지배하던 시기라면 근대는 인간이 지배하는 시기다. 신이 지배하는 세상에서, 사람들은 모든 게 신의 뜻으로 이루어진다고 믿고 살았다.

어느 날 아침, 멀쩡하던 사람이 아침밥을 먹자마자 팍 고꾸라져 죽었다. 이런 사건이 중세에 일어났을 경우, 사람들은 어떻게 대응했을까?

"신이 데려가셨군. 사별의 아픔이야 크지만, 신의 뜻이니 어쩔 수 없지. 자, 충분히 슬퍼하고, 시신이 부패하기 전에 빨리 묻읍시다!"

아마 현대에 이런 일이 일어났다면, 당연히 사체를 해부하고 죽음의 원인을 밝히려 들 것이다. 사인을 밝혀서 자살인지 타살인지 가려내어야 하기 때문이다. 그러나 중세에는 '신의 뜻'이 엄연한 현실이었고 거스를 수 없는 진리였다. 내가 생각하기 때문에 내가 존재하는 게 아니라, 신이 있기 때문에 내가 존재했던 것이다.

바로 이런 세상이 조금씩 무너지고 있었다. 사람들은 신의 뜻에 의심을 품기 시작했다. 바로 그 지점에 데카르트가 살았던 것이다. 데카르트는 '신의 뜻'을 부정했다. 신의 세계는 갔고, 이성과 합리성의 세계가 왔다고 선언했다. 중세인의 눈으로 보자면, 하늘이 뒤집히는 놀라운 폭탄선언인 셈이다.

나는 이미 수년 전부터 깨달은 바가 있었다. 어릴 적부터 나는 얼마나 많은 허위를 참으로 알고 지냈으며, 또 그 기초 위에 세워진 것이 얼마나 의심스러운 것이며, 그 뒤 언젠가 진정한 학문을 위해 어떤 확고부동한 것을 확립하고자 할 때는 일생에 한 번은 종래에 받아들였던 모든 의견을 송두리째 뒤엎고 아예 처음부터 새로운 기초를 쌓지 않으면 안 된다는 사실을…●

이런 의심은 자아에 대한 성찰로 이어졌고, 이런 성찰은 동서양을 막론하고 사회의 다양한 분야에서 진행되었으며, 그림에서는 자화상으로 나타났다. 그리고 이 자화상 작업을 렘브란트가 했다.

대부분의 저술 작업을 네덜란드에서 했던 데카르트가 '나는 생각한다. 고로 나는 존재한다.'의 《방법서설》을 간행한 도시는 바로 렘브란트가 태어나고 성장했던 도시인 레이던이었다. 아마도 그의 진보적이고 선구적인 철학적 경향은, 렘브란트의 경우에 그랬던 것처럼, 프로테스탄트 시민들이 스페인 왕조에 항거해 독립을 얻으려고 싸우고 또 기어이 그것을 획득했던 네덜란드의 자유로운 풍토를 자양분으로 해서 완성되었을지도 모른다. (네덜란드는 1588년에 스페인에게서 독립했다.)

렘브란트는 자기보다 열 살 많은 이 '의심 많은' 철학자를 만났고, 자아의 실재성에 대해서 끊임없이 의문을 던지고 파고들었던 그의 철학(혹은 적어도, 네덜란드의 공기 속을 둥둥 떠다니며 그의 철학에 자양분이 되었던 관념)에 깊이 매료되었을 것이다. 그렇지 않고서는 렘브란트가 그토록 오랜 세월에 걸쳐서 집요하게 자화상에 매달린 사실을 설명할 수 없다.

렘브란트는 도제 생활을 마치고 그림에 자기 서명을 넣을 수 있게 된 바로 그 시점부터 자화상을 그리기 시작해서 죽을 때까지 자화상을 그렸다. 그가 죽던 해인 1669년에만도 자화상을 적어도 석 점이나 그렸다. ('적어도'라는 표현을 쓴 것은, 현재 남아서 전하는 1669년 제작 자화상이 석 점이기 때문이다.) 그리기만 했을 뿐 아니라 이 자화상을 주변 사람들에게 나눠주기도 하고 팔기도 했다. 1656년에 파산 신청을 했을 때 경매에

• 데카르트의 《성찰》에서.

들어간 그의 소장 작품들 가운데서 자화상이 한 점도 없었다는 사실도 이를 증명한다. 게다가, 자기가 그린 자화상을 단순히 나눠주거나 파는 게 아니라 아예 대량으로 뿌리겠다고 생각했다. 판화로 찍어낼 수 있도록 에칭 작업을 한 자화상이 적지 않기 때문이다.

렘브란트에게 자화상 작업은 본인이 의식했든 혹은 의식하지 않았든 간에, 데카르트의 철학을 예술적으로 확산하는 것이기도 했다. 말하자면, 렘브란트는 데카르트의 예술적 전위였던 셈이다. 아니, 보다 정확하게 얘기하자면, 렘브란트는 그를 낳은 시대적인 변화 그리고 데카르트를 낳은 시대적인 변화의 전위였다.

렘브란트의 자화상

렘브란트가 자기 이름으로 그림에 서명을 남기는 독립 화가가 된 스물두 살 때 자화상을 그렸지만, 습작은 이미 그 이전부터 있었다. 1699년에 로제 드 필드라는 평론가가 렘브란트에 대해서 처음으로 우호적인 글을 썼다. "화가들의 생애"라는 이 글에서 평론가는 렘브란트를 두고 '작가 스스로가 말하는 바와 같이 살아 있는 것을 살아 있는 듯이 묘사하는 것이 그의 목적'이라고 말했다고 인용한다. 렘브란트의 이 발언의 의미를 자화상으로까지 확대하면, '살아 있는 자기 모습을 살아 있는 듯이 묘사하는 것'이 자화상의 목적이었다.

렘브란트는 살아 있는 자기 모습을 살아 있는 듯이 묘사하기 위해서 다양한 시도를 했다. 자기 자신을 거지로 묘사해보기도 하고 우스꽝스럽게 눈을 동그랗게 뜬 모습을 그려보기도 했다. 이런 시도는 단지 기능을 높이기 위한 연습만은 아니었다. 사실을 그 누구의 눈에 비친 모습도 아닌, 심지어 자기 자신의 눈에서도 초월한 있는 그대로의 객관적인 모습을 찾고자 하는 시도였다. 나의 본모습이 비천한 거지일지라도 얼마든지 나의 그런 존재를 받아들일 수 있다는, 그런 존재라도 얼마든지 가치가 있다는 자신만만한 근대적 인간의 태도였다.

"눈을 동그랗게 뜬 자화상", 1630년.

"거지 자화상", 1630년.

이런 태도는 자기 자신뿐만 아니라 외부를 바라보는 시선에서도 그대로 드러난다. 아래 그림은 바위에 앉은 벌거벗은 여자를 에칭으로 그린 그림이다.

"바위에 앉은 벌거벗은 여자", 1931년(추정).

불룩하게 살이 붙은 아랫배, 축처진 젖가슴, 종아리에 선명하게 남아 있는 양말 자국 등의 볼품없는 여자는, 그럼에도 불구하고 전혀 주눅이 들거나 부끄러워하지 않고 고개를 들어 자신만만하게 비스듬히 화가를 바라본다. 렘브란트는 여인의 이런 시선에서 근대적인 인간의 당당한 자유를 느꼈을 테고, 이것을 보여주려고 했을 것이다. 하지만 이런 시도에 대해서 이 그림이 나온 지 50년이 지나고 또 렘브란트가 죽은 지 12년이 지난 1681년에 한 평론가는 다음과 같은 독설을 퍼붓는다.

덧없는 찬사에 우쭐해서 (…) 미켈란젤로나 라파엘로에게서 배우지 않고, 대로의 길을 떳떳이 걷지 않고 (…) 회화에서 최초의 이단자가 되려는 꿈으로, 수많은 수련생을 유혹하려 한 렘브란트처럼 처신한다면 필연코 실패하리라. (…) 모델로 그리스의 비너스를 선택하지 않고 헛간에서 토탄을 운반하는 여인이나 세탁부, 하찮은 여인을 택하면서도 자연의 법칙에 순응하는 것이라 변명한다면 필연코 실패하리라.*

당대에도 당연히 이런 따가운 시선이 있었을 테지만 렘브란트는 '바위에 앉은 벌거벗은 여자'처럼 주눅이 들지도 않았고 부끄러워하지도 않았다. 17세기 네덜란드에서는 종교화의 주문이 거의 없었음에도 불구하고 렘브란트가 종교화를 끊임없이 그렸던 것도 기존 종교화를 성(聖)의 세계에서 속(俗)의 세계로, 다시 말해서 종교와 신화를 인간의 관점에서 재해석하고 거기에서 자기 미술 및 자기 존재를 확인하려고 했던 노력의 하나였다.

이처럼 렘브란트는 꿋꿋하게 자기 길을 갔다. 하지만 결국 세속적인 관점과의 충돌은 피할 수 없었다. 1940년 렘브란트는 암스테르담 사수협회(射手協會)로부터 단체 초상화를 주문받아서 1942년에 완성했다. 바로 "야경(夜警)"이다. 그런데 당시의 초상화는 부와 명예를 자랑하기 위한 수단이었고, 따라서 초상화 속 인물들은 근엄한 표정으로 정면을 응시해야 했지만, 렘브란트는 현

"야경(夜警)", 1642년.

• 마리에트 베스테르만, 《렘브란트》(강주헌 번역)에서 재인용.

장의 역동성 속에서 개개인의 개성을 드러낼 목적으로 아무도 정면을 응시하게 그리지 않았다. 오히려, 허둥대는 표정과 동작으로 묘사했다. 게다가 사수협회 대원들 이외의 사람들과 여자, 강아지까지 그려 넣었다.

인물 각각의 개성을 드러내고자 한 렘브란트의 시도는 외면을 받았고, 이 일 이후로 렘브란트의 세속적인 명성은 내리막길을 걸었다. 또 그 해에 사랑하는 아내 사스키아까지 세상을 떠나는 슬픔이 렘브란트를 덮쳤다.

하지만 렘브란트는 인간의 내면을 탐구하는 길을 꿋꿋하게 걸어갔고, 결국 1656년에는 재정 상태가 악화되어 파산 신청을 했다. 다음 해와 그 이듬해인 1658년에 걸쳐서 그의 작품과 동산 및 집이 청산 경매에 붙여졌지만, 1658년에 그린 자화상에서는 그런 재정적인 어려움을 전혀 찾아볼 수 없다. 여유가 넘

예순두 살의 자화상, 1658년

치는 표정과 금빛 지팡이 그리고 찬란한 빛을 발하는 장신구는 화가의 위엄 있는 자신감을 한층 드높여줄 뿐이다. 그만큼 렘브란트는 누가 뭐라고 해도 자기 자신이라는 화

"도살된 소", 1657년

가 '개인'에 자부심과 긍지를 가지고 있었다. 스물두 살 때 그린 자화상에서 청년 렘브란트의 눈빛이 모험을 떠나기 전의 불안함과 설렘, 그리고 미래에 대한 낙관을 동시에 담고 있다면, 예순두 살의 대가 렘브란트의 깊은 눈빛에서는 진실에 대한 확고하고도 여유 있는 신념을 읽을 수 있다.

이런 자기 길 걸어가기는 죽은 소까지도 과감하게 새로운 시도의 소재로 삼는다. 1655년, 그는 "도살된 소"로 자기 존재에 대한 근본적인 의문을 제기한다. 주변의 어두운 배경에 비해서 갈라 헤쳐진 죽은 소의 살점들이 섬뜩할 정

도로 밝은 조명을 내뿜는 이 그림은 단순한 정물화가 아니다. 도살된 지 얼마 지나지 않은 죽은 소의 모습을 통해서, 죽음과 함께 할 수밖에 없는 존재인 인간에 대한 처절한 성찰을 드러내는 자화상인 셈이다.

관능적이지도 않고 완벽한 생식 능력을 가지고 있지도 않은 것 같은 여자와 도살된 지 얼마 되지 않은 소는 렘브란트에게 살아 있는 현실이었다. 이 살아 있는 현실을 살아 있는 것처럼 묘사했다. 이런 점에서 그의 자화상은 현실을 있는 그대로 묘사한 것이면서도 또한 동시에 하나의 완벽한 상징, 자아의 상징이라고 할 수 있다.

이런 시도를 렘브란트는 죽는 순간까지 계속해, 세상을 떠나던 해이던 1969년에도 자화상을 석 점이나 그렸다.

자화상은 화가의 투철한 자의식이 없이는 존재할 수 없다. 투철한 자의식을 바탕으로 한 자아 성찰을 통해서 자기 존재의 의미를 파고들 때 진정한 의미의 자화상이 가능하다. 그러므로 걸작으로 남는 자화상은 화가가 자신의 겉모습을 정확하게 잘 그린 그림이 아니라 화가의 내면 정신을 잘 드러낸 그림이다.

렘브란트는 이 내면 정신을 드러냄으로써, 다시 말해서 '살아 있는 자기 모습을 살아 있는 듯이 묘사함'으로써, 세상이 자기를 바라보는 경멸을 비웃었고, 마침내 죽은 지 30년 만에 평론가로부터 항복 선언과 존경의 충성 맹세를 받아냈다.

자유와 그림과 돈만을 사랑했던 사람

렘브란트는 생애 마지막 10년을 고독과 가난에 물어뜯기며 살았다. 재혼한 아내와 하나 남은 아들이 모두 세상을 떠났고,

집세를 낼 돈도 없었다. '소금에 절인 청어 하나와 치즈와 빵 한 덩이'가 식단 전부였다. 렘브란트는 손쉽게 풍족한 생활을 누릴 수 있는 기회를 스스로 내던졌다. 그리고 그 이유를 어떤 편지에서 이렇게 밝혔다.

내 정신을 회복시키고 싶을 때 내가 구하는 것은 명예가 아니라 자유이다.[•]

렘브란트는 1669년 10월 4일 세상을 떠났다. 그리고 그가 떠날 때 이젤에는 그림 하나가 미완성인 채로 남아 있었다. "아기 예수를 안은 시므온"이었다. 성경에 이런 구절이 있다.

예루살렘에 시므온이라 하는 사람이 있었는데 (…) 그가 주의 그리스도를 보기 전에 죽지 아니하리라 하는 성령의 지시를 받았다. 시므온이 성령의 감동으로 성전에 들어가는데, 마침 요셉과 마리아가 부모가 율법의 전례대로 행하고자 아기 예수를 데리고 오는지라. 시므온이 그 아기를 안고 하나님을 찬송하며 이렇게 말한다. '주여, 주께서 말씀하신 대로 이제 종은 편안하게 눈을 감게 되었나이다.'[••]

시므온은 아기 예수를 보고 편안하게 눈을 감았다. 그렇다면 렘브란트가 죽기 전에 보았던 진실은 무엇이었을까? 무엇을 보았기에 편안하게 눈을 감을 수 있었을까?

평론가들은 렘브란트가 살아 있을 때는 그를 외면했지만 그가 죽은 뒤에는 수없이 많은 말을 하며 떠들어댔다. 렘브란트

• 마리에트 베스테르만, 《렘브란트》에서 재인용.
•• 《누가복음》 2장에서.

가 세상을 떠난 지 80여 년이 지난 1753년, 프랑스의 미술평론가 상 바티스트 데샹은 그 수많은 견해를 딱 한 줄로 정리했다.

"렘브란트는 자유와 그림과 돈만을 사랑했다."

하지만 이 말은 다음과 같이 풀어서 설명할 필요가 있다.

"렘브란트는 그림을 사랑했다. 그림을 마음껏 사랑하려다 보니 자유를 사랑하게 되었고, 그림과 자유를 사랑하기 위해서는 돈을 사랑할 수밖에 없었다."

아마도, 렘브란트가 죽기 전에 보았던 진실은 자유였을 것이다. 그리고 그것을 보았기에 시므온이 그랬던 것처럼 편안하게 눈을 감을 수 있었을 것이다.

나는 누구인가?

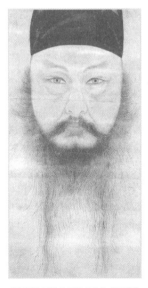

윤두서의 자화상, 국보 240호, 1710년(추정).

눈초리와 눈썹의 꼬리 부분이 치켜 올라간 매서운 눈매는 보는 이를 압도한다. 얼굴 전체에서 바깥으로 뻗어나가며 활활 타오르는 것 같은 수염은 무서운 기를 내뿜는다. 눈 주위에는 깊은 우수(憂愁)가 드리워져 있다. 삶 자체에 대한 분노와 연민이다. 게다가 이 인물에게는 놀랍게도 귀가 없다. 그 뿐만이 아니다. 목과 상체도 없다. 얼굴만 허공에 둥둥 떠 있는 듯하다. 인물의 생김만이 아니라 정신까지 그려낸 '전신사조(傳神寫照)'로 이 사람의 혼이 느껴질 뿐이다.

이 사람은 누구인가?

그림에는 이 사람의 정체를 알 수 있는 그 무엇도 남아 있지 않다. 그런데 불우한 정치적 입지가 비슷했고 또 학문적·예술적 태도를 윤두서와 함께 나누었던 그의 절친한 벗인 이하곤이 "윤두서가 그린 작은 자화상에 붙이는 찬문(撰文)"을 남겼고, 덕분에 그림 속 인물이 누구인지 드러났다.

> 여섯 자도 되지 않는 몸으로 온 세상을 초월하려는 뜻을 지녔구나!
> 긴 수염이 나부끼고 안색은 붉고 윤택하니, 보는 사람들은 그가 도사나 검객이 아닌가 의심할 것이다. 그러나 진실하게 삼가고 물러서서 겸양하는 풍모는 역시 스스로 행실을 가다듬고 조심하는 군자라고 하기에 부끄러움이 없다.*

이 묘사 내용은 그림 속 인물의 모습과 정확하게 일치한다. 이렇게 해서 그림의 주인공이 바로 공재 윤두서임이 밝혀졌다. 그리고 그림 속 인물이 내뿜는 눈빛에 담긴 위엄과 분노와 슬픔이 어디에서 연유된 것인지 알 수 있다.

인조의 아들이었던 효종이 죽자 효종의 어머니인 자의대비가 상복을 1년만 입어야 하느냐 3년 동안 입어야 하느냐 하는 문제로 조정에서 의견이 분분했다. 서인은 효종이 장자가 아니라는 이유로 1년상을 주장하지만, 남인이었던 고산 윤선도는 3년상을 주장하다가 결국 싸움에 졌다. 이때 서인, 특히 송시열을 필두로 한 노론은 윤선도를 사형시켜야 한다고 주장했지만, 윤선도는 선왕의 스승이었다는 이유로 죽음을 면하고 유배의 길을 떠났다. 그가 관직에 있은 기간은 9년이었지만 유배로 보낸 기간은 세 차례에 걸쳐 14년이 넘는다.** 그리고 윤선도는 1671년에 여든네 살의 나이로 보길도에서 세상을 떠났다.

윤선도가 세상을 떠나기 3년 전이자 렘브란트가 죽기 한 해 전인 1668년에 그의 증손자 윤두서가 태어났다. 문과에 급제하여 사헌부 지평을 지낸 윤이후의 넷째 아들로 태어났으나 큰아버지인 윤이석에게 양자로 들어가 윤선도 가문의 종손이 되었고, 15세에 혼인하여 2남 1녀를 두었으나 그가 스물두 살 때 부인이 사망했다. 그의 셋째형은 당쟁에 휘말려 귀양지에서 사망하였고, 게다가 절친한 친구이던 이잠(성호 이익의 형)이 장희빈을 두둔하는 상소를 올렸다가 맞아죽는 일이 일어나자, 비록 진사였지만 벼슬에 나갈 길을 아예 포기했다. 남인이던 그가 벼슬을 할 수 있는 길이 아예 막혀 있었던 것이다.

이런 상황은 윤두서의 형인 윤흥서가, 노론에 대한 남인의 마지막이자 실패한 투쟁으로 끝이 났던 1728년의 반란***을 일으킨 이인좌의 고모부이기도 하다는 사실에서도 확인할 수 있다. 그만큼 권력에서 철저하게 소외되어 있었던 것이다. 윤두서가 이서 및 이잠과 절친한 우정을 나누고 이들의 동생인 이익과 깊은 친분을 맺으며 실학 운동에 힘을 보탠 것도 이런 배경이 있었기 때문에 가능했다.

"사슴".

윤두서가 그린 그림 "사슴"에는 '중원은 비바람 몰아치는 밤이니 이곳이 몸을 숨기기에 좋구나.'라는 글귀가 있다. 윤두서는 그렇게 숨어들었다. 그렇게 학문과 그림에 몰두할 수밖에 없었다. 이런 배경 덕분에 그는 누구보다도 자아에 대한 탐구를 깊이 할 수 있었고, 그 결과 초상화로는 유일하게 국보로 지정된 그의 자화

- 이하곤의 《두타초(頭陀草)》의 "윤두서가 그린 작은 자화상에 붙이는 찬문(撰文)".
- 조선의 조정에서 이 예(禮)의 문제가 어째서 목숨을 걸고 싸워야 할 만큼 중요했는가 하는 것은 본문 115쪽의 설명을 참조하시오.
- 일명 '무신년의 난'. 영조와 노론을 제거하고 인조의 장남인 소현세자의 증손인 밀풍군(密豐君) 탄(炭)을 왕으로 추대하려고 했다.

상이 탄생할 수 있었다.

나는 누구인가, 나는 왜 핍박을 받고 세상에서 버림을 받아야 하는가, 나는 무엇을 바라며 살아야 하는가…….

조선이 안고 있는 정치·경제·사회의 근본적인 문제가 서서히 대두되고 있던 17세기 말과 18세기 초에 걸쳐 있던 시대에서 비롯된, 존재의 기본적인 이유에 닿아 있는 이 모든 의문을 윤두서는 이 한 장의 자화상으로 스스로에게, 또한 이 의문을 용납하지 않던 세상에 도발적으로 던지고 있다.

그런데 윤두서가 이 도발적인 자화상을 그리기 200년쯤 전에 비슷한 고민을 하며 자화상을 그린 사람이 있었다. 매월당 김시습(1435~1493)이었다. 그는 갓 스물을 넘긴 나이에 유교를 버리고 불교에 귀의했다.

> 나이 스물한 살 때 삼각산 속에서 글을 읽고 있다가 단종이 손위(遜位)하였다는 말을 듣자 문을 닫고서 나오지 않은 지 사흘 만에 크게 통곡하면서 책을 불태워 버리고 미친 듯 더러운 곳간에 빠졌다가 그곳에서 도망하여 행적을 불문(佛門)에 붙이고 여러 번 그 호를 바꾸었다.•

명문가에 태어나 천재성을 인정받던 김시습은 단종 폐위 사건을 접하고 유교의 가르침인 도덕적 군주론인 왕도정치와 현실 정치 사이의 모순을 괴로워하며, 유교에서 그토록 경멸하던 불교에 귀의함으로써 세상을 등졌다. 그리고 후대로부터 생육신(生六臣)이라 불렸다. 이런 행위는 당대를 살던 유학자로서 그가 할 수 있는 최대한의 반역이었다. 그리고 또 그는 왕과 백

• 김시습의 《매월당집》의 "유적수보(遺蹟搜補)"에서.

성은 근본이 다르다는 유교의 가르침을 비틀어서, 왕과 백성은 머리카락 하나의 차이밖에 없다는 불온한 발언을 했다.

> 군주와 필부의 사이는 머리카락 하나 차이다. 곡식과 재물을 쌓은 창고는 백성의 몸이요, 옷과 모자와 신발은 백성의 가죽이요, 술과 음식은 백성의 기름이요, 왕실 건물과 가마는 백성의 힘이요, 세금과 물건은 백성들의 피다.*

　미치광이로 치부되던 김시습이었기에 이런 발언으로 따로 곤욕을 치를 일도 없었다. 또 어떻게 보면 이런 발언을 하고 싶어서 미치광이 방랑자의 길로 스스로 걸어갔을지도 모른다. 이랬던 그가 자기가 살던 시대의 모순 앞에서 질문을 던졌다. 나는 누구인가, 나는 왜 세상을 등져야 하는가, 나는 무엇을 바라며 살아야 하는가. 그리고 자기 얼굴을 그렸다. 이 자화상에 '네 꼴은 이다지도 못생기고 말 또한 분별이 없어 어리석으니, 너는 골짜기에 버려져야 마땅하다.'라는 글을 붙였다.

　패랭이 모자에 야인의 옷을 입었다. 주름이 잡히게 약간 찡그린 미간과 꼭 다문 입에서 고집스런 그의 내면을 읽을 수 있다. 하지만 그는 사람들이 알아주기에는 세상에 너무 일찍 태어났다. '내가 누구인가?' 하는 질문이 개혁적인(혹은 혁명적인) 사회 운동으로 전개되기 위해서는 그 뒤로 이삼백 년을 더 기다려야 했다.

부여 무량사에 있는 김시습의 자화상(부분).

• 《매월당집》의 "애민의(愛民義)"에서.

그런데 윤두서의 자화상이 아무래도 이상했다. 조선 중기에서 후기로 넘어가던 그 시기에 유학자가 과연 이런 자화상을 그릴 수 있었을까 하는 심각한 의문이 연구자들 사이에서 생겨났다.

그럴 수밖에 없는 게, 성리학을 공부한 유학자가 '신체발부수지부모'의 관념을 깨트리고 얼굴만, 그것도 귀를 없애버린 얼굴만 그린다는 건, 당대의 철학을 전면적으로 뒤엎는 것이었기 때문이다. 비록 남인의 이인좌가 영조를 몰아내려고 반란을 일으키긴 했지만, 그건 어디까지나 도덕적인 군주의 왕도정치를 실현함으로써 성리학에서 말하는 '도리'를 지킨다는 명분을 가지고 있었다. 조선이라는 국가를 지탱하는 유교 이념의 틀 안에 머물러 있었다. 하지만 부모가 물려준 신체에서 귀를 잘라낸 얼굴만 따로 떼어내는 것은 유교 이념의 틀 안에서는 상상도 할 수 없는 일이었다.

윤두서가 조선이라는 나라를 지탱해온 이념을 송두리째 뒤엎을 만한 혁명적인 생각을 하고 있었다는 말인가? 윤두서가 속해 있던 남인 세력이 권력을 탈취하기 위해서 일으킨 이인좌의 난도, 올바른 도덕성에 바탕을 둔 왕을 옹립해서 유교가 추구하는 기본적인 철학인 인간의 도리를 바로세우겠다는 것을 명분으로 내세웠다. '기껏' 그 정도였다. 그런데 과연 윤두서가 목만 덩그러니 허공에 떠 있는 자화상을 그림으로써 유교 이념의 틀을 깨는 혁명을 꿈꾸었다는 말인가? 정말 그랬을까?

하지만 이런 의심은 1995년 가을, 조선사편수회에서 편집하고 조선총독부가 1937년에 발행한 《조선사료집진속(朝鮮史料集眞續)》이라는 책에서 이 자화상의 옛 사진이 발견되면서 풀렸다. 이 사진에서는 그림 속의 인물은 도포를 입고 있기 때문이었다. 도포는 점착력이 약해서 쉽게 지워지는, 즉 스케치용 유탄(柳炭, 버드나무 가지로 만든 가는 숯)으로 그려졌다가 얼굴 부분만 완성된 뒤 유탄으로 그려진 스케치 부분이 지워진 채로 현재처럼 남았다고 쉽게 추정되면서, 파격적인 구도의 이 자화상은 미완성 작품이라고, 문제의 사진을 발굴한 미술평론가 오주석은 주장했다.

그런데 여기에 대한 반박이 나왔다. 조선 시대의 스케치 방법으로 배선법(背線法)이 있는데, 이것은 그림을 그리려고 하는 뒷면에 스케치를 하는 방법이다. 처음에 윤두서는 옷까지 그리려고 배선으로 옷을 그렸으나 도중에 옷이 필요 없다고 판단하여 그리지 않았다는 것이다. 이 선은 아직도 남아 있으며, 《조선사료집진속(朝鮮史料集眞續)》에 나오는 도포 선은 조명 때문의 그림의 뒷면까지 함께 나온 것이라고 한다. 즉, 윤두서는 처음에 계획했던 것과 달리 의도적으로 얼굴만 그렸다는 것이다.[*]

두 주장은 팽팽하게 맞선다. 하지만 설령 이 그림이 미완성 작품이라고 하더라도 이 그림의 높은 예술적 가치는 손상되지 않는다. 게다가, 어쩌면 윤두서가 의도적으로 그렇게 미완성으로 남겨두고 유탄이 떨어져나가길 기대했을지도 모를 일 아닌가. 아직도 탄탄하기만 한 조선 지배층의 이념을 감히 전면적으로 부정할 수는 없었겠지만, 기존의 발상을 뒤엎고자 하는 혁명성이 자기도 모르게 화가의 본능을 통해서 실현된 것일지도 모른다는 말이다. 밑그림을 그린 유탄이 세월이 지나면 떨어져나갈 걸 뻔히 알면서, 아니 그렇게 되길 기대하면서, 귀도

• 이태호, 《옛 화가들은 우리 얼굴을 어떻게 그렸나》에서.

그리지 않은 채 얼굴만 덩그러니 그려놓고 친구 이하곤의 찬문을 받아놓은 다음에 세월 속에 내버려둔 게 아니었을까, 하는 상상도 얼마든지 가능하니까 말이다.

이런 상상을 해볼 수 있는 윤두서의 그림이 또 하나 있다. "낙마도"이다. 이 그림은 '나귀에서 떨어지는 진단 선생'을 그린 것인데, 난세에 시달리던 중국 선비 진단이 좋은 임금이 나타났다는 소식을 듣고 깜짝 놀라며 기뻐하다가 그만 타고 가던 나귀에서 떨어지지만, 그 와중에도 기분이 너무 좋아서 입을 다물지 못하는 모습을 묘사하고 있다. 그런데 이 그림에서 선비 얼굴은 윤두서의 "자화상"에 나오는 바로 그 얼굴이다. 이처럼 윤두서는 좋은 임금이 나타나기를 고대한다. 아니면, 그런 세월이 올 가망이 없는 현실을 비유적으로 풍자한다. 그의 사상이 아직 유교 질서의 틀 안에 갇혀 있다는 점에서 전자의 해석도 맞지만, 평생 쓰라리게 감내해야 했던 정치적 좌절 그리고 아내와 형제, 그리고 가까운 친구의 죽음에 대한 슬픔 등이 한데 뒤섞여서 소름이 돋을 정도로 무서운 형상을 자화상으로 만들어낸다는 점에서, 특히 이 자화상의 얼굴이 "낙마도"의 선비 얼굴과 웃는 것만 빼고 똑같다는 점에서, 눈물 나는 풍자라는 후자의 해석도 틀리지 않을 것 같다.

근대적인 인간의 현실 인식이 한편으로는 풍자로 그리고 또 한편으로는 사실적인 묘사로 표현된다고 할 때, 윤두서의 현실 인식은 한편으로는 "낙마도"의 풍자로 드러나고 또 한편으로는 "돌 깨는 석공"의 사실적인 묘사로 드러난다.

"낙마도"(부분).

양반, 민중 속으로 들어가다

윤두서는 혁명가가 아니었지만 그가 그린 그림은 혁명의 물 꼬를 텄다.

그는 기존의 다른 사람들처럼 자기가 그리는 그림에 선비의 모습을 담았다. 낮잠을 자는 모습, 이야기를 나누는 모습 그리고 거문고를 타는 모습으로 선비는 그의 그림에 등장한다. 하지만 그는 선비뿐만 아니라 농민과 석공도 그렸다. 선비나 신선이 있던 자리에 이들을 밀어내고 농민을 앉힌 것이다. 농민과 석공을 선비나 신선 대신 앉혔을 뿐만 아니라, 기존의 양반적 시각이 아닌 전혀 다른 시각으로 이들을 바라보았다.

성리학적 세계관의 조선 시대 양반이 일반 백성을 바라보는 눈에 애정이 담겨 있을 경우, 이 대상은 보통 두 가지 관점으로 표현된다. 하나는 민본주의적 관점이고 또 하나는 세속에서 벗어나 가난한 생활을 즐기는 은일사상적 관점이다. 전자의 백성은 탈나지 않게 보호해서 잘 길러야 할 대상으로 존재하는 비주체적인 백성이고, 후자의 백성은 바위나 물 혹은 나무처럼 자연의 한 부분으로 존재하는 비인격적인 백성이다. 윤두서의 그림에 등장하는 백성의 모습은 이런 두 개의 관점에서 모두 벗어났다. 양반의 시각이 아닌 민중의 시선으로 바라본 백성이다.

물론 처음부터 그랬던 것은 아니다. 처음에 농민은 팔과 다리를 훤하게 드러내고 저고리의 앞섶까지 훤하게 드러낸 채 불어오는 바람에 수염을 휘날리면서 나무 아래에 한 발은 뻗고 한 발은 세운 자세로 편안하게 앉아 휴식을 취하는 모습으로만 등장했다. 하지만 이건 현실 풍경이 아니었다. 그런 자리에 부채나 지팡이를 들고 앉아 있는 선비나 신선을 그리던 오랜 관습의 연장선에서 그저 선비나 신선 대신 농민을 집어넣은 것이다. 하지만 혁명은 으레 늘 그렇게 시작하는 게 아닌가. 이어서 그의 그림에는 노동을 하는 평민, 즉 나물 캐는 여자들이 주인공으로 등장하고 또 짚신을 삼는 노인이 주인공으로 등장한다. 이 주인공들은 민본주의적 관점이나 은일사상적 관점에서가 아니라 노동하는 사람의 관점에서 묘사되었다. 다시 말하면, 윤두서가 기존의 양반적 관점에서 벗어

"짚신 삼는 노인".

나서 노동을 하는 인간 혹은 노동 그 자체를 애정을 가득 담은 눈으로 바라보기 시작했다는 뜻이다.

"돌 깨는 석공"에서는 함께 짝을 이루어 돌을 깨는 남자 둘이 등장한다. 웃통을 벗어던진 젊은 남자가 쇠망치를 번쩍 치켜들고 막 내리치는 순간을 포착한 그림이다. 망치 자루는 망치의 무게와 망치가 움직이는 속도를 드러내며 잔뜩 휘어졌고, 정을 든 노인은 혹시나 파편이 튈까봐 겁이 나서 얼굴을 옆으로 돌리면서도 정이 제자리에서 벗어나지 않도록 두 손으로 정을 바싹 쥐고 있다. 노동의 생생한 모습, 힘이

"돌 깨는 석공".

넘치는 청년의 모습을 생생하게 묘사했다. 그의 아들이 기록한 내용에 따르면 이런 정밀한 묘사는, '인물이나 동식물을 그릴 때는 종일토록 대상을 주목해서 그 진형을 터득한 후에야 붓을 들었던' 창작 태도에서 비롯되었다. 그랬기에 그는 어린아이를 화폭에 그릴 때면 머슴을 모델로 세우기도 했다. 한편 돌을 깨는 사람을 주인공으로 내세웠다는 사실은 예사롭지 않다. 깬다는 것, 특히 단단한 돌을 깬다는 것은 기존의 관념과

"돌 깨는 사람들", 쿠르베, 1849년.

인식을 깨고 새로운 것을 모색한다는 것으로 읽을 수도 있다. 그렇기에 노인과 청년이 합작하는 힘이 모아지는 초점인 정으로 향하는 역동적인 힘과 그 힘의 원천인 강인한 근육은 변화를 지향하는 윤두서의 강한 의지라고 읽을 수 있다. 19세기 유럽 회화에서 리얼리즘의 문을 연 퀴스타브 쿠르베 역시 돌을 깨는 사람들을 예사롭지 않게 바라보았다.

또 윤두서는 "돌 깨는 석공"에 앞서, 기계를 이용해서 나무그릇(목기)을 깎는 모습을 그린 "목기 깎기"를 그렸는데, 이 그림에서는 실용을 추구하며 진취적인 성향을 가졌던 실학자로서의 그의 모습을 엿볼 수 있다. 그의 아들도 '[공재공은 뭇사람들의 서적을 연구하되] 반드시 정확히 연구·조사하여 옛사람이 한 말의 뜻을 파악하여 스스로 몸으로 체득하고 실사(實事)에 비추어 증험했다. 그러므로 배운 바는 모두 실득(實得)이 있었다.'고 "행장(行狀)"에서 썼다.

조선 시대에 노동하는 민중이 주인공으로 등장하는 그림은 이렇게 윤두서의 손에서 탄생했다. 비록 배경은 여전히 과거의 것에 머물러 있어 '그림 속에 현실을 집어넣은' 격이지만, 그것만 해도 당대에는 현실성을 그림에 담는 엄청난 작업이었다. 윤두서가 그린 이 풍속도의 성과는 이후 배경과 주인공 모두 온전하게 민중의 삶을 드러내는 백 년쯤 뒤의 중인 출신 화가 김홍도로 이어져 활짝 꽃을 피운다. 그렇기에 윤두서는 조선 풍속화의 개척자로 일컬어진다.

윤두서가 이렇게 민중의 삶을 민중의 시각에서 사실적으로 그려낼 수 있었던 것은 민중의 현실 안으로 들어가서 사물을 바라보았기 때문이다. 그랬기에 농민이 겪는 고통을 자기 고통으로 여기는 사회적 의식을 획득할 수 있었고 또 묘사에서의 사실적인 핍진성을 획득할 수 있었다. 그가 민중의 현실 안으로 들어갔다는 사실은 그가 남긴 글에서도 숱하게 찾아볼 수 있다. 예를 들어 "전가서사(田家書事)"라는 시에서는 농민의 궁핍한 삶을 바라보는 그의 따뜻한 애정과 현실을 비판적으로 바라보는 당대 실학자의 면모를 엿볼 수 있다.

> 모기는 일어나고 파리는 잠드니 날이 더울까 두렵고
> 시퍼런 보리는 아직 익지 않아 밥을 끓일 수도 없는데
> 이웃집 개는 짖고 외상 술빚은 급한데
> 고을 관리는 세금 독촉하러 깊은 밤 대문을 두드린다.*

그의 이런 사회적 인식은 실제 행동으로도 옮겨졌다. 아들이 기록한 그의 행장(行狀)에는 다음과 같은 내용이 있다.

> 그해 마침 해일(海溢)이 일어 바닷가 각 고을은 모두 곡식이 떠내려가고, 텅 빈 들판은 벌겋게 황톳물로 물들어 있었다. 백포(白浦)는 바다에 닿아 있었기 때문에 피해가 특히 심했다. 인심이 몹시 흉흉해져 당장 어떤 일이 일어날지 불안한 지경이었다. 관창(官倉)에서 비록 구제책을 쓰기는 했으나, 역시 실제로 사람들에게 돌아가는 혜택은 별로 없었다. 백포의 장(庄)에 이르는 사방 산은 사람들의 출입이 없고, 또한 나무를 기른 지 오래되어 나무가 꽤 무성했다. 공재공은 마을사람들을 시켜 합동으로 나무들을 벌채하고 소금을 구워 살길을 찾도록 길을 열어 주었다. 덕분에 한 마을 수백 호의 주민이 도움을 받아 굶어죽지 않고 살아나, 떠돌아다니거나 죽는 일이 없게 되었다.**

뿐만 아니라 평소 '나이가 가장 어리고 천한 종이라고 할지

라도 일찍이 이놈 저놈 하고 부르는 일이 없었고, 반드시 이름을 불렀다.'

《지봉유설》을 쓴 이수광의 증손녀와 결혼을 했으며《성호사설》의 이익과 단짝으로 교유하며 학식을 쌓았던 윤두서의 실학자적인 면모는 자화상과 풍속화뿐만 아니라, 그가 숙종의 명을 받아서 이전의 지도와 자료를 모아 1710년에 그린《동국여지도》에서도 유감없이 드러난다. 이 지도는 강줄기와 산맥의 표시를 대부분 정확하고 섬세하게 표현하였고 주변 도서를 자세히 그렸으며 섬과 육지의 연결수로까지 표시하였다. 채색이 매우 아름다운 이 지도는 김정호의 대동여지도보다 150년 정도 앞서 제작되었다.

동국여지도.

행서시축(行書詩軸).

또한 윤두서는 당대의 명필이었다. 한국과 중국의 역대 명필의 글씨를 목판으로 인쇄해서 편집한《고금역대법첩(古今歷代法帖)》에서 윤두서의 해서를 '간결하지만 법도에 처지지 않고 예쁘지만 흐드러지지 않아서 글씨를 배우는 자 중에 아름답게 쓰고자 하는 이는 항상 본받았다.'

고 할 정도였다. 그는 기존의 글씨체를 잘 썼을 뿐 아니라 한국적 서체라 할 동국진체(東國眞體)를 창시한 사람들 가운데 한 명이기도 하다. (동국진체는 그로부터 50년 뒤에 이광사에게서 완성된다.) 그의 "행서시축"***은 자작 칠언율시를 행서로 쓴

• 윤두서의 《기졸(記拙)》의 "전가서사".
•• 《해남윤씨문헌》의 윤덕희의 "공재공행장(恭齋公行狀)"에서. 이내옥의 《공재 윤두서》에서 재인용.
••• 시축은 시문 두루마리를 뜻한다.

것인데, 각이 진 듯하면서도 부드러운 필치는 그만의 특징으로, 중국 서체에서는 볼 수 없는 독창적인 것이다.

스스로 역사가 되다

윤두서는 평생 동안, 무사가 칼을 갈 듯 자기를 확인하는 작업을 했다. 자화상은 자기성찰의 의지이자 결과이다. 그가 보낸 평생은 마침내 그가 그리게 될 자화상을 위한 수양인 셈이었다. 그는 수염 한 올도 놓치지 않고 완벽하게 자기를 그리면서 자기가 누구인지 확인하려 했고 또 글씨를 쓰면서 남이 가지 않은 새로운 길을 개척하려고 애썼다.

당쟁 속에서 힘을 잃은 아버지 윤이후가 관직을 버리고 귀향해 이런 시조를 읊었었다.

세상이 버리거든 나도 세상을 버린 뒤에
강호의 임자 되어 일없이 누웠으니
어즈버 부귀공명이 꿈인 듯하여라.*

그리고 아들은 아버지의 낙향을 바라보며 이런 시를 썼었다.

눈 내려 두터운 구름과 합쳐지니
하늘은 낮고 밤은 캄캄하네
매서운 추위 두려워서
매화꽃 일찍 피지 못하네

---

* 윤이후의 《지암일기(支庵日記)》의 "일민가(逸民歌)" 가운데서.

"한림서옥도".

그의 나이 스물세 살이던 1691년이었다. 아직은 매화가 피지 못하는 시절이지만, 곧 추위가 물러가고 봄이 와서 꽃을 피울 것이라 믿었다. 하지만 이 믿음은 헛된 것이었다.

추운 겨울, 산이 어두운 하늘을 온통 가린 깊은 산속에 자리 잡은 작은 집, 거기에 작은 점 하나로 존재하는 선비가 홀로 앉아 세상을 바라본다. 젊은 시절에는 스스로를 중원의 비바람을 피해 몸을 숨기고 있는 사슴, 건강하게 살이 올라 힘이 넘치고 또 예쁜 사슴이라 여겼지만, 이제는 그저 작은 점 하나일 뿐이다. 나무는 헐벗었고 구부정하다. 그가 그린 "한림서옥도(寒林書屋圖)"의 풍경이다. 어쩌면 젊은 시절 꿈꾸었던 성리학적 이상세계의 실현이 불가능하다는 걸 깨우친 뒤에 그가 지니게 된 내면 풍경일지도 모른다. 이 춥고 외로운 집에서 그는 죽는 날까지 매화가 필 때가 오기를, 실사구시(實事求是)가 학문의 기본 철학이 되는 새로운 세상이 오기를 기다리며 버텼다. 초야에 묻힌 채 세상 밖에서 서화와 학문으로 스스로를 칼처럼 벼리고 벼렸다.

하지만 그가 벼린 칼은 끝내 당대에는 쓰이지 못했다. 아직은 그의 존재는 세상의 눈으로 볼 때 너무도 미미했다. 그의 정신과 혼이 화려하게 꽃이 필 때까지 기다려야 했다. 다만 후대에 귀감이 되고, 역사의 한 장을 장식하는 것으로 만족해야 했다. 그리고 아마 기꺼이 만족하며 기다렸을 것이다. 만일 죽은 사람이 산 사람의 역사를 지켜볼 수 있다면 말이다.

렘브란트는 세상 속에서 그림을 그려 생계를 꾸리려고 했지만, 윤두서는 세상 밖에서 그림으로 스스로를 연마하려고 했다. 하지만, 아직 근대적인 개인의 상이 잡히지 않은 안개 속과 같은 세상에서 자아성찰의 힘겨운 투쟁을 벌이다 스스로 역사가 되었다는 점은 두 사람 모두 같다.

4장 | 이익 VS 볼테르

— 백과사전으로 계몽의 시대를 열다

계몽주의자 볼테르(1694~1778, 본명 프랑수아 마리 아루에)는 구체제에 대항해서 투쟁하며 평생 망명객으로 유럽 전역을 떠돌았다. 이성으로 무장한 그에게 적은 외부에 있었기에 그의 행보는 거리낄 게 없이 명쾌했고 전과(戰果)는 살아서나 죽어서나 화려했다. 실학자 성호 이익(1681~1763)은 주류 성리학에 대항하는 철학적·제도적 틀을 모색하며 평생 독서와 사색과 저술에 매달렸다. 실득(實得)과 실용(實用)을 바탕으로 성리학적 이상세계를 꿈꾸었던 그에게 적은 사실 자기 내부에 있었기에 그가 일군 성과는 당대에 화려한 전과(戰果)로 이어질 수 없었다.

　　1762년은 사도세자가 아버지 영조의 손에 죽임을 당한 해이
기도 하고 다산 정약용이 태어낸 해이기도 하다. 바로 이 해 3
월 9일, 프랑스 남부 도시 툴루즈의 어느 신교
(위그노) 가정에서 그 일이 일어났다. 프랑스 남
부는 프랑스의 국교가 구교 가톨릭인 와중에서
도 신교의 영향력이 강하던 곳이었다.

　　1598년에 프랑스의 왕 앙리 4세는 낭트에서
칙령을 공포해서 신교파인 위그노에게 조건부
신앙의 자유를 허용했다. 신·구 양파의 종교
적 대립으로 나라가 극도로 어수선하던 사태
를 수습하려고 신교에서 구교로 개종하면서 신
교도에게 어느 정도의 자유를 주고자 이 칙령
을 공포한 것이다. 이로써 '구교 이외의 이단(異

성 바르톨메이유 축일 밤의 학살. 1592
년 프랑스에서 신·구교 사이의 갈등으
로, 양측은 서로 학살을 벌였고 파리에
서만 수천 명이 죽었다.

端)은 엄벌에 처하며, 이의 밀고자는 벌금 또는 몰수재산의 1/4
을 양여한다.' 등의 구체제 법률은 폐지되었다. 하지만 그로부
터 90여 년이 지난 1685년에 절대군주 루이 14세는 낭트칙령의
전 조항을 폐지하고 위그노의 종교적·시민적 자유를 전면적으
로 박탈했다. 이로써 프랑스의 남부 및 서부에 살던 신교도 약
100만 명이 크게 동요하고 이 가운데 약 40만 명이 영국과 네
덜란드 등지로 망명하였다.

　　이런 뼈아픈 역사를 간직하고 있던 툴루즈의 한 신교 가정
에서, 1762년에 문제의 그 일이 일어났다.

　　이 집의 가장은 장 칼라스라는 예순여덟 살의 노인이었고,
이 노인 부부에게는 아들이 둘 있었다. 이날 한 아들의 친구
가 찾아왔고, 가족은 이 손님과 함께 저녁 식사를 했다. 식사

를 하던 도중에 큰아들인 앙투안이 별 기척도 없이 자리를 떴다. 사람들은 모두 식사를 마쳤고, 이윽고 손님이 갈 때가 되어 사람들은 손님을 배웅하러 함께 식당에서 나왔다. 바로 그때, 앙투안이 목을 매고 죽어 있는 게 발견되었다. 가족은 경악했다. 비명을 지르는 사람도 있었고 울부짖는 사람도 있었다. 변호사가 될 꿈을 꾸고 있던 아들이 혹은 형이 혹은 친구가, 바로 얼마 전까지도 농담을 하며 웃던 사람이, 목을 맨 시체가 되어 눈앞에서 대롱대롱 매달려 있는 모습을 보고 누가 까무러치지 않겠는가. 가족은 큰아들이 신교도라는 점 때문에 변호사가 되겠다는 꿈이 좌절되자 절망감을 이기지 못하고 스스로 목숨을 끊었다고 생각했다. 그런 생각을 하니 더욱 비통한 마음을 참을 수 없었다.

그런데 툴루즈에서, 아들이 신교에서 구교로 개종하려고 하자 아버지가 아들을 목매달아 살해했다는 소문이 돌았다. 물론 누군가가 지어낸 이야기였다. 하지만 구교인 가톨릭이 신교보다 훨씬 강하게 지배하던 그 마을에서, 그 이야기는 곧 소문이 아니라 사실이 되었다. 신교도에게 적대적이던 맹신적인 구교도 툴루즈 시민들은 분노했고, 시 당국은 칼라스 가족을 체포했다. 아버지 장 칼라스를 비롯한 가족이 모두 모진 고문을 받았다. 장 칼라스와 가족이 합심해서 앙투안을 살해했다는 증거는 어디에도 나오지 않았지만, 유죄 판결의 가능성은 점점 짙어졌다. 재판 과정에서 장 칼라스의 유죄를 주장하는 판사는 다른 판사들에게 이렇게 주장했다.

"이 허약한 노인은 처형의 고통을 이길 수 없을 것이고, 그래서 형틀에 묶이면 자신의 죄와 공모자들의 죄를 자백할 것입니다."

결국 8 대 5로 장 칼라스에게 사형이 선고되었다. 처형 방법

미쳐서 살고 정신 들어 죽다 ― 96

은 수레바퀴에 매달아서 사지를 찢어 죽이는 것이었다. 그런데 일은 판사들이 기대하던 대로 진행되지 않았다. 장 칼라스는 사지가 찢기며 죽어가면서도 하나님을 불러 자기 결백의 증인으로 삼았으며 또한 잘못된 판결을 내린 판사들을 용서해달라고 기도했던 것이다.

이 사건의 전말을 듣고 분개한 지식인이 한 명 있었다. 이 지식인은 이 일을 바로잡으려고 이리저리 뛰어다니며 연설을 하기도 하고 전단을 만들어 돌리기도 했다. 이 과정에서 그는 《관용론》이라는 책을 썼고, 또 그의 노력 덕분에 1765년에 칼라스의 무죄 및 복권 선언이 나왔다. 이 지식인이 바로 볼테르(1694~1778)였고, 이 싸움은 인간의 자유와 존엄을 억압해 온 봉건적인 구체제에 대해서 볼테르 및 새로운 역사가 거둔 또 하나의 승리의 기록이었다.

볼테르는 《관용론》에서 '나는 이 책을 통해 후일 열매를 맺게 될 씨앗을 하나 뿌렸다. (…) 바야흐로 문명의 빛을 널리 퍼뜨리는 이성의 정신에 모든 것을 맡기고 기다리는 일만 남았다.'고 썼다. 볼테르는 이성의 힘을 믿었고, 그 이성의 힘을 세상 사람들에게 알리고자 애를 썼다. 사람들이 스스로 깨닫고 행동하기를 바랐다.

이런 일련의 운동을 통틀어서 계몽주의라고 하는데, 전통적인 관습, 의례, 도덕에 대한 비판적 사고가 계몽주의의 핵심 가치이다. 그리고 디드로를 중심으로 한 이런 계몽주의자들의 노력으로 1751년부터 1780년까지 프랑스 계몽주의를 상징하는 총 서른다섯 권의 《백과전서(과학·예술·기술의 이론사전)》가 간행되었다. 프랑스혁명의 사상적 배경이 된 이 백과사전의 제작은 프랑스혁명 기간 동안에도 계속되었고, 1832년에 맨 마지막권이 출간되어 총 166권으로 완성되었다. 볼테르는 이 《백과전서》를 '인간 정신의 기념비'라고 불렀다.

불온한 이성주의자 볼테르

1700년대는 볼테르가 아동기에서 청년기로 성장하는 기간이
었지만 프랑스의 절대군주이던 태양왕 루이 14세의 해는 지고
있었다. '짐은 곧 국가이다.'라는 말로 절대적인 권력을 휘두르
던 루이 14세의 말년은 위태롭기 짝이 없었다. 왕실의
화려한 궁정 생활과 끊이지 않은 전쟁과 전쟁 비용을
마련하기 위한 가혹한 세금 때문에 국민들은 숨이 막
히고 허리가 휘었다. 기근과 전염병으로 1710년 한 해
에만 30만 명이 넘게 죽었다. 이러니 민심은 흉흉할
수밖에 없었다. 주기도문에 빗대서 루이 14세를 비방
하는 글이 곳곳에 나붙었다.

프랑스의 절대군주 루이 14
세.

> 베르사유에 계시는 우리 아버지, 아버지의 이름은 이제 거룩히 여겨
> 지지 않습니다. 아버지의 뜻은 땅에서나 바다에서나, 그 어디서나 당최
> 이루어지지 않습니다! 제발, 우리에게 일용할 양식을 주시옵소서. 더
> 이상 맹트농 부인*의 시험에 들지 마시옵소서. 그리고 재무총감에게서
> 우리를 구하옵소서. 아멘!

이런 불온한 분위기 속에서 루이 14세는 1715년에 목숨을 거
두었고, 증손자인 루이 15세가 다섯 살의 나이로 왕위에 올랐
다. 루이 14세의 조카 겸 사위인 오를레앙 공이 섭정을 했다.
그리고 바로 이 해에 스물한 살이던 볼테르는 파리의 문학 살

* 가톨릭 광신자로 말년의 루이 14세를 주물렀다.

롱에 모습을 드러냈다.

　법원 공중인이었던 아버지와 '귀족 취향을 가진' 어머니 사이에서 태어난 그는 아버지의 권유로 법률 공부를 잠시 했다. 그러나 어린 시절 이웃에 살던 부유한 부인이 그의 글재주를 알아보고 책값에 쓰라고 2천 프랑을 물려줬을 정도로 일찍부터 문학에 대한 재능이 남달랐던 그는 곧 문학으로 진로를 잡았다.

　그의 문학 정신은 그 시대의 시민 계급의 분위기를 그대로 대변했기에 시작부터 불온했다. 불온한 풍자에 능했던 그는 특권 귀족에 대한 시민의 심정을 재치 있게 표현하며 파리 시민들 사이에서 유명세를 타기 시작했다. 예를 들어서 섭정이 예산을 아낀다는 명목으로 왕실 마구간의 말을 절반으로 줄이자, 볼테르는 '차라리 궁전에 가득 찬 바보들(귀족들을 말함)을 반쯤 쫓아내는 것이 나을 것'이라며 빈정댔으니, 일반 시민들로서는 얼마나 통쾌하게 여겼을지 상상할 수 있다.

　그러던 중에 또 한 편의 풍자시가 거리에 나돌았다. 섭정이 왕권을 넘본다는 소문을 다룬 내용이었다. 볼테르가 이 시의 작가로 지목되었고, 그는 바스티유 감옥에 갇히는 신세가 되었다. 이 감옥에서 볼테르는 희곡 《오이디푸스》를 썼다. 이 작품에서 그는 '신부(神父)들의 학식은 (…) 우리들의 소홀한 믿음에 지나지 않는다. (…) 우리 자신을 믿고 스스로 모든 것을 보자.'라는 대사로 구체제의 중심인 교회의 권력욕과 권위주의를 은근하게 조롱하며 개인은 스스로의 이성과 합리성을 믿어야 한다고 주장했다. 이 작품은 그가 감옥에서 나온 뒤에 무대에 올려졌고, 이때부터 그는 프랑수아 마리 아루에라는 본명을 버리고 '볼테르'라는 필명을 쓰기 시작했다.

볼테르.

공연은 당시로서는 이례적으로 한 달 반 동안이나 장기 공연을 하며 대단한 성과를 거두었다. 덕분에 볼테르는 고전주의 극작가 장 라신의 후계자라는 평판과 박수갈채를 받으며 사교계 출입을 하게 되고 명사로 대접받았다.

하지만 귀족과 평민 사이에 가로놓인 신분의 벽은 여전히 높았다. 귀족은 아무리 무식해도 그리고 아무리 이상한 짓을 하고 다녀도 여전히 귀족이었다. 법률적으로 귀족이라는 지위는 일반 시민이 아무리 돈을 많이 모은다고 해도 올라갈 수 없는 특권층이었고, 이런 신분 차별의 높은 벽은 결국 볼테르에게 큰 상처를 준다. 루이 15세의 결혼식에서 세 편의 극작품으로 왕의 총애와 연금을 받지만, 그것도 허망한 것임을 뼈저리게 깨닫게 되는 사건이 벌어진다.

1726년의 어느 연회 자리였다. 볼테르는 명문 귀족 출신인 슈발리에 드 로앙과 말다툼을 벌였고, 로앙의 하인들에게 집단구타를 당했다. 명백하게 로앙이 잘못했음에도 불구하고, 평소 친하게 지내던 귀족들은 로앙의 편을 들며 본 체 만 체했다.

"평민 주제에 감히……."

억울해서 참을 수가 없었던 볼테르는 로앙에게 결투를 신청했고, 이 '불손한 행위'로 그는 바스티유감옥에 또다시 투옥되었다. 그리고 얼마 뒤에 영국으로 건너간다는 조건으로 풀려났으며 1726년 5월에 칼레를 거쳐 런던으로 떠났는데, 그의 나이 서른두 살이었고 이때부터 망명과 저항으로 점철되는 그의 인생이 시작되었다. '나는 생각한다. 고로 나는 존재한다.'는 명제로 압축되는 데카르트의 《방법서설》이 나온 지 84년 뒤였지만, 아직 프랑스혁명이 일어나려면 68년이나 더 기다려야 하는, 여전히 봉건의 높은 성이 이성과 합리성을 억누르던 때였다.

시민혁명을 거친 뒤에서 의회 중심의 입헌군주국 체제이던 영국에서 볼테르가 받은 문화적 충격은 엄청났다. 영국에서는 이미 시민의 권리가 보장되어 있었던 것이다.

1215년에 영국의 존 왕은 절대적인 왕권을 휘두르려다가 귀족과 시민의 저항에 부딪혀서 대헌장을 승인했다. 대헌장 이후 영국에서는 국왕의 권력을 견제하는 의회의 전통이 있었는데, 17세기 들어서 '젠트리'라 불리는 지주층과 자영농민층이 그동안 귀족이 차지하던 의회로 대거 진출해서 도시 상공시민 계층과 함께 절대주의를 비판하며 새로운 정치를 요구했다. 그런데 제임스 1세가 왕권신수설을 신봉하며 전제정치를 실시하면서 의회와의 갈등은 심화되었고, 그의 아들 찰스 1세는 전제정치를 더욱 강화했고 청교도에 대한 탄압을 강화했다. 결국 의회파와 왕당파는 무력 충돌을 했고, 크롬웰의 의회파는 왕당파를 물리치고 1649년에 공화제 정부를 수립했다. 이것이 청교도혁명이고 이때가 1649년이었다. (한편 찰스 1세는 스코틀랜드로 도망쳤으나 스코틀랜드가 찰스 1세를 영국에 팔아넘겨, 찰스 1세는 결국 처형된다.)

"찰스 1세의 사형집행", 곤잘레스 코크. 그림 왼쪽의 인물이 찰스 1세이다.

그런데 크롬웰의 공화정은 명목만 공화정일 뿐 독재정치가 이어졌고, 그 와중에 반란이 일어나서 찰스 1세의 아들 찰스 2세가 왕위에 올라 왕정복고가 이루어진다. 찰스 2세의 뒤를 이어 동생인 제임스 2세가 즉위하는데 그도 역시 가톨릭교도에다 전제주의자였기 때문에 의회와의 충돌은 불가피했고, 결국 의회는 제임스 2세를 폐위하고 왕의 딸인 신교도 메리와 그녀의 남편인 네덜란드 총독 윌리엄 3세를 공동 왕으로 추대했다. 이것이 명예혁명이고, 이때가 1688년이었다. 볼테르가 태어나기 6년 전이었다.

시민의 자유가 충만한 영국에서 볼테르는 만년의 아이작 뉴턴(1642~1727)을 만나서, 엄밀한 논증에 기초한 뉴턴의 자연과학에 매료된다. 이성적이고 현실적인 사고의 중요성을 깨달은 것이다.

중세의 아리스토텔레스적인 세계관에서는 천상의 행성과 별들을 지배하는 자연 법칙과 지상의 물체들에 적용되는 자연 법칙이 달랐다. 천상은 '완벽한 세계'이기 때문에 그 안에서 운행하는 별과 행성은 완벽한 원 운동을 영원히 지속하는 데 비해서, 지상의 '추한 세계'에서는 모든 물체가 힘을 추동하는 동인(動因)이 끊임없이 접촉하지 않으면 운동을 멈춘다. 그런데 뉴턴이 만유인력의 법칙을 발견함으로써 천상의 질서와 지상의 질서는 하나의 법칙으로 통합되었다. 이성에 기초한 엄정한 논리로 신의 세계를 인간의 세계로 낮춘 것이다. 혹은, 인간의 눈높이를 신의 눈높이만큼 올린 셈이다. 자연은 거스를 수 없는 위대한 신의 의지의 결과가 아니라, 인간이 얼마든지 정복할 수 있는 대상임을 완벽하게 증명해 보인 것이다. 그랬기에 볼테르는 그 누구보다도 뉴턴을 높이 평가하며 이런 말을 했다.

1712년(69세)의 뉴턴.

"누가 가장 위대한 인물인가에 대해 논쟁을 한다면 아이작 뉴턴이라고 대답하겠다. 우리는 진리의 힘으로 우리의 정신을 지배하는 사람을 존경하지만 폭력으로 우리의 정신을 노예로 만드는 사람은 존경하지는 않기 때문이다."

뉴턴은 1727년에 여든다섯 살의 나이로 세상을 떠났는데, 죽기 직전에 이런 말을 했다고 한다.

"나는 세상에 내가 어떻게 비치는지 모른다. 하지만 내가 본 나 자신은 바닷가에서 노는 소년이었다. 내 앞에는 아무것도 발견되지 않은 진리라는 거대한 대양이 펼쳐져 있고, 가끔씩 보통 것보다 더 매끈한 돌이나 더 예쁜 조개껍질을 찾고 즐거워하는 소년 말이다. 만일 내가 다른 이들보다 더 멀리 볼 수 있었다면, 그것은 내가 거인들의 어깨 위에 올라서 있었기 때문이다."

볼테르는 아이작 뉴턴이라는 '매끈한 돌' 혹은 '예쁜 조개껍질'을 발견하고 한껏 즐거워했다. 그리고 할 수만 있다면 그의 어깨 위에 올라서서 더 예쁜 돌이나 조개껍질을 찾으려고 했다. 이성의 힘이 가진 마력은 주체할 수 없을 정도로 강력했고, 그는 장차 그에게 닥칠 길고도 긴 방랑과 투쟁의 시간을 기꺼이 받아들일 준비가 되어 있었다.

3년 만에 다시 프랑스로 돌아온 볼테르는 역사책을 여러 권 쓴다. 신의 뜻이 이끄는 역사가 아니라 인간 정신이 걸어온 역사, 즉 '인간이 어떤 단계를 밟아서 야만 상태에서 문명을 이끌어 왔는지' 규명하려고 애썼다. 이 원리를 깨닫는 철학자만이 역사를 제대로 쓸 수 있다고 보았기 때문이다. 그랬기 때문에 그가 다룬 역사는 유럽만의 역사가 아니라 아시아까지 망라하는 역사였다. 이전에는 없었던, 이성을 기초로 한 역사 집필의 새로운 장을 연 것이다.

이후 볼테르는, 프랑스를 영국과 비교하면서 프랑스가 얼마나 폭압적인 전제군주국가인지를 설명한 편지들이 자신도 모르게 《철학서한》이라는 제목으로 출간돼 바스티유감옥에 다시 갇힐지도 모르는 위험에 처하자 또다시 도망을 친다. 그리고 그의 은둔과 방랑과 투쟁은 생애의 마지막을 코앞에 둔 순간까지 이어진다.

이상한 나라의 볼테르와 〈캉디드〉

'순진한'이라는 뜻의 '캉디드(Candide)'라는 이름을 가진 청년은 한 독일 귀족의 성에 얹혀산다. 이 청년은 귀족의 딸인 아름다운 퀴네공드와 그녀의 오빠와 함께 팡글로스란 가정교사에게 교육을 받는데, 가정교사는 이 세상은 조화롭고 완전한 상태이며 이 조화로운 세계를 위해서는 악도 없어서는 안 될 요소라고 배운다. 즉 세상은 최선의 상태라는 낙관주의 교육을 받는다. 그러나 청년은 퀴네공드를 마음속으로 사랑한다는 이유로 성에서 쫓겨나고, 그때부터 세상의 온갖 불행을 경험한다. 사기를 당하기도 하고 직접 사람을 죽이기까지 한다. 그가 경험하는 세상은 온갖 추악한 모습뿐이다. 정의는 없고 가는 곳마다 불의와 사기, 전쟁뿐이다. 그리고 많은 세월이 지나 우연히 팡글로스를 다시 만난다. 팡글로스의 얼굴은 온통 종기 투성이였으며, 입은 한쪽으로 돌아간 끔찍한 모습을 하고 있었다. 성병에 걸렸기 때문이라고 한다. 그리고 그 성병의 이상한 계보를 늘어놓는다.

"자네, 퀴네공드의 시녀 파케트 양을 알지? 바로 그 여자에게 있던 성병이 옮았지. 그 여자는 어느 공작부인과 관계했던 어떤 청년에게 성병을 얻었고, 공작부인은 기병대장에게 얻었었고, 기병대장은 어떤 후작에게 얻었고, 그 후작은 어느 시종에게서, 그 시종은 또 어느 예수교도에게서, 그 예수교도는 어느 수녀에게서……."

그러면서 팡글로스는 캉디드에게 이렇게 말한다.

"모든 사건들은 있을 수 있는 세계 중 최선의 세계에서는 서로 연계되어 있는 것일세. 자네가 퀴네공드 양과의 사랑으로 인해 그 아름다운 성에서 엉덩이를 발로 차여 내쫓기지 않았더라면, 종교재판에 처해지지 않았더라면, 걸어서 아메리카 대륙을 누비고 다니지 않았더라면, 남작을 칼로 찌르지 않았더라면, 그리고 엘도라도에서 가져온 양들을 모두 잃어버리지 않았더라면, 자네는 이곳에서 나를 만나 설탕에 절인 레몬과 피스타치오 열매를 먹지 못했을 테니까."

《캉디드》 집필 무렵인 일흔 살의 볼테르.

볼테르가 일흔한 살이던 1759년에 출간한 철학소설 《캉디드》의 내용이다. 이 소설의 마지막에 캉디드는 이렇게 말한다.

"이제 우리는 우리의 밭을 가꾸어야 합니다."

세상은 신이 완벽한 최선의 상태로 만들어놓은 조화로운 곳도 아니고 그렇다고 해서 비관적인 것만도 아니다. 다만 만족하지 못한 사회를 개선하겠다는 의욕을 잃지 않고 인간이 가진 재능, 특히 이성을 가지고서 노력해야 한다고 역설한다. 이것은 이제 인간이 세상이 주인임을 역설적으로 선언하는 것이다. 신은 없고, 인간만이 남았다. 그렇기 때문에 이제 인간이 알아서 자연을 정복하고 자기 운명을 개척해야 한다는 말이다.

《캉디드》는 계몽주의자 볼테르가 던진 일종의 계몽소설인 셈이다.

볼테르와 카사노바의 만남

1760년 7월 스위스의 제네바에서 예순여섯 살의 볼테르와 서른다섯 살의 카사노바가 만났다.

내[카사노바가 이렇게 말했다.

"지금은 제 인생에서 가장 행복한 순간입니다. 저는 선생님을 20년 동안 스승으로 모셔왔습니다."

그러자 볼테르는 이렇게 대답했다.

"앞으로도 20년 동안 더 그렇게 생각해주면 더 영광이겠네. 그리고 수업료는 꼬박꼬박 내야 하네."

"약속드리겠습니다. 하지만 그때까지 기다려주셔야 합니다."

"약속은 하겠지만, 지금으로서는 그 약속보다는 내 목숨을 지키기가 훨씬 힘들 것 같아서 어떻게 될지는 모르겠네."

모든 사람들이 볼테르의 재담에 와아 하고 웃었다.

프랑스의 루이 15세와 구체제가 자기를 껄끄러워한다는 걸 볼테르는 잘 알고 있었다.

"……선생님은 굳이 번거롭고 힘들게 싸우는 길을 택하시지 않았을 겁니다. 왜냐하면 결코 그것[구체제]을 무너뜨리지 못할 것이기 때문입니다. 그리고 설령 그걸 무너뜨릴 수 있다 하더라도, 그것을 무엇으로 대체하실 것인지 궁금합니다."

"참 좋은 질문이군. 나는 인류를 잡아먹을 사나운 괴물을 제거하고 있는데, 그 자리에 대신 무얼 가져다 놓을 것이냐고 묻다니."

(…)

"그러면 선생님이 원하시는 게 무엇입니까? 선생님이 말씀하시는 것처럼 오로지 한 사람이 세상을 다스린다면, 저로서는 그 한 사람이라는 존재를 절대 군주로밖에 생각하지 못하겠습니다."

"그 한 사람이 자유로운 민중을 다스리길 원하네. 그는 사람들의 지도자가 될 것이네. 하지만 자기 마음 내키는 대로 다스리지 않을 것이기 때문에 절대 군주라고는 할 수 없지."*

볼테르는 루이 15세가 사망한 이듬해인 1778년 초에 열광적인 환영을 받으며 파리로 돌아온다. 그의 나이 여든세 살이었다. 그리고 이듬해 5월에 사망한다. '인류를 잡아먹는 사나운 괴물'이 제거된 세상을 볼테르는 끝내 보지 못했다. 볼테르가 프랑스에서 혁명이 일어나는 걸 자기 눈으로 직접 보려면 11년을 더 살아서 1789년 7월을 맞아야 했지만, 결국 그때까지 살지 못했다. 그는 이성에 기초한 시민계급의 권리와 의무에 대한 계몽을 위해 일생을 던져 투쟁했다. '내가 죽은 뒤에 내가 개종했다고 말하는 성직자가 분명 있을 것이다. 그러나 나는 결코 개종하지 않았음을 미리 밝혀둔다.'며 구체제와 종교에 대해서 온몸을 던져 저항했던 그의 투쟁은 프랑스혁명의 자양분이 되었다.

18세기 초 조선의 정세

선조 때의 동서 분당이 발단이었던 지배층의 대립·분열은 임진왜란 이후로 더욱 격화되어 남인과 북인 그리고 노론과 소론으로 사색당파를 이루었고, 숙종 때의 이른바 갑술환국(1694년) 이후로 정권은 노론이 독차지하고 소론만 이에 대항할 만한 위치에 놓여 있었을 뿐 북인이나 남인은 발을 붙일 데가 없었다. 노론의 일당 전제 정치로 과거제마저 문란해져 인재를 공정하게 등용하는 제도로서의 기능을 잃어버렸다.

• 조반니 카사노바의 자서전 《불멸의 유혹》(이경식 번역)에서.

과거시험장에 대한 경계가 엄중하지 못하여 누구나 마구 들어가고 칼부림이 있어 살상자가 나오는 판인데 관리들은 이것을 제대로 단속하지 못하였고, 또 금전으로 사람을 매수하여 공공연히 대리시험을 치는 판이었다.[*]

"시골 마을의 과거 시험을 살펴보아도 답안지를 내는 자가 1천 명을 넘어서고, 서울의 대동과에는 유생 수만 명이 모여들기 일쑤다. 그런데도 한나절 만에 합격자 명단을 내걸어야 하니 시험을 주관하는 자는 붓을 잡고 있기에도 지쳐서 눈을 감은 채 답안지를 내버린다.[**]

"봄날 새벽의 과거시험장", 김홍도. 책을 펼쳐보는 불법행위를 하는 사람도 있고, 하인은 곁에서 아예 잠을 잔다.

이와 같은 정치 상황 때문에 이후 현실을 비판적으로 바라보고 개혁론을 제기하며 주류 성리학을 넘어서서 서양의 과학 기술과 신문물을 호의적으로 대하는 분위기가 특히 남인 계열에서 형성된다.

조세 제도가 문란해져서 국가 재정은 고갈되고 소수의 권문세가가 토지 소유를 늘려 나갔고, 정치권력에서 밀려난 대부분의 양반은 별다른 생업에 종사하는 일이 없이 몰락의 길을 걷다가 소작농으로 편입되거나 《허생전》의 허생처럼 가난 때문에 어쩔 수 없이 장사를 하기도 했다. 한편 이앙법이나 이모작 등의 농업 기술이 발전하면서 농업 수확량이 증가했지만, 필요한 노동력이 대폭 줄어듦으로 해서 오히려 그렇지 않아도 과중한 세금과 부역에 시달리던 소작농에 대한 이농의 압박은 더욱 거세졌고, 농지를 떠나 유민(流民)이 되는 농민의 수는 점점 늘

• 이익, 《곽우록》, "과거제도의 폐단을 논하다"에서.
•• 박제가, 《북학의》의 "과거론1"에서.

어났다.

또한 18세기에 들어서면서 인구 증가와 도시 집중의 현상이 일어났고,* 대동법 실시에 따른 공인(貢人, 중앙관청에서 필요로 하는 물품을 사서 납부하던 상인)의 출현으로 서울과 지방에 시장이 활성화되었다. 정부가 통제하던 수공업 체제가 17세기 말부터 무너지고 물주제(物主制)** 수공업 경영 형태도 점차 일어나기 시작했다. 그러나 아직은 상공업을 천시하는 유교의 전통적인 관념의 커다란 울타리를 벗어나지 못했다. 또, 15세기 중엽 유럽에서는 '양이 사람을 잡아먹는' 인클로저운동으로 경작하던 땅에서 쫓겨난 농민이 농업노동자나 공업노동자가 될 수 있었지만, 조선에서는 그런 대규모 농업 혹은 공업 기반이 아직 형성되지 않았기 때문에, 농지에서 쫓겨난 농민은 그저 유민이나 도적이 될 수밖에 없었다.

영조가 즉위 이듬해인 1725년에 청나라 사신을 만나는 모습이다. 청나라 화가 아극돈의 그림(부분).

임진왜란 이후 무엇보다 중요한 변화는 명나라의 멸망과 청나라의 등장이었다. 1636년에 중국을 통일하고 장차 1912년까지 약 300년 동안 왕조를 이어갈 청나라로 인해서 중국 한족 중심의 전통적인 세계관인 화이관(華夷觀)은 깨지기 시작했다. 청나라를 통해서 접하는 서양 문물은 자아와 세상에 대한 인식을 보다 주체적으로 할 것을 자극했다.

이처럼 18세기 초는 300년에 걸친 조선 왕조의 지배 질서가

• 조선시대의 호구자료 통계를 기초로 해서 노비와 어린아이까지 모두 포함한 인구 추정치를 보면, 1642년(인조 20년)에 1,076만 명이었었고, 1744년(영조 20년)에는 1,828만 명이었다.
•• 작업장과 생산도구를 가지고 있는 소상품생산자에게 물주가 원료를 미리 빌려줘서 생산 활동을 하게 하는 방식.

그대로는 지탱하기 어려울 만큼 커다란 변화가 사회 각 분야에서 진행되고 있었다.

하지만 당시의 주류 학문은 이기(理氣) 논쟁, 사단칠정(四端七情) 논쟁, 예송(禮訟) 논쟁 등 형이상학적 명제를 탐구하는 쪽으로 치우쳐 실천적인 측면과 괴리되어 있었다. 지배 기반이 흔들리자 집권층의 지배 이념을 강화하기 위해서 경직된 사고를 윽박지르는 것은 역사가 증명하는 당연한 과정이었다.

유교적인 신분 질서가 무너지기 시작하고 민생이 피폐해지는 가운데, 조세제도를 개편하는 조치만 가지고서는 사회의 변화에 대처할 수 없다는 판단 아래, 보다 전면적인 개혁의 필요성을 절감하는 분위기가 지식인층, 특히 권력에서 밀려난 양반 계층에서 형성되었다. 윤두서가 '춥고 쓸쓸한 깊은 산 속의 오두막'에서 이런 생각을 했고, 윤두서보다 열세 살 아래였던 성호 이익 역시 마찬가지였다. 하지만 이익은 윤두서보다 한 걸음 더 나아가, 그 외로운 오두막에서 바깥으로 나갈 길을 암암리에 모색했다. 죽는 날까지.

《성호사설(星湖僿說)》, 지극히 천한 똥덩어리나 지푸라기

이익의 가문은 서울 정동(정릉동)을 기반으로 한 남인 명가였다. 하지만 그는 평안도 벽동군이라는 오지에서 태어났다. 그곳은 아버지 이하진의 유배지였다. 1680년(숙종 6년)에 서인이 남인을 축출하고 정권을 장악하는 경신환국 때 아버지가 이곳으로 유배되었고, 그다음 해 이익이 태어났으며, 다시 그다음 해 아버지는 세상을 떠났다. 이하진의 죽음을 《조선왕조실록》은 다음과 같이 노론의 시각으로 기록한다.

…그 일로 분한 마음에 가슴이 답답해하다가 죽었다. 사람 된 품이 거칠고 객기가 많았는데, 어려서부터 글재주가 있어 함부로 자랑하고 잘난 체하였다. 또 일 만들기를 좋아하고 비평하기를 좋아하며 남을 제치고서 윗자리로 올라갔으므로, 같은 무리에 있는 사람들도 자못 그를 싫어하였다.•

이처럼 이익은 출생 때부터 패배자의 운명이었다. 이익보다 열아홉 살 위였던 그의 둘째 형 이잠은 또 (장희빈의 아들로 장차 경종이 될) 세자를 옹호하며 노론을 강력히 비판하는 상소를 올렸다가 숙종의 분노를 샀다. 결국 이잠은 한 번 형신에 30대씩인 형장을 열여덟 차례나 당한 뒤에 결국 죽었다. 이 일로, 벼슬을 하려고 해도 할 수 없게 된 이익은 과거에 응시할 뜻을 버리고 평생을 경기도 안산군 성촌(혹은 행정구역상 명칭으로, 광주 첨성리)에 칩거한다. 그리고 아버지가 모아둔 수천 권의 장서에 무려 57년 동안이나 파묻혀 독서와 사색과 저술을 했다.

> 말 타고 가며 《주역》을 보노니
> 도중에서 외기를 쉬지 않노라
> 전심하여 주위를 보지 않고
> 힘을 들여서 이치를 탐구한다
> 말학은 깨닫기가 어려우니
> 선각이 잘 가르쳐 주어야지
> 어느 때나 성인(聖人)의 도움 받아
> 깊은 이치를 다시금 환히 밝힐꼬••

• 《숙종실록》 숙종 8년(1682년) 6월 26일.
•• 이익의 《성호전집》의 "마상(馬上)".

아버지가 남긴 책들은 아버지가 1678년 청나라
에 사신으로 갔다가 돌아올 때 사온 것들이라서,
이익은 남들보다 깊이 서학(西學)을 접할 수 있었
고, 덕분에 그의 사상은 주류 성리학에만 매몰되지
않을 수 있었다.

이익의 초상화, 이양원.

　그리고 그의 나이 여든이 다 되어서 그동안 썼
던 글들을 묶어 총 30권짜리 책을 펴낸다. 이 책이
《성호사설》이다. 이 책에 이익은 스스로 쓴 서문을 달았다.

　　《성호사설》은 성호라는 늙은이가 장난 삼아 쓴 것이다. 늙은이는 무
　슨 뜻을 가지고서 이 책을 썼을까? 별다른 뜻은 없다. 뜻이 없다면 굳
　이 왜 이것을 썼을까? 늙은이는 한가로운 사람이다. 독서하는 틈틈이
　(…) 웃고 즐길 만하여 곁에 두고 읽을 만한 것을 붓 가는 대로 적었더
　니, 어느덧 이처럼 많이 쌓였더라. (…) 책을 만들었는데 이름이 없을
　수 없어 '사설(僿說)'이라 붙인 것인데, 이는 그냥 마지못해 붙인 이름이
　지 별다른 뜻을 담은 건 아니다. (…) 우리 같은 소인배야 세속에 살면
　서 걸핏하면 쓸데없이 말이 많아지게 마련인데, 이 책이 바로 그 증거이
　다. 그러나 지극히 천한 똥덩어리나 지푸라기일지라도 밭에 거름으로
　쓰면 아름다운 곡식을 기를 수 있고, 아궁이에 불을 땔 때면 아름다운 반
　찬을 만들 수 있다. 이 책에 있는 글도 잘 살펴본다면, 어찌 백에 하나
　라도 쓸 만할 게 없겠는가?•

　책의 제목에 '자질구레하고 번잡한 글'이라는 뜻의 '사설(僿
說)'을 붙이고 자기 글을 똥덩어리나 지푸라기에 비유했지만, 이
책은 당시의 지식과 사상을 한데 모아놓은 백과사전이었다. 프

미쳐서 살고 정신 들어 죽다 ―

랑스의 《백과전서》는 수많은 필진이 동원되어 완성되었지만, 이익은 혼자서 평생을 바쳐 이 백과사전을 만든 것이다. 물론 세상에 쓸 만한 것을 남기기 위해서였다. 권력을 가지고 있지 않아서 당대에 뜻을 펼칠 수 없었지만, 세상의 지식과 지혜 그리고 참으로 현실에 도움이 되는 사상을 한데 모아 사람들에게 널리 알려 후세에라도 그 뜻이 펼쳐지기를 바라는 마음이 담겨 있었다. 그 뜻은 반은 이루어지고 반은 이루어지지 않았다. 그의 뒤를 이어서 실학사상을 더욱 발전시킨 사람들은 많이 나왔지만, 조선이라는 나라가 스러져 없어질 때까지 실제로 그것이 현실 속에서 온전하게 관철되지는 못했기 때문이다.

그러나 그가 원했던 개혁의 본질은 단순했다. 명분보다 실득을, 겉치레보다 속을 챙기자는 것이었다. 그는 이런 생각을 여자와 소인에 비유해서 다음과 같이 말했다.

소인의 생각과 행동은 여자와 같다. 여자는 밤낮으로 생각하는 것이 얼굴 모습을 예쁘게 꾸미려는 것에 지나지 않아 머리에는 가발을 쓰고 낯에는 분과 기름을 바르는데, 이는 자기 눈에 들게 하려는 것이 아니고 남에게 잘 보이기 위해서이다. 남들이 이 모습을 보고 모두 예쁘다 칭찬하고 부러워하면 아양 떠는 웃음과 부드러운 말씨로 앞뒤를 재면서 스스로 만족하게 여기고, 그렇지 않으면 큰 수치로 생각한다. 대개 소인들은 자기 집에서는 험한 음식도 배부르게 먹지 못하고 남을 대할 때 떨어진 옷도 제대로 입지 못하면서 혹 저자에 나갈 때면 반드시 좋은 의복을 입으려 하여 심지어 이웃집의 의복을 빌어 입고 남에게 뽐낸다. 혹 자기보다 더 낫게 입은 사람을 만나면 자기의 옷차림이 그만 못한 것을 부끄럽게 여겨 비록 집안 살림을 다 들어서라도 남보다 더 잘 입어야 하겠다는 생각만 가지니, 이는 다만 속이 비었기 때문에 겉치레만 힘쓰는 것이다.[*]

주류 성리학에 반기를 들다

"天命之謂性 率性之謂道 修道之謂教"

《중용》 1장의 첫머리에 나오는 글귀이다. '하늘이 명령한 것을 성(性) 즉 본성이라 하며, 이것을 따르는 것을 도(道)라 하고, 도를 닦는 것을 배움이라 한다.' 는 뜻이다. 여기에서 출발해서 송나라의 주자는 성리학('주자학' 혹은 '정주학'이라고도 한다)을 집대성했다.

성리학을 집대성한 주자. 주희. 1130~1200년.

주자는 세계를 이(理)와 기(氣)의 두 가지 측면에서 파악한다. 기는 사물의 질료적 측면을 구성하고, 이는 기의 세계에 내재하여 현상 세계의 구성원리 또는 존재법칙으로 기능한다. 사물의 내재되어 이 사물의 본성을 이루는 이(理)는 성리학에 있어서 크게 두 가지 의미를 내포한다. 하나는 현상 세계의 궁극적인 원리 혹은 존재 법칙으로서의 이(理)이며, 다른 하나는 인간을 포함한 모든 존재물들이 마땅히 따라야 하는 행위의 당위 원칙으로서의 이(理)이다. 즉 객관 세계에 사물들의 이치가 있듯이 행위 세계에도 인간이 마땅히 따르고 지켜야 할 이치들이 객관적으로 존재한다고 본다. 행위 세계의 이치란 바로 삼강오륜이고, 신분과 위계의 높고 낮음, 나이의 많고 적음에 따른 규범이다. 이렇게 해서 주자학은 존재 세계의 이치를 탐구의 대상으로 삼을 뿐 아니라, 최종적으로는 행위 세계의 이치 즉 도리(道理)를 밝히는 것을 목표로 삼는다.••

성리학의 이 도리가 바로 조선시대에 기본적인 지배이념으

• 《성호사설(星湖僿說)》의 "소인의태(小人意態)"에서.
•• 이승환, 《유가사상의 사회철학적 재조명》 참조.

로 사회를 지탱하던 봉건적 사회질서였음은 말할 것도 없다. 왕은 왕의 본분이 있고, 양반은 양반의 본분이 있으며, 상민과 천민 역시 각각 자기 본분이 있으니, 이 본분을 잘 알고 지켜야 한다는 것이 바로 조선시대 성리학의 기본적인 규범이었다. 이런 맥락에서 보자면 송충이가 솔잎을 먹으려 하지 않고 꽃의 꿀을 먹으려고 하는 행위는 당연히 도리에 어긋나는 것이며 우주의 기본적인 질서를 깨뜨리는 것이 되었다. 또한 서자와 얼자가 아버지를 아버지라 부르지 못하게 한 것도 도리에 어긋남이 없도록 하기 위한 것이었고, 상복을 3년 동안 입어야 할지 아니면 1년만 입어야 할지 하는 문제에 그토록 목숨을 걸고 싸울 수 있었던 것이다.

하지만 이익은 당시의 성리학이 공자와 맹자가 가르쳤던 큰 뜻을 헤아리지 못하고 사소한 것에 얽매여 폐해를 낳는다면서 원래의 순수한 유교 가르침으로 돌아가야 한다고 주장했다. 그렇기 때문에 붕당에 대해서도 붕당을 위한 붕당, 사익을 위한 붕당이라고 했다.

이제 열 사람이 모두 굶주리다가 한 사발 밥을 함께 먹게 되었다고 하자. 그릇을 채 비우기도 전에 싸움이 일어난다. 말이 불손하다고 꾸짖는 것을 보고 사람들은 모두 말이 불손하기 때문에 일어났다고 믿는다. (…) 시작은 대수롭지 않으나 끝은 크게 된다. (…) 이로 보면 싸움이 밥 때문이지, 말이나 태도나 동작 때문에 일어나는 것이 아님을 알 수 있다.●

또한 살기가 어려워진 것은 사회의 여러 제도가 잘못되었기

● 《성호사설》의 "붕당(朋黨)"에서.

때문이라면서, '오늘날의 한나절의 시험으로 급제를 결정하는 법은, 아동들이 모래밭에 고리를 묻어놓고 막대기로 쿡쿡 찔러 그것을 찾는 놀이와 다를 게 없으며'* 또 '간혹 벼슬길에 나가는 자도 뇌물을 바치거나 아첨으로 벼슬자리를 얻으니, 이미 선비로서의 본문을 잃은 것이다. (…) 청탁을 거절하지 못하고 백성을 하부로 착취한다.'**는 점을 들어서 과거제도의 전면적인 개편을 주장하며 '농사의 어려움을 몸소 경험한 사람 중에서 재능과 덕망이 있는 자를 뽑아 등용할 것'***을 제안했다.

《성호사설》, "천지문(天地門)" 편의 '삼한(三韓)' 항.

《성호사설》에서 이익의 핵심적인 경세관은 농업을 살려 나라를 부강하게 하자는 것이었다. 천하의 부와 재물은 모두 토지로부터 나온다고 여겼던 그는 노동에 대한 종래의 인식을 바꾸어서 사람들이 농업에 힘을 쓸 수 있도록 하고 또 대토지 소유를 제한해서 온갖 부역과 납세에 시달린 농민이 파산을 하고 농토에서 떨어져 나가지 않도록 하자고 주장했다. '종일토록 글을 읽으며 베 한 올 곡식 한 톨도 내 힘으로 생산하지 못하니, 어찌 이른바 하늘과 땅 사이의 한 마리 좀벌레가 아니겠는가.'**** 라는 말로 스스로를 세상에 아무 짝에도 쓸모없는 좀벌레에 비유하면서까지 모름지기 사람은 신분과 관계없이 노동을 해야 한다고 강조했다. 실제로 그는 호박을 심고 텃밭을 가꾸며 살았다. 또한 노비의 신분세습을 폐지해서 생산 인구를 늘려야 한다고 주장했다.

---

* 《성호사설》의 "율부(律賦)"에서.
** 《성호사설》의 "과천합일(科薦合一)"에서.
*** 《성호사설》의 "천발견묘(薦拔畎畝)"에서.
**** 《성호사설》의 "식소(食小)"에서.

사람들 가운데 간사하고 분수에 넘치는 짓을 하는 이가 없다면 천하가 어찌 제대로 다스려지지 않겠는가? 사람들이 이런 짓을 하는 것은 재물이 모자라는 데에서 생기고, 재물이 모자라는 것은 농사에 힘을 쓰지 않는 데서 생긴다. 농사에 힘쓰지 않는 사람 가운데 좀벌레와 같은 이들이 여섯 부류인데 (…) 첫째가 노비이고, 둘째가 과거에 목을 매단 무리이고, 셋째가 벌열(閥閱)이고, 넷째가 기교를 팔아먹는 자들[광대, 무당]이고, 다섯째가 승려이고, 여섯째가 놀고먹는 게으름뱅이다.•

물론 그의 이런 주장들 및 그 주장들에 담긴 사상은 당시의 주류 성리학, 즉 권력을 잡고 있던 측에서 보면 도저히 받아들이기 어려운 것이었다. 어떻게 보면 혁명적일 수도 있었다. 특권이 없는 세상, 능력에 따라 평등하게 사는 세상…… 이익은 자기가 꿈꾼 이런 세상에 대한 화두를 뒤 세대에 던지는 것만으로 만족해야 했다.

기약이 없어서도 안 되지만
기약 있으니 기다리기 힘들구나
그대도 필시 마음이 바쁘겠지
저녁놀이 질 때까지 보고 섰노라••

성리학의 울타리

이익은 《성호사설》에서 지구가 둥근 이치 그리고 비와 눈이

• 《성호사설》의 "여섯 가지 좀벌레(六蠹)"에서.
•• 《성호전집》의 "사람을 기다리며" 중에서 1연.

내리고 서리가 맺히는 이치를 과학적으로 설명하며 중국 중심의 역사관에서 조선이라는 자국 역사에 대한 주체성을 세웠지만 이러한 발상 자체는 성리학을 넘어서는 게 아니다.

주자는 이미 자연 세계와 행위 세계에 내재한 구체적이고 개별적인 이치들을 하나하나 탐구할 것을 권했고, 그 내용은 독서로 도리와 의리를 밝히는 것, 고금 인물의 행위를 고찰해서 옳고 그름의 이치를 밝히는 일, 대인관계와 일상 행위에 있어서 처신의 마땅함과 그름을 밝히는 일, 왜 하늘이 높고 땅이 낮은지 등의 자연 세계의 이치를 밝히는 일, 한 사물이 왜 그런 방식으로 존재하고 변화하는지 까닭을 밝히는 일이라고 꼽았던 것이다.*

이익은 여든 살 되던 해에 쓴 한 편지에서 '나는 사람과 만나 대화할 때 일찍이 유술(儒術, 유학의 학술)을 가지고 말하지 않았네. 아무런 이익이 없기 때문이네.'라고 말했다. 하지만 그의 지향점은 (본인의 바람과 상관없이) 성리학의 울타리를 벗어나지 못했다. 비록 그가 기존의 발상을 뒤엎었지만 그건 어디까지나 성리학적 세계의 울타리 안에서였다. 이익의 발상과 그의 제안이 '혁명적'일 수도 있었지만 성리학적 이상세계 안에서만 혁명적인 것, 조선의 권력집단에게 혁명적인 것일 뿐이었다. 상공업의 발전을 부정적으로 바라본 것도 바로 이런 까닭에서였다.

> 농민은 한 해 동안 쉬지 않고 열심히 일해도 먹고 사는 것이 부족하다. 그런데 상업은 교묘해 상인은 하루만 애써도 닷새를 먹을 수 있다. 백성들이 나라의 근본인 농사를 싫어하고 상업을 숭상하는 까닭이 여기에 있다.**

---

* 《주자어류(朱子語類)》의 "훈문인(訓門人)"에서.
** 《성호사설》의 "선금말작(先禁末作)"에서.

서양의 합리주의는 신이라는 안경을 벗어던지고 '순수한' 이성으로써 세상에 대해 의심을 품었지만, 이익은 어디까지나 성리학의 울타리 안에서 '도리[理]에 맞는[合]' 즉 합리(合理)의 길을 찾았기 때문이다. 서양의 합리주의는 인간의 본성을 이성이라는 측면에 초점을 맞추었지만, 성리학에서는 인간 사회에서 이루어지는 행위의 당위 원칙으로서의 이(理), 즉 인간이 마땅히 따르고 지켜야 할 도리인 도덕적 본성에 초점을 맞추는데, 이익 역시 여기에서 벗어나지 않았던 것이다. 이성으로 무장한 볼테르가 외부에 있는 적을 향해 거리낌 없이 명쾌한 행보를 하며 살아서나 죽어서나 화려한 전과(戰果)를 올렸던 데 비해서, 이익은 성리학의 울타리 안에서 벗어나지 못했기 때문에 그가 일군 성과는 당대에 화려한 전과로 이어질 수 없었다.

하지만 실용(實用)과 실득(實得)으로 무장한 조선의 계몽주의자 이익은, 조선에 최초로 서학을 도입한 선대의 선구자 이수광(1563~1628)이나 유형원 및 윤두서에게서 받은 영향보다 더 큰 영향을 후대에 끼쳤다. 주체적인 역사관과 사물의 이치에 대한 깊은 탐구 정신은 이후 안정복과 이중환, 박지원, 박제가, 정약용 등으로 계승·발전되기 때문이다.

이익은 일흔 살이던 1751년에 아들 맹휴를 먼저 저세상으로 보내는 아픔을 겪는다. 그리고 가세가 점차 기울었다. 가난이 날로 심해져서 송곳 꽂을 만한 땅도 없어 어찌 할 도리가 없다고 한탄했다. 그 가난은 죽을 때까지 그의 곁을 떠나지 않았지만, 그는 그 가난을 천명처럼 받아들이고 죽는 날까지 하늘과 양심에 부끄럽지 않게 선비의 길을 갔다.

'선한 자에게 복이 오고, 악한 자에게 재앙이 온다.'는 말이 다시 그 흔적을 찾아볼 수 없다. 아아, 이것도 또한 천명인가? 그러나 선비의 힘쓸 것은 여섯 가지 참는 데에 있다. 주림을 참아야 하고, 추위를 참아야 하고, 수고로움을 참아야 하고, 몸이 곤궁함을 참아야 하고, 노여움을 참아야 하며, 부러워짐을 참아야 한다. 참아서 이것을 편안히 하는 경지에 이른다면 위로 하늘에 부끄럽지 않고 아래로 양심에 부끄럽지 않을 것이다.•

성호 이익은 여든두 살의 나이로 세상을 떠났다. 그해가 1763년이었다. 프랑스 남부 도시 툴루즈에서 장 칼라스가 종교적인 갈등으로 목을 매 자살한 지 한 해 뒤였고, 영국에서 제임스 와트라는 사람이 증기기관을 발명해서 산업혁명의 물꼬를 트기 여섯 해 전이었다. 이익은 《성호사설》(30권) 외에도 《곽우록》(2권), 《성호선생문집》(50권), 《성호선생속집》(17권) 등을 포함해서 방대한 저술을 남겼다.

경기도 안산에 있는 이익의 묘.

유교의 핵심 경전 《중용》은 '하늘이 명령한 것을 본성이라 하며, 본성을 따르는 것을 도(道)라 하고, 도를 닦는 것을 배움이라 한다.'는 구절로 시작된다. 그렇다면 이익에게 도는 무엇이었을까? 이익은 이렇게 대답한다.

"도의 요점은 온 천하에 곤궁한 백성이 없게 하는 것이다."

그는 도를 형이상학적인 이치로 보지 않고 실득(實得)과 실용(實用)으로 바라보았다. 그는 바로 이 눈으로 세상 사물 및 인간 행위에 대한 이치를 찾으려 했고 그 방도를 방대한 규모와 체계를 갖춘 저술로 남겼다. 이익의 개혁 사상은 그가 죽은 뒤에도 계속 이어져 성호학파를 형성한다. 아들과 조카 그리고 손자들이 실학에 몰두했고, 특히 종손인 이중환은 인문지리서

• 《성호사설》의 "선인복박(善人福薄)"에서.

《택리지》를 지었으며 이가환은 정조의 신임을 받고 중용되어 개혁 정책의 참모 역할을 했다. 그 밖에도 안정복, 황운대, 신후담, 권철신과 같은 제자들은 역사, 천문학, 지리, 경제, 문학, 경학 등 각 방면에서 이름을 떨쳤고, 정약용은 이 흐름을 집대성했다.

5장 | 홍대용 VS 칸트

─ 근대인의 존재를 정립하다

담헌 홍대용(1731~1783)과 임마누엘 칸트(1724~ 1804)는 개인은 자율적인 의지를 가지는 존재라는 근대적인 인간상을 각각 조선과 유럽에서 최초로 세 웠다. 홍대용의 근대적인 인간상은 성리학의 도덕적 기반인 인간의 행위 세계에 마땅히 존재하며 또 따 라야 하는 행위 원칙으로서의 이(理)를 폐기함으로 써 만인평등의 개념을 열어 성리학의 도덕적 기반을 허무는 데 초점을 맞추었다. 이에 비해 칸트는 거꾸 로 사회의 보편적 도덕법칙을 행위 기준으로 내세워 세상의 새로운 존재인 근대인(시민)의 행위 기준을 마련하는 데 초점을 맞추었다.

러시아에 칼리닌그라드라는 주(州)가 있고 이 주의 주도(州都) 이름은 공산주의 혁명가의 이름을 딴 칼라닌그라드이다. 이 도시에 이 이름이 붙은 것은 이 도시가 1945년에 소련 영토로 편입될 때부터였다. 그 이전에 이 도시의 이름은 쾨니히스베르크였고, 독일의 영토였다. 하지만 이 도시가 유명한 것은 철학자 임마누엘 칸트가 이 도시에서 태어나서 평생을 살다가 죽었기 때문이다. 칸트는 평생 동안 쾨니히스베르크에서 100마일(약 160킬로미터)이 넘게 떨어진 곳까지는 단 한 번도 가지 않고 이 도시에서만 살았다.

쾨니히스베르크대학교의 옛 풍경.

칸트가 살던 당시 쾨니히스베르크는 독일 북쪽 끝 러시아 접경의 작은 도시였다. 런던이나 파리와 같은 도시에 비하면 한참 뒤떨어진 변방이었다. 그가 쾨니히스베르크대학교에서 개인 강사 자격으로 강의를 시작한 직후인 1758년부터는 4년 동안 러시아의 지배를 받기도 했다. 당시 독일 즉 프로이센의 국왕 프리드리히 2세(프리드리히 대왕)는 국왕에 오르기 한 해 전인 1739년에 황태자의 자격으로 이 대학교를 방문해서는 '학문의 전당이라기보다는 곰이나 훈련시키기에 좋은 곳'이라고 말했었다. '학문의 시베리아'로 불릴 만큼 주류에서 멀리 떨어져 있던 변방의 도시, 변방의 대학교에서 칸트는 인간 이성에 대한 믿음을 키웠다. 아니, 오히려 쾨니히스베르크의 이런 사회문화적인 배경 때문에 칸트가 개인의 자유의지를 강조하고 공화정을 지지하며 전근대적인 여러 요소들에 대항했을 수도 있다.

프리드리히 2세는 칸트보다 열 살 위였는데 소년 시절에 프랑스인 가정교사의 교육을 받아 프랑스 문화에 심취했으며 성인이 되어서는 자기보다 열여덟 살 많았던 프랑스의 계몽주의자 볼테르와 교유하면서 계몽주의 철학에 많은 영향을 받았다. 1740년에 국왕에 즉위한 뒤로도 볼테르를 비롯한 프랑스의 계몽주의 철학자들을 궁전으로 초빙했으며, 또 본인이 직접 계몽주의 관점에서 글을 쓰기도 했다. 덕분에 18세기 후반의 프로이센은 계몽주의의 보금자리나 다름없었다. 관용의 정신이 고양되고 검열 제도가 완화되어 사상의 자유가 상당히 허용되었다. 이런 분위기 속에서 칸트의 계몽주의 철학은 배태될 수 있었다. 그리고 1781년을 세계 철학의 기념비적인 해로 만드는 그의 역작이 쾨니히스베르크에서 탄생한다.

가난한 마구공(馬具工)의 11남매 가운데 넷째

할아버지는 스코틀랜드 출신의 이민자였고, 마구공인 아버지는 칸트가 자기처럼 마구공이 되길 바랐다. 칸트의 형제는 모두 열한 명이었지만, 이들 가운데 성인이 되기 전에 사망한 사람이 일곱 명이나 되었다. 경건주의 기독교 아래에서 성장했으며, 광신적인 종교적 규율로 유명하던 프리드릭스 김나지움에 다녔다. 이 학교의 엄격한 규율 덕분에 궁핍한 환경과 볼품없이 왜소한 체구에도 불구하고 장차 기품과 재치 그리고 능란한 말솜씨로 어디서나 환영받는 쾨니히스베르크의 명사가될 소양을 연마할 수 있었다. 또한 종교적 압박을 극복하기 위해 칸트는 자기 훈련에 몰두했다. 프리드리히 2세가 즉위하던 1740년에 칸트는 이 학교를 졸업하고 쾨니히스베르크대학교에 입학했다. 그의 나이 열여섯 살이었다. 그리고 6년 뒤인 1746년에 졸업논문 "활력의 올바른 측정술에 관한 이론"을 썼다. 그리고 자기가 나아갈 길을 분명히 정했다.

나는 근거를 확보하고 있다. 나는 내가 지켜나가려 하는 행로를 이
미 그려놓았다. 나는 나의 행로를 밟아나갈 것이고, 그곳으로 나아가
는 데 아무것도 방해가 되지 못할 것이다.*

1755년까지 가정교사 일을 전전했고, 1755년에 쾨니히스베
르크대학교에 돌아가 학위논문 및 교수자격논문을 썼다. 그리
고 그다음 해부터 개인강사 자격으로 대학교에서 강의를 했다.
개인강사는 대학교 정교수가 아니라 대학교로부터 봉급을 받
지 않았고, 수강생들로부터 강의료를 직접 받았다. 이런 형편
이었음에도 불구하고 1764년에 교육 당국으로부터 베를린대학
교 시문학과 교수 자리를 주겠다는 제안을 받았을 때, 칸트는
철학을 하겠다는 마음뿐이었기에 이 제안을 거부했다. 그리고
부족한 생활비를 충당하려고 1766년에는 왕립도서관의 사서로
취직하기도 했다.

1770년 3월의 어느 날. 쾨니히스베르크대학교에서 가난한 개
인강사로 일하면서 무려 15년 동안 한 주에 20시간씩 강의를
해왔던 칸트는 국가예산장관이던 쿠퍼베르크 남작에게 급히
편지 한 통을 썼다. 막 공석이 된 쾨니히스베르크대학교의 교
수직에 응모한 것이다. 오랫동안 병석에 누워 있던 교수 한 명
이 죽었기 때문이다. 그리고 사흘 뒤에는 프리드리히 2세에게
교수직을 원한다는 청원서를 개인적으로 제출했다. 프리드리
히 2세는 칸트를 정교수로 임명한다는 칙령을 내렸고, 드디어
칸트는 정식 교수가 되었다. 그의 나이 마흔여섯 살, 대학교에
입학한 뒤로 꼬박 30년 뒤였다.

칸트는 늘 똑같은 시각에 일어나 똑같은 시각에 강의를 하고

• 만프레드 가이어, 《칸트 평전》에서 재인용.

산책과 식사를 했다. 나중에 질풍노도의 독일 낭만주의 운동을 대표하며 칸트와 대립적인 위치에 서는 요한 고트프리트 폰 헤르더는 칸트에 대해서 다음과 같이 요약했다.

나는 내 스승이었던 한 철학자를 알게 되는 행운을 잡았다. 그는 이미 장년기를 넘어섰지만, 여전히 젊은이와 같이 고귀하고도 유쾌한 정신력을 지니고 있고 (…) 그의 입에서 흘러나오는 풍부한 생각, 그리고 이와 함께 하는 격조 있는 농담, 재치, 적절한 웃음 등은 그를 떠나지 않으며, 지적으로 뛰어난 그의 강의를 듣는 것은 가장 큰 기쁨이다.[*]

과감하게, 알려고 하라!

볼테르가 죽은 지 3년 뒤인 1781년. 이 해가 박지원이 《열하일기》를 집필하기 한 해 전이며 장차 8년 뒤에는 프랑스혁명이 시작될 것이라는 사실을 칸트는 알 리 없었다. 그러나 5년 전에 식민지 미국이 영국에 대항해서 독립선언을 하며 독립전쟁에 돌입해 시민혁명을 이루려 했으며, 두 해 전에는 프랑스와 독립군 연합부대가 요크타운 전투에서 영국군의 주력부대를 격파하며 미국의 시민혁명이 승리에 한 발자국 다가섰다는 사실은 칸트가 모를 리 없었다. 또한 4년 전인 1776년에 서양 역사상 처음으로('서양 역사상 처음'이었음을 기억하자. 여기에 대해서는 뒤에서 다시 설명한다), 세상에 사는 모든 사람은 평등하다고 공식적으로 천명한 미국의 "독립선언문" 내용을 모를 리 없었다.

• 로저 스크러턴의 《칸트》에서 재인용.

1797년 요크타운에서 영국군이 독립군과 프
랑스군의 연합부대에 항복한다.

우리들은 다음과 같은 사실을 자명한 진리로 받아들인다. 즉 모든 사람은 평등하게 태어났고, 창조주는 몇 개의 양도할 수 없는 권리를 부여했으며 (…) 이 권리를 확보하기 위하여 인류는 정부를 조직했으며, 이 정부의 정당한 권력은 인민의 동의로부터 유래하고 있는 것이다. 또 어떤 형태의 정부이든 이러한 목적을 파괴할 때에는 언제든지 정부를 개혁하거나 폐지하여 인민의 안전과 행복을 가장 효과적으로 가져올 수 있는 (…) 새로운 정부를 조직하는 것은 인민의 권리인 것이다.[*]

바로 이 1781년에 쉰일곱 살의 철학교수 칸트는 《순수이성비판》을 출간했다. 이 책으로 해서 1781년이라는 해가 인류의 역사에서 얼마나 중요한 해로 기록될지 칸트가 살던 쾨니히스베르크의 시민들 혹은 그가 몸담고 있던 쾨니히스베르크 대학교의 동료 교수들은 알지 못했다. 박지원이나 김홍도 그리고 쉰 살의 나이로 영천군수로 부임해 있으면서 국가경영론인 《임하경륜》을 집필하던 홍대용은 말할 것도 없었다. 그렇다면 칸트 본인은 알았을까? 아마도 그랬던 것 같다. 《순수이성비판》 초판본 서문에서 칸트는 다음과 같이 선언하기 때문이다. 적어도 칸트는 자기의 역작이 인류 정신사에 한 획을 그을 것임을 확신했다.

이제 나는 탐험되지 않고 유일하게 남은 이 비판의 길에서 출발하여, 그동안 경험을 떠나 사용되었기 때문에 이성이 스스로 모순을 겪

• 미국의 "독립선언문" 2장. 강조는 필자.

어야 했던 모든 잘못을 제거하고, 안전한 길을 발견했다고 자위한다. 나는 인간 이성의 무능력을 핑계 삼아 이성의 이러한 물음들을 피할 마음이 없다. (…) 비록 이 때문에 우리가 애호하고 높이 찬미하는 환상이 무너진다 하더라도 나는 신경 쓰지 않을 참이다.*

칸트는 드디어 이성의 한계를 규명했다고 선언한다.

또한 이 책의 재판본 서문에서는 코페르니쿠스적 발상의 전환으로써 혁명을 성취했다고 자랑스럽게 주장했다. 코페르니쿠스가, 겉으로 보기에 관찰자가 아니라 별이 움직이는 것처럼 보이는 현상을, 사실은 관찰자가 움직인다는 사실을 통해 설명했던 것과 마찬가지로, 칸트는 마음의 선험적인 원리가 대상에 적용됨을 설명했다.

《순수이성비판》의 1781년 초판 속표지.

이제까지 사람들은 우리의 인식은 대상을 따라야 한다고 가정하였다. (…) [하지만] 대상들이 우리의 인식을 따라야 한다고 가정함으로써 우리가 형이상학의 과제에 더 잘 진입할 수 있을지 시도해 봄직하다.**

칸트는 기존의 이성론(합리론)과 경험론의 한계를 지적했고, 이 둘 사이의 간극은 획기적으로 좁혀졌다.

칸트는 왜 이런 일을 했을까?

당시로부터 백 년쯤 전인 1687년에 뉴턴이 《자연철학의 수학적 원리(프린키피아)》를 내놓았다. 이로써 이 세상에서 발생하는 모든 사건이나 현상은 과학적 법칙으로 설명될 수 있다는

• 《순수이성비판》 초판본 서문에서.
•• 《순수이성비판》 재판본 서문에서.

기계론적 세계관이 확고하게 자리 잡기 시작했고, 인간 이성에 대한 신뢰와 기대로 가득 찬 계몽주의 시대가 열렸었다. 그런데 18세기 후반 들어서 인간 이성에 대한 회의가 일기 시작했다. 이성에 의해 역사가 진보할 것이라는 계몽주의적 믿음에 대한 회의였다. 종교 갈등과 계급 간의 갈등, 국가 간의 갈등과 전쟁이 끊이지 않았기 때문이다.

이런 사회 분위기 속에서, 이성에 대한 신뢰를 거부하는 낭만주의가 싹트기 시작해 계몽주의에 도전했다. 낭만주의는 개인적으로 극대화된 주체를 상정하고 끝없는 고독 속에 배회했다. 괴테의 소설 《젊은 베르테르의 슬픔》이 발표되어 이른바 '베르테르 신드롬'을 불러일으킨 것도 바로 1774년이었다.

바로 이런 시점에 칸트는, 자신의 시대가 아직은 '계몽된 시대'가 아니라 '계몽을 필요로 하는 시대'일 뿐이라고 말하며, 인류가 자율적으로 이성을 사용할 수 있는 계몽된 시대를 향해 계몽이 지속되어야 함을 강변했다. 그리고 '과감하게 알기 위해서' 우선 인간이 가지고 있는 이성의 능력과 한계를 따질 필요가 있다고 했다. 그래서 '이성 비판'에 몰두했던 것이다.

하지만 이런 회심의 역작에 사람들은 칸트가 예상했던 것과 전혀 다른 반응을 보였다. 얼마나 해괴망측한지 도저히 이해할 수 없는 글이라는 평가가 이어졌고 숱한 오해가 보태졌다. 그래서 칸트는 《순수이성비판》을 쉽게 설명하는 입문서격인 《형이상학 서설》을 2년 뒤에 내놓았지만, 역시 마찬가지였다.

"이 사람아, 글자를 던져서 땅에 떨어진 순서대로 단어를 조합해서 쓴 글인지, 도무지 무슨 말을 하고 있는지 알아야 가타부타 말을 하든 말든 할 것 아

임마누엘 칸트.

닌가."

하지만 칸트는 계속해서 자기 길을 가 1788년에 《실천이성비판》을 세상에 내놓았다. 이 책에서 칸트는 신을 증명할 수 없다고 말한다. 인간 이성의 한계를 넘어서는 일이기 때문이다. 《순수이성비판》 초판본 서문에서 '우리가 애호하고 높이 찬미하는 환상이 무너진다 하더라도 나는 신경 쓰지 않을 참이다.'라고 했던 연장선이었다.

신의 존재를 증명할 수 없다는 칸트의 말에 사람들은 엄청난 충격을 받았다. 사람들에게 칸트의 이 말은 '신은 없다.'로 들렸기 때문이다. 이런 점에서 오해라고 볼 수도 있지만, 어쨌거나 신의 존재를 이성으로써 증명해야 하느냐 말아야 하느냐는 차원으로 논의를 진행함에 따라서 결과적으로 신은 무조건적이고 절대적인 차원의 존재에서 실체 여부를 따져봐야 하는 존재로 격하된 것이 사실이었다.

칸트는 불완전한 이성의 한계를 지적함으로써, 지금껏 진실이라 여겨지던 모든 가치를 뒤집었다. 시인 하이네는 칸트를 '철학의 로베스피에르'라고 표현했다. 칸트는 심지어 신의 존재까지 '이성적으로' 부인했다. 칸트는 신을 처형한 셈이다. 그러니 사회의 중요한 한 축을 이루고 있던 종교계에서는 이런 칸트를 곱게 볼 리 없었다. 그래서 교회에서는 수도원에서 기르는 모든 개에게 '칸트'라는 이름을 붙여서 부르기로 하는 시위를 했을 정도였으니 교회가 터트린 분통이 어느 정도였는지 짐작할 수 있다.

하지만 이런 분노는 굴러가는 역사의 바퀴를 세울 수는 없었다. 칸트가 역사가 흘러가는 것을 보고 '역사의 바퀴가 굴러갈 수밖에 없으니, 눈을 똑바로 뜨고 바라보아라.'라고 말했다는 이유로 칸트를 아무리 비난하고 눈을 흘긴다고 해도 굴러가는 역사의 바퀴가 저절로 멈출 일은 없었으니까. 그리고 1789년에 프랑스혁명이 일어났고, 칸트는 주변 사람들이 당황할 정도로 이 사건에 열정적인 관심을 보였다.

결혼과 관련된 총 704가지의 이유

한 편지에서 결혼을 '상대방의 성적 기관을 사용해도 좋다는 계약'이라고 정의를 내리기도 했던 칸트는 평생 독신으로 살았지만, 두 번 정도는 결혼을 할 생각을 했었다. 그러나 두 번 모두 너무 오래 주저하다가 결국 기회를 놓치고 말았다. 한 번은 기다리다 지친 여자가 쾨니히스베르크를 떠나버려서 기회를 놓쳤고, 또 한 번은 이랬다.

평소 친밀하게 지내던 여자가 칸트를 좋아했는데, 칸트가 자기에게 태도를 명확하게 하지 않자 건디다 못한 여자가 칸트에게 자기와 결혼을 할 것인지 분명히 대답해달라고 요구했다.

"생각해 보겠습니다."

그 길로 칸트는 결혼에 대해서 생각하기 시작했다. 그리고 마침내 생각을 정리했다. 그 여자와 결혼하기로 결심한 것이다. 칸트는 홀가분한 마음으로 여자의 집을 찾아가서 문을 두드렸다. 여자의 아버지가 문을 열고 나왔다.

"당신의 따님과 결혼하기로 결정했습니다."

"너무 늦었네. 내 딸은 벌써 결혼해서 두 아이의 어머니가 되었다네."

그동안 그의 일기장에는 결혼을 해야 하는 이유 354가지와 결혼을 하지 말아야 할 이유 350가지가 적혀 있었고, 이미 7년이라는 세월이 흘러가 버렸던 것이다.

칸트에게 결혼은 '상대방의 성적 기관을 사용해도 좋다고 허락할 정도의 친밀한 인간관계를 형성하는 것이므로 상대방에 대한 의무를 충실히 다하겠다는 약속이기도 했다. 칸트의 관점에서 보자면, 이 의무는 근본적으로 인간의 도덕적 자율성에 따른 것이다. 인간은 이성적이고 자발적으로 보편적 도덕법칙에 따라 행위할 때만 도덕적이기 때문이다.

> 사람들에 대한 애정과 동정심에 가득 찬 착한 마음으로부터 다른 사람들을 잘 대하거나 일종의 질서를 선호하여 공정하게 대하는 것은 매우 아름다운 일이기는 하지만, 이것이 진정한 도덕법칙이라고 할 수는 없다.[•]

칸트는 자기가 그 여자와 결혼을 하는 행위가 사회의 보편적 도덕법칙에 합당한지 따지는 데 그토록 오랜 시간이 걸렸던 것이다.

* * *

칸트가 공식적으로 마지막 강의를 한 것은 일흔두 살이던 1796년이었다. 그 뒤로 칸트의 심신은 쇠락하기 시작했다. 그리고 1804년 2월 12일, 이성으로써 세상을 인식하고 자유를 위해 행동하는 근대인의 상을 완성한 칸트는 세상을 떠났다. 죽으면서 그가 남긴 말은 '그만 하면 됐다.'였다. 쾨니히스베르크 그리고 독일 전역이 그의 죽음을 애도했고, 그의 시신은 장엄한 주랑(柱廊)이 있는 신고전주의 풍의 쾨니히스베르크대성당으로 옮겨져 봉안되었다. 칸트는 죽었지만, 칸트가 정립하고자 했던

• 칸트, 《실천이성비판》에서.

근대인의 모습은 돌이킬 수 없을 정도로 확고한 존재가 되었다. 쾨니히스베르크대성당 벽에는 칸트를 기념하는 동판이 붙어 있다. 여기에는 다음과 같은 글귀가 적혀 있다.

칼리닌그라드에 있는
칸트의 묘석.

오랜 시간 성찰하면 할수록 늘 새롭고 또 언제나 더욱더 큰 감탄과 경외심으로 가득 채우는 것 두 가지가 있다. 그것은 내 머리 위의 별이 빛나는 하늘과 내 마음 안의 도덕법칙이다.

열두 살의 선비, 뜻을 세우다

1740년, 열여섯 살의 칸트는 졸업논문에서 '나는 나의 행로를 밟아나갈 것이고, 그곳으로 나아가는 데 아무것도 방해가 되지 못할 것이다.'라고 자기가 세운 뜻을 분명히 다짐했다. 그런데 그 두 해 뒤인 1742년, 영조 18년의 조선에서 열한 살 소년 하나가 유학의 초입에 들어선 선비로서 뜻을 세운다.

경기도 양주에 있는 석실서원. 병자호란 때 청나라와의 화친을 극력 배척하며 순절한 대표적인 척화신(斥和臣)으로 추앙받던 김상용과 김상헌 형제의 충절과 학덕을 추모하기 위하여 건립된 서원이었다. 이 서원을 대표하던 스승은 집권 정파인 노론의 중심인물 김원행이었다. 김원행 앞에 열한 살 소년이 단정하게 무릎을 꿇고 앉았다. 아직 앳된 티를 벗지 못했지만 소년의 눈빛은 초롱초롱했다.

"네가 정말 경학 공부에 뜻을 세웠단 말이냐?"

"그렇습니다."

"우리 서원의 학규(學規)에 '과거시험을 보고자 하는 사람은 다른 서원으로 가라.'는 조목이 있다는 걸 알고 있느냐?"

"알고 있습니다."

"앞으로 과거시험을 볼 생각이 없다는 말이렸다?"

"그렇습니다."

소년의 이름은 홍대용이었고, 김원행은 소년의 당고모부이기도 했다.

"저는 이미 고학(古學)에 뜻을 두었습니다. 앞으로 경전 구절을 달달 외우는, 껍데기만 아는 어리석은 유학자는 되지 않을 것입니다. 아울러 군국(君國)의 경제사업에 마음을 두고 매진할 것입니다."

"모름지기 선비의 출발은 뜻을 세우는 데 있다. 대의를 위하여 봉사하겠다는 뜻을 세워, 그 뜻을 굽히지 않고, 그 몸을 욕되게 하지 않는 것을 철칙으로 삼아야 하느니라."

"알겠습니다, 스승님."

이렇게 해서 열한 살 소년 홍대용은, 과거시험에 합격하기 위한 공부를 하기보다는 학문을 깊이 파서 세상을 밝히는 도를 찾고자 뜻을 세우고, 그 길로 첫걸음을 떼어놓았다.

홍대용은 당시 집권파인 노론 가문 출신이었고 과거제도를 통해서 얼마든지 벼슬길로 나갈 수 있었지만, 비록 열한 살밖에 되지 않았음에도 불구하고 그런 뜻을 세운 것을 보면 이미 소년 홍대용이 그때까지 했던 공부의 내용이 상당한 수준에 도달했음을 짐작할 수 있다. 홍대용은 석실서원에서 기숙생활을 하며 공부를 하였고, 이 생활은 10년 넘게 이어졌다.

그런데 소년 홍대용이 집안의 다른 형제들과 달리 왜 과거시험을 포기하고 경학(經學) 공부에 매진하겠다는 생각을 하게 되었을까? 그 까닭은 위기에 처한 조선 성리학이 돌파구를 모색하던 분위기에서 찾을 수 있다.

중국에서 명나라가 망하고 청나라가 들어서자, 중국이 세계의 중심이라는 중화주의를 기반으로 한 조선의 성리학은 위기를 맞았다. 세계의 중심이라 믿었던 중국이 '오랑캐'의 나라가 되어버렸고, 이제 명나라가 없는 세계의 중심은 조선이 이어가야 했다. 그러기 위한 철학적 바탕이 필요했다. 이 바탕을 마련하는 중심적인 공간이 바로 척화신(斥和臣)으로 추앙받던 김상용과 김상헌 형제를 추모하기 위하여 건립된 석실서원이었고, 이 중요한 임무를 짊어진 인물이 노론의 중심인물 김원행이었던 것이다.

그런데 청나라를 통해 들어온 유럽의 지도로 지구가 둥글다는 사실은 이미 알 만한 사람은 다 아는 사실이었다. 세상이 둥글다는 것은 중심이 없다는 말이다. 다시 말하면, 어느 곳이나 중심이 될 수 있다는 말이기도 하다. '중화(中華)'의 이론을 가로막는 이 기본적인 개념의 문제를 해결할 수 있는 방안이

'조선중화주의' 이념이 반영된 천하도. 천하도는 조선 후기에 특히 유행하였던 원형 지도이다.

나타났다. 김석문이 제시한 지구의 자전설이었다. 지구가 자전을 한다면 지구에 중심축이 있다는 뜻이고 또 지구에 중심이 있다는 뜻이었다. 중화주의가 여전히 유효하다는 뜻이었다. 이렇게 해서 이른바 '소중화주의', 즉 명나라가 없는 세상에서 조선이 중심이라는 '조선중화주의'의 이론적 근거가 마련되었다.

명나라의 멸망 및 서양 문물의 도입으로 비롯된 조선 성리학의 위기 및 이를 극복하고자 하는 철학적 운동이 격돌하는 소용돌이 한가운데로 소년 홍대용은 들어갔던 것이다. 이 소년의 운명은 어떻게 될까?

삼전도(三田渡)의 굴욕

석실서원으로 찾아간 소년 홍대용을 집어삼킬 역사의 소용돌이는 그로부터 정확하게 105년 전 1637년에 시작되었다. 이해 1월 30일, 한강 상류에 있던 나루터 삼전도(오늘날의 위치로는 서울특별시 송파구 삼전동 부근)에서 인조가 청나라 황제 태종 홍타시 앞에 무릎을 꿇었다. 단지 무릎만 꿇은 게 아니었다. 청 태종은 자기가 앉은 단에서 백 걸음 앞까지 자갈을 깐 뒤에 인조로 하여금 죄인이 입는 베옷을 입고 엎드려 기어오도록 했다. 그리고 단에 이르러서는 '대죄를 용서하여주소서!'라고 큰 소리로 빌면서 이마를 땅바닥에 세 번 부딪치기를 세 번 반복하는 이른바 '삼배구고두(三拜九叩頭)'를 행하도록 했다.

석촌동 주택가 역사공원 시절의 삼전도비. 고종이 묻어버린 걸 일제가 복구했고, 해방 뒤에 다시 땅에 묻었지만, 1963년 대홍수 때 드러났고, 그 뒤로 역사의 유물로 보존되고 있다.

그리고 청의 요구에 따라서 2년 뒤인 인조 17년(1639년) 12월에 삼전도에 대청황제공덕비(일명 '삼전도비')가 세워졌다. 높이 3.95미터, 너비 1.4미터로 석질은 흰색 바탕에 푸른색을 띤 대리석이다. 비문 후보작으로 조선에서 두 사람의 글을 뽑아서 청나라로 보냈고, 청나라 조정은 심사를 한 끝에 이경석의 글을 선택했다. 그리고 이 글을 수정한 뒤에 비문으로 조각할 것을 지시했고, 조선은 그대로 따랐다. 비의 앞면에는 만주어와 몽고어를 좌우로 나누어 새기고 뒷면에는 한문(중국어)을 새겼다. 청나라 사신 마부대는 전체 비문에 주홍색 칠을, 그리고 '皇帝' 등 특별한 글자에는 금칠을 하게 한 뒤 비를 세우도록 지시했다.

…하늘이 서리와 이슬을 내리심이여, 만물을 죽이기도 하시고 생육

(生育)도 하시다. 오직 황제만이 이를 본받아 위엄과 은덕을 아울러 펴도다. 황제가 동방으로 정벌하시니 그 군사가 10만이라. 위세가 뇌성벽력처럼 천지를 진동하니, 군사가 범처럼 용맹하고 맹수처럼 날쌔어라. 황제가 회군하여 우리 백성을 살리도다. 우리의 탕잔(蕩殘)함을 불쌍히 여기시어 농사를 권하시니, 국토는 옛날과 같이 되고 조정이 새로워졌네. 마른 뼈에 다시 살이 붙고 얼어붙은 풀뿌리에 다시 봄이 오도다. 한강 가에 우뚝 선 비석에 아로새긴 황제의 아름다운 공덕, 삼한(三韓)에 영원토록 빛나리라.

그로부터 다시 30년 지나서 현종 9~10년(1668~1669)에 이 비문을 쓴 이경석을 두고 격렬한 당쟁이 벌어졌다. 송시열은 최명길과 더불어 주화파에 속하던 이경석의 천거로 벼슬을 하게 되었지만, 말년에 최명길을 비난하였다. 이 논쟁을 계기로 결국 숙종 때 서인은 노론과 소론으로 갈리었다. 송시열을 비난하는 측이 소론이었다. (하지만 이 분당의 조짐은, 성리학 경전의 해석을 주희 혼자 독점해서는 안 된다면서 주자학 유일사상 체계에 반대하고 나섰던 윤휴와 송시열 사이에 있었던 논쟁과 갈등에서 이미 비롯되었다.) 노론이 정권을 잡으면서 주화파가 경멸했던 김상헌은 절의의 상징이 되었고, 김상헌의 자손들은 19세기에 부자(父子) 영의정, 형제(兄弟) 영의정, 부자 대제학 등 정승 열두 명, 왕비 세 명, 판서 수십 명을 내며 안동 김씨의 세도정치 시대를 연다.

불온한 홍대용, 천문학자가 되다

노론의 철학적 기초를 닦은 송시열은 천리와 인륜의 차원에서 청나라를 쳐서 명나라의 복수를 하는 것이 당연하다고 했다. 이 복수는 사적인 감정에서 비롯된 것이 아니라 하늘의 이치를 구현하는 것이므로 인간으로서 마땅히 실천해야 할 인륜 차원의 문제였다. 이런 관점에서 보자면, 청나라를 인정하고 순응하려는 사람들은 인륜을 버리고 짐승이 되고자 하는 무리였다.

그런데 이런 송시열을 감히 홍대용이 흠잡고 나섰다. 그것도 스승인 김원행에게, 서인이 노론과 소론으로 갈릴 때 분쟁의 책임이 송시열 쪽에도 어느 정도 있다는 내용으로…… 홍대용이 스무 살이던 1751년의 일이었다. 스승은 발끈했다.

"자네 할아버지가 어떤 분인가? 우암 선생을 존경하여 묘정에 모시도록 상소하신 분이 아닌가? 자네 가문도 또한 신임사화에 우암과 함께 화를 당하지 않았는가 말일세!"

"큰 의심이 없는 자는 큰 깨달음이 없다고 스승님께 배웠습니다. 의심을 품고 얼버무려 두기보다는 자세히 묻고 분별해서 깨우치는 게 더 낫다고 알고 있습니다."

"그렇다면 선생인 나의 지력(地力)으로도 어쩔 수 없으니, 자네는 자네 마음대로 하시게!"

홍대용은 청나라를 쳐서 명나라의 복수를 해야 한다는 북벌론이 허망한 것임을 이미 그때 알고 있었다. 바로 그 시점부터 홍대용은 노론의 철학적 기반에서 서서히 멀어지기 시작했다. 그리고 실학으로 빠르게 기울기 시작했다.

무릇 이(理)를 말하는 자 반드시 '형(形)이 없고 이(理)가 있다.' 한다. 이미 형이 없다고 하면 있다는 것은 무엇인가? 이미 이(理)가 있다고 하면 어찌 형이 없는데, 있다고 할 수가 있겠는가? 대개 소리가 있으면 있다고 하고, 빛이 있으면 있다고 하고, 냄새와 맛이 있으면 있다고 하니, 이미 이 네 가지가 없으면 이는 형체가 없고 방소(方所)가 없음이니, 이른바 있다는 것은 무엇이냐? (…) 또 이른바 이(理)라는 것은 기(氣)가 선(善)하면 선하고 기가 악하면 악하니, 이는 이가 주재하는 바가 없고 기의 하는 데에 따를 뿐이다.*

여주 영릉의 혼천의(복원품).

그리고 이십대 중반 무렵에 박지원을 처음 만나서 교류하고 스물여덟 살이던 1759년에 전라도 나주에서 재야 과학자 나경적을 만나서 그와 그의 제자 안처인과 함께, 아버지의 재정 지원을 받아서 천체 관측기구인 혼천의를 제작한다. (홍대용의 가문에는 유독 관상감(觀象監)과 관련된 벼슬을 한 사람이 많아서 이 분야에 대해서 홍대용은 낯설지 않았다.) 그리고 3년 만에 혼천의 두 대와 서양식 자명종 시계를 완성했고, 이렇게 만든 천문기구를 그의 고향인 수촌(壽村)의 집 남쪽 마당에 연못을 파고 그 가운데 정자를 지어 '농수각'이라는 이름의 사설 천문대에 설치하고, 그 안에서 하늘을 관측했다.

김이안은 이 농수각에 가서 설치된 관측기계를 살펴본 내용을 "농수각기(記)"라는 글에서 다음과 같이 썼다.

나는 일찍이 농수각에 올라서 의관을 바루고 엄숙한 태도로써 한번 보았다. 옛날에 만들어졌던 혼천의를 토대로, 서양(西洋)의 이론을 참용(參用)한 것인데, 의(儀)가 둘이요, 환(環)이 열이요, 축(軸)이 둘이요, 반(盤)과 기(機)가 각각 하나요, 환(丸)이 둘이요, 윤(輪)과 종이 약간이요, 그 둘레에는 사람이 하나 앉을 만하고, 그 기(機)의 톱니바퀴는 저절로 쳐서 주야를 쉬지 않고 돌고 있었다. (…) 하늘의 운행과 땅의 실음[載]과 일월오성(日月五星)의 빠름과 느림, 참[嬴]과 쭈그러듦[縮]의 도

• 홍대용의 《담헌서》의 "심성문"에서.

수, 그리고 주야(晝夜)·회삭(晦朔)·한서(寒暑)·음양(陰陽) 등의 변화가 크게는 육합(六合)에 펼치고 멀리는 우주에 다해서 삼연(森然)히 갖추어지지 아니함이 없고, 약연(躍然)히 움직이지 아니함이 없는데, 이것을 눈으로 바라보다니 정말 통쾌하구나!●

그리고 홍대용은 북경에 다녀온 뒤에는 통천의(統天儀), 혼상의(渾象儀), 측관의(測管儀), 구고의(勾股儀) 등의 관측기계를 추가로 더 설치했다. 농수각의 다락에 김원행이 '담헌(湛軒)'이라는 당호 액자를 써주었고, '마음이 비어 있고 맑은 사람이 사는

숭실대 기독교박물관에 소장된, 홍대용이 만들었다는 혼천의의 일부.

집'이라는 뜻의 이 '담헌'을 홍대용은 그 뒤 자기 호로 삼았다.

하지만 만일 홍대용이 장차 농수각에서 천문을 관측한 내용을 토대로 해서 성리학적 우주관을 송두리째 바꿔놓을 줄 알았더라면, 담헌이라는 당호를 써서 주지 않았을 것이다. 아무리 재주를 아끼던 제자였다고 하더라도…….

홍대용, 중세 성리학적 우주관을 붕괴시키다

홍대용은 서장관이던 작은아버지가 사신으로 중국에 갈 때 군관 자제 자격으로 1765년 말부터 다음해에 걸쳐서 연행을 다녀오고, 이때 보고 듣고 토론한 내용을 바탕으로 깊은 사색과 관찰을 했다. 그리고 마침내 이때까지 동아시아를 지배하던 성리학적 철학을 완전히 뒤집어놓는 놀라운 책을 펴낸다. 바로 《의산문답(醫山問答)》이다. 마흔두

김홍도가 그린 "연행도" 14폭 중 제13폭 '유리창(琉璃廠)'. 연경 유리창의 화려한 가게들. 낙타를 타고 가는 사람들이 보인다.

살이던 1773년의 일이다.

전통적 세계관을 고집하는 성리학자 허자(虛子)가 의무려산(醫巫閭山)에 은거한 실학자 실옹(實翁)을 찾아가서 나누는 대화를 소설 형식으로 기록한 이 책은 홍대용의 사상을 고스란히 담고 있는 기념비적인 저술이다. 만인이 평등할 수밖에 없는 이치를 설명하고, 또 지구의 자전을 비롯해서 온갖 자연현상을 과학적으로 설명한다.

> 너는 진실로 사람이로구나. 오륜(五倫)과 오사(五事)는 사람의 예의 (禮義)이고, 떼를 지어 다니면서 서로 불러 먹이는 것은 금수의 예의이며, 떨기로 나서 무성한 것은 초목의 예의이다. 사람으로서 물(物)을 보면 사람이 귀하고 물이 천하지만, 물로서 사람을 보면 물이 귀하고 사람이 천하다. 하늘이 보면 사람이나 물이나 마찬가지다.[**]

이 책으로 홍대용은 중화주의를 폐기처분한다. 나무와 사람이 동격인데 어찌 중심이 따로 있고 오랑캐가 따로 있겠는가. 마찬가지 이유로, 사람 사이에 양반과 상인과 천인이 어찌 동격이 아니라 할 수 있겠는가. 그러니 누구든 자기가 주장을 하면 중심이 된다. 그러니 조선도 조선의 주장을 내세우면 스스로 중심이 된다는 식으로 논의를 펼쳐나간다.

성리학에서 사물의 본성을 이루는 이(理)는 두 가지 의미를 내포한다. 하나는 현상 세계의 궁극적인 원리 혹은 존재 법칙으로서의 이(理)이며, 다른 하나는 인간을 포함한 모든 존재물들이 마땅히 따라야 하는 행위의 당위 원칙으로서의 이(理)이

• 《담헌서》의 "농수각기"에서.
•• 《담헌서》의 "의산문답"에서.

다. 객관 세계에 사물들의 이치가 있듯이 행위 세계에도 인간이 마땅히 따르고 지켜야 할 이치들(예를 들면, 삼강오륜)이 객관적으로 존재한다는 말이다. 그런데 이런 것들이 당연히 존재하는 게 아니라고 홍대용은 말하고 있다. 자연과학에 기초한, 인간은 모두 평등하다는 우주적인 원리를 들어서 성리학의 근본 원리를 뒤집는다. 이로써 마침내 홍대용에 의해 조선에서 객관적이고 상대주의적인 세계관에 바탕을 둔 평등주의적 근대적 인간상이 정리된다.

하지만 이런 깨우침을 알아주는 사람은 많지 않았다. 홍대용이 경학과 자연과학으로 동아시아의 낡은 패러다임을 깨뜨리고 새로운 패러다임을 내놓았지만, 세상 사람들은 아직 그런 걸 알아주지 못했다. (홍대용이 죽을 때까지도, 심지어 지금까지도!) 오로지 친한 벗 연암 박지원과 그의 제자들 그리고 아주 가까운 몇몇만이 알아줄 뿐이었다.

1776년에 서양 역사상 처음으로, 세상에 사는 모든 사람은 평등하다고 공식적으로 천명한 미국의 "독립선언문"은 '모든 사람은 평등하게 태어났고, 창조주는 몇 개의 양도할 수 없는 권리를 부여했으며 (…) 이 권리를 확보하기 위하여 인류는 정부를 조직했으며, 이 정부의 정당한 권력은 인민의 동의로부터 유래하고 있는 것이다.'라고 썼다. 그런데 봉건주의의 핵심을 무너뜨리는 '인간은 평등하다'는 이 주장을 홍대용은 그보다 3년 전에 《의산문답》을 통해서 했다. 하지만 이 주장을 실현하기 위한 구체적인 방안, 즉 혁명론으로까지 나아가진 못했다. 이 주장이 혁명론으로 완성되기까지는 100년 이상 더 기다려야 했다. (동학농민혁명은 1894년에 일어나서 실패하고, 프랑스에서 7월혁명은 1830년에 일어나서 성공한다.) 봉건제 조선 사회를 무너뜨릴 수 있는 동력은 아직 형성되지 않았기 때문이다.

1769년에 영국에서 제임스 와트가 증기기관을 발명해서 산업혁명의 물꼬를 텄지만, 조선중화주의가 백 년 넘게 지배하며 공업과 상업을 천시한 성리학적 체계가 여전히 공고하게 유지되고 있던 조선은 그제야 사회의 근본적인 모순에 서서히 눈을 뜨고 있었으니, 조선은 이미 유럽에 많이 뒤처지고 있었다.

취한 뒤 노랫소리 하늘에 가득하건만……

1772년(영조 48년) 혹은 그 한 해 전이나 한 해 뒤의 여름 어느 날. 장소는 서울 남산 기슭에 있는 담헌 홍대용의 집. 일명 '유춘오(留春塢)', 봄이 머무는 언덕이라는 뜻이다. 이 집에서 음악회가 열렸다. 홍대용이 가야금을 준비했고 뜻이 맞는 지인들이 모여들었다. 연암 박지원도 참석했고, 호탕하게 술을 잘 마신다고 스스로를 국옹(麴翁)이라고 부르며 악회가 있으면 곧잘 노래를 하거나 춤을 추는, 그래서 사람들이 기인(奇人)으로도 여기던 이유동도 박지원을 따라서 함께 왔다. 당대의 이름난 가야금 연주자 풍무 김억도 밤에 찾아왔다. 호리호리한 몸매에 단아한 풍모의 홍대용이 문득 얼굴에 따뜻한 미소를 짓더니 거문고를 연주하기 시작했다.

…담헌이 거문고를 연주하자 풍무는 거문고로 화음을 맞추고 국옹은 갓을 벗어던지고 노래를 불렀다. 밤이 깊어지자 구름이 사방으로 흩어져 더위가 건듯 물러나 거문고 소리가 더욱 맑았다. 좌우에 앉은 사람들이 고요하니 말이 없는 게 마치 도가(道家)의 단(丹)을 닦는 이가 생각을 끊고 가만히 마음을 들여다보고 있는 것도 같고 (…) 무릇 스스로를 돌이켜 떳떳하면 삼군(三軍)과도 맞설 수 있는 법, 국옹은 노래를 부를 때 옷을 풀어헤치고 턱하니 다리를 벌리고 앉아 방약무인하

였다.[*]

홍대용과 박지원 그리고 이들과 뜻을 함께 하는 친구 혹은 제자들은 성리학의 낡은 이념을 깨트리려고 애를 썼지만 세상 사람들은 이들의 크고 깊은 뜻을 몰라줬다. 그러니 이런 사람들이 모인 자리의 음악회는 한편으로는 자못 흥거웠지만 또 한편으로는 울적할 수밖에 없었다. 그랬기에 홍대용은 "벗의 시에 차운하여 이국옹에게 부치다"라는 시에서 '취한 뒤 노랫소리 하늘에 가득하건만 / 세상사람 뉘라서 그 마음 알리'라는 구절로, 국옹을 빌어서 자기 마음속의 아픔을 토로하기도 했으리라.

하지만 스스로를 돌이켜 떳떳한 사람들은 그렇게 음악 속에서 그리고 서로의 마음속에 녹아 있는 자기를 확인하며, 자연 속에 하나가 되었다. 어떤 가식이나 꾸밈도 없었다. 오로지, 음악 속에서 내가 마음이 맞는 친구들과 그리고 또 자연과 하나가 되는 환상적인 경험만이 넘쳐흘렀다. 홍대용의 집 '유춘오'와 그가 마련한 음악회는 자유롭고 진실된 공간이었다. 홍대용의 집에서는 '유춘오의 악회'라 불린 이런 모임이 자주 열렸고, 성대중도 저서 《청성집》에서 이 모임을 다음과 같이 기록했다.

홍담헌 대용이 가야금을 준비하고, 홍성경 경성이 거문고를 갖고 오고, 이경산 한진이 퉁소를 소매에 넣어오고, 김억이 양금을 갖고 왔다. (…) 유성습 학중은 노래로 흥을 돋우었다. 효효재 김공 용겸은 나이가 많고 덕이 높으신 어른이라 상석에 앉으셨다. 좋은 술에 조금 취하자 뭇 악기가 함께 연주되었다. 뜰은 깊고 낮은 고요한데 낙화가 섬돌에

• 《연암집》, "한여름 밤에 모여 노닌 일을 적은 글"에서. 박희병의 《연암을 읽는다》에서 재인용.

미쳐서 살고 정신 들어 죽다 ―

가득했다. 궁성(宮城)과 우성(羽聲)이 갈마들더니 곡조가 그윽하고 오
묘한 경지에 접어들었다.[•]

홍대용은 석실서원에서 공부를 하던 때인 열다섯 살 무렵에
처음 거문고를 배웠고, 그 뒤 늘 거문고를 가까이 두고 익혀서
당대 최고의 거문고 연주자로 일컬어졌다. 그는 서장관이던 작
은아버지가 사신으로 중국에 갈 때 그를 수행하면서도 거문고
를 가지고 갔었다.

홍대용의 죽음, "웃으면서 덩실덩실 춤을 추며 노래할 일"

미국에서 독립전쟁이 끝나고 시민혁명이 완수되던 1783년,
중풍으로 상반신이 마비된 홍대용이 이 해 10월 22일에 사망했
다.

홍대용이 죽자 박지원이 웃고 춤추며 노래할 일이라고 말했
다. 죽은 사람의 묘지명을 쓸 때 뒷부분에 죽은 사람을 칭송하
는 내용을 운문으로 붙이는데 이를 '명(銘)'이라고 한다. 박지원
이 홍대용의 묘지명을 쓰면서 이 명을 다음과 같이 적었다.

> 하하하 웃으면서 덩실덩실 춤을 추며 노래하고 환호할 일,
> 서호(西湖)에서 이제 상봉하리니
> 서호의 벗은 나를 부끄러워하지 않으리
> 입에 반함(飯含)을 하지 않은 건
> 보리 읊조린 유학자가 미워서이지.[••]

• 성대중의 《청성집(靑城集)》, "유춘오의 악회를 기록하다"에서.
•• 박지원의 《연암집》, "홍덕보 묘지명"(박희병 번역)에서.

박지원이 누구보다도 스승으로서 존경하고 또 친구로서 친하게 지냈던 홍대용, 자신이 《열하일기》를 쓰기 시작하자 뛸 듯이 좋아하며 공책과 돈과 소 등을 보내서 격려했던 홍대용의 죽음을 두고 어째서 '하하하 웃으면서 덩실덩실 춤을 추며 노래하고 환호할 일'이라고 했을까? 글의 형식적인 문맥으로만 보자면 중국에서 사귄 벗들을 만날 수 있기 때문이다. 그 벗들과 쌓은 깊은 우정의 회포를 풀 수 있기 때문이라는 것이다. 특히 엄성이라는 선비와 홍대용이 나눈 우정은 각별했다. 엄성은 죽을 때 홍대용을 그리워하며 조선산 먹을 가슴에 얹고 죽었고, 홍대용이 엄성의 부고를 받고 써 보낸 애사(哀詞)가 2년 뒤 엄성의 대상(大喪) 때 도착했고, 뒤이어 엄성의 아들 엄앙이 홍대용을 큰아버지라고 부르며 편지를 보내왔다. 이 편지는 여기저기를 떠돌며 여러 해를 지난 뒤에 홍대용에게 도착했는데, 이 편지에는 엄앙이 엮은 아버지의 유집 《철교전집》도 함께 포함되어 있었고, 이 유집에는 엄성이 직접 그린 홍대용의 초상이 실려 있었다. 호리호리한 몸매에 단아한 풍모 그대로였다. 홍대용이 엄앙을 대하는 따뜻한 눈길에서도 홍대용과 엄성 사이의 깊은 우정을 엿볼 수 있다.

엄성이 그린 홍대용의 초상화.

옛 병술년 연성(燕城)에 있을 때 그대의 나이 열 살이란 말을 들으매, 아름다운 그 모습이 눈에 선하였었고, 무자년 부고(訃告)를 받았을 때는 그대의 나이 열두 살이었던지라 여위고 파리한 그 형상을 차마 상상조차 못하였다네. 경인년 섣달에는 이미 두 살을 더 먹었는데도 백부(伯父)의 서신에, '아직도 어리다.'고 하였고, 다음 서찰을 본 것은 갑오년 즉 그대의 나이 열여덟 살 되던 해였으며, 지금 서신을 개봉하는 것 역시 5년이 지난 뒤이니, 그대의 나이 이미 스물두 살이겠지. 지금 쓰는 답장이 또 어느 때 전달될지 알 수 없으니, 그때는 이미 그대는 장성해 있겠지. 한 번 슬프고 한 번 기쁨에 나의 회포가 어떻겠는가. 편지의 글씨 단정하고 글 뜻 해석이 교묘하여 완연하게 선장(先丈, 죽은 남의 아버지)의 유택(遺澤)이 있구나.•

하지만 중국에서 사귄 벗들과의 우정을 이야기하는 박지원의 이런 표현 뒤에는, 중국의 선비들까지도 알아주었던 탁월한 식견과 학문을 인정받지 못하고 사는 것보다 차라리 죽어서 그들을 만날 수 있어 얼마나 좋은 일이냐는 역설적인 야유, 홍대용이 깨뜨리려고 했지만 여전히 군건하던 조선 지배이념에 대한 야유가 칼을 품고 숨어 있다.

반함(飯含)이란 상례(喪禮)에서 상주가 버드나무숟가락으로 쌀 몇 낟알과 구슬 한 알을 망자(亡者) 입속의 오른편과 왼편 그리고 이어서 한가운데에 차례로 물리는 의식으로 중국에서 전래된 예법이다. 홍대용은 생전에 이 반함을 하지 말라고 유언을 했다. 이 반함을 거부했다는 것은 중국의 예법을 따르지 않겠다는 것이고, 나아가 중국의 예법을 겉으로 내세우며 위선적인 행동으로만 일삼던 기만적인 유학자들이 지키려고 한 패러다임 자체를 거부하는 것이었다.

실제로 홍대용이 중국에서 돌아온 뒤에 중국에서 사귄 선비들과 나눈 필담을 정리해서 《건정동회우록(乾淨衕會友錄)》이라는 책을 엮고 여기에 박지원이 서문을 썼는데, 이것이 북학파들 사이에서 화제가 되자 석실서원의 동문 대선배인 김종후가 홍대용에게 비난 편지를 보냈고, 두 사람 사이에서는 예학

• 《담헌서》의 "엄앙에게 준 글"에서.

논쟁이 치열하게 벌어졌다.

김종후 : 비린내 나는 더러운 나라에 간 일부터가 선비의 할 일이 아니다. 머리 깎은 청나라 거자(擧子)들과 형제처럼 사귀고 할 말 못 할 말 가리지 않고 다 했으니, 이처럼 예에 어긋나는 일이 어디 있는가?

홍대용 : 한족이면서 머리를 깎고 오랑캐의 옷을 입는 것은 불행한 때에 태어난 선비들의 슬픔입니다. 이런 일은 어떤 민족, 어떤 시대에도 있을 수 있는 불행이니, 어진 군자라면 마땅히 남이 당하는 이런 불행을 나의 슬픔처럼 이해할 수 있어야 하지 않겠습니까?

김종후 : 그래서 그런 더러운 사람들을 1등 인품이라며 사귄 것인가?

홍대용 : 설령 오랑캐라고 하더라도 배울 게 있으면 당연히 배워야지요.

김종후 : 그렇게 치면 예학이란 게 왜 있겠는가?

홍대용 : 그런 식으로 따지는 예학이란 아무 쓸모가 없습니다. 다만 이용후생에 도움이 되는 실학이야말로 진정한 학문이 아니겠습니까?*

홍대용은 《의산문답》에서, 아무 쓸모도 없는 예학에 매달리면서 허세만 부리는 이런 유학자를 허자(虛子)라 부르며 실옹(實翁)의 입을 빌어 호되게 꾸짖는다.

허자 : 주공(周公)과 공자의 업(業)을 높이고 정자(程子)와 주자(朱子)의 말을 익혀서 정학(正學)을 붙들고 사설(邪說)을 물리치며, 인(仁)으로써 세상을 구제하고 명철함으로써 몸을 보전하는 이러한 자가 유문(儒門)에서 말하는 현자가 아니겠습니까?

• 대화는 필자가 재구성한 것임.

실옹 : 정학을 붙드는 것은 실상 자랑하려는 마음에서 비롯되었고, 사설을 물리치는 것도 실상 이기려는 마음에서 비롯되었으며, 인으로써 세상 구제하는 것은 실상 권력을 유지하려는 마음에서 비롯되었고, 명철함으로 몸을 보전하는 것은 실상 이익을 노려보자는 마음에서 비롯된 것이 아니더냐. 지금 너는 겸손함을 꾸며서 거짓 공손으로 스스로를 현(賢)이라 여기며, 얼굴만 보고 음성만 듣고서 남까지도 현(賢)을 만드는구나. 마음이 헛되면 몸가짐이 헛되고 몸가짐이 헛되게 되면 모든 일이 헛되게 된다. 자신에게 헛되면 남에게도 헛되고 남에게 헛되면 온 천하가 모두 헛되게 된다. 네가 그것을 아느냐?

《의산문답》에서 허자가 그랬던 것처럼 실옹의 꾸짖음에 머리를 조아린 유학자는 적어도 집권 세력 가운데서는 없었다. 씨도 먹히지 않는 말이었다. 이런 엄혹한 세상에서 홍대용은 반함을 하지 않겠다는 유언으로 마지막 순간까지 조선의 지배이념에 저항했고, 박지원은 홍대용의 죽음을 슬퍼하며 눈물을 뚝뚝 흘리면서도 '하하하 웃으면서 덩실덩실 춤을 추며 노래하고 환호'함으로써 조선의 지배이념에 야유를 보내며 홍대용의 뜻을 따랐다. (박지원은 자기가 죽은 뒤에도 반함을 하지 말라는 유언을 자식에게 남겼다.)

이처럼 홍대용 묘지명의 명(銘)은 지독하게 불온하고 따라서 위험했기에 이 명의 제1행은 필사본에서 때로 빠지기도 하는 불운을 겪었다. '만인평등'으로 요약되는 홍대용의 사상 역시 그렇게 불운한 세상에 묻히고 말았다. 하지만 박지원 및 그의 제자 박제가 등을 통해서 그의 사상은 또 다른 모습으로 세상에 맞서 싸움을 건다.

천안에 있는 그의 시비에는 그의 시 "건

충남 천안시에 있는 홍대용의 무덤.

곤일초정주인(乾坤一草亭主人)” 가운데의 한 구절이 새겨져 있다.

> 다툼이 없으니 온갖 비방 면하겠고
> 재주스럽지 못하니 헛명예에 있을 쏘냐
> 수시로 좋은 친구 찾아오면
> 아름다운 산나물 술안주가 일미라오.
> 높은 헌함 비껴서서 거문고 타노니
> 곡조 속에 슬픈 감회 그 누가 알겠는가

＊　＊　＊

　홍대용과 칸트 모두 개인은 자율적인 의지를 가지는 존재라는 근대적인 인간상을 세웠다. 홍대용의 근대적인 인간상은 성리학의 도덕적 기반으로 인간의 행위 세계에 마땅히 존재하며 또 따라야 한다는 행위 원칙으로서의 이(理)를 폐기함으로써 만인평등의 개념을 열어 성리학의 도덕적 기반을 허무는 데 초점을 맞추었다. 이에 비해 칸트는 거꾸로 사회의 보편적 도덕법칙을 인간의 행위 기준으로 내세워 세상의 새로운 존재인 근대인(시민)의 행위 기준을 마련하는 데 초점을 맞추었다. 홍대용에게는 봉건적인 질서를 허무는 것이 과제였던 데 비해서, 서양에서 중세의 봉건적인 질서가 이미 허물어지기 시작해 모두를 위험하게 만드는 투쟁과 전쟁이라는 광포한 격랑이 일자 칸트는 이 격랑이 '도덕적인' 방향으로 진행되길 바랐기 때문이다.

6장 | 박지원 VS 괴테

—웃음과 역설, 혹은 질풍노도로 낭만을 이야기하다

요한 볼프강 폰 괴테(1749~1831)는 청년기에 계몽주의에 반발해 낭만주의로 인간의 감성을 세상에 불어넣으려 하다가 장년기에는 바이마르대공국의 재상 자리에 올라 경세의 지략을 펼치며 평생 주류로 부유하게 살았다. 연암 박지원(1737~1805)은 이십대에 이미 일찌감치 평민과 천민을 자기 문학의 토양으로 삼고 계몽주의의 외연으로 낭만주의를 전략적으로 선택한 뒤, 북학파의 좌장으로 후배들을 이끌면서 칼을 품은 유쾌한 시정잡설로 국왕인 정조와 맞서 세상을 사로잡았지만, 평생 비주류로 가난하게 살아야 했다.

노란 조끼에 푸른 연미복

1774년, 노란 조끼에 푸른 연미복을 입은 독일 청년이 권총으로 자살을 한다.

자살하는 베르테르. 소설 속의 삽화.

"……자, 로테! 나는 두려움 없이 차갑고 으스스한 술잔을 손에 들고 죽음을 들이킵니다. 당신이 내게 준 술잔입니다. 두려워하지 않습니다. 이것으로 내 생애의 모든 소망을 이룹니다. 이토록 냉정하게, 이토록 두려움 없이 죽음의 철문을 두드릴 수가 있다니! 로테! 나는 될 수만 있다면 당신을 위해 목숨을 버리고, 당신을 위해 이 몸을 바치는 행복을 누리고 싶었습니다. 당신의 생활에 평화와 환희를 되찾게 할 수만 있다면, 나는 씩씩하게, 기꺼이 죽으리라 생각했습니다. 그러나 아아, 가까운 사람들을 위해 피를 흘리고, 그 죽음으로써 친구들의 마음속에 새로운 생명의 불길을 타오르게 한다는 것은 극소수의 숭고한 사람들만이 할 수 있는 일이었습니다. (…) 이 분홍색 리본은 우리가 처음 만났을 때 당신이 가슴에 달고 있었던 것입니다. 그때 당신은 아이들에게 둘러싸여 있었지요. (…) 그런 일들이 나를 여기까지 인도해 주리라고는 생각조차 하지 않았습니다. 마음을 가라앉히십시오! 부디 진정하십시오! 탄환은 이미 재어 놓았습니다. 시계가 12시를 칩니다. 그럼 로테, 안녕…… 안녕히!"

이웃사람 하나가 화약의 섬광을 보고 총소리를 들었다. 그러나 더 이상 아무 소리가 들리지 않았다.

괴테가 1774년에 발표한 《젊은 베르테르의 슬픔》 마지막 부분이다. (소설은 그 뒤로 더 이어져서 베르테르가 거친 숨을 이어가다 마지막으로 숨을 거두는 다음 날 정오까지 이어진다.)

괴테는, 사랑했지만 끝내 다른 남자와 약혼을 해버린 샤를로테 부프에 대한 실연(失戀) 체험과, 1772년 괴테와 라이프치히 대학교에서 함께 공부하던 청년이 유부녀에게 실연당한 후 자살한 사건을 소재로 이 소설을 썼고, 스물다섯 살이던 그는 이 소설로 일약 명성을 얻었다. 이 소설에 공감한 청년들 사이에서는 소설 속의 베르테르처럼 노란 조끼와 푸른 연미복을 입고 권총으로 자살하는 게 유행이 되었다.

괴테가 사랑했던 샤를로테 부프.

낭만주의, 계몽주의의 이란성 쌍둥이 형제

데카르트가 1637년에 《방법서설》을 출간하면서 '나는 생각한다. 고로 나는 존재한다.'라는 명제로 근대적 인간의 탄생을 예고했고, 이로써 계몽주의가 태어났다. 계몽주의는 이성에 기초한 개인과 사회의 이상을 고취했다. 하지만 신의 그늘에서 벗어난 인간이 실제로 세상에서 벌이는 행태는 이상적인 것과 거리가 멀었다. 이상을 실현하겠다며 벌인 전쟁과 혁명은 인간의 추악한 모습을 여지없이 드러냈다. 게다가 봉건성의 잔재는 귀족 계급의 특권적인 의식과 제도 속에 아직도 여전히 살아남아 시민의 의식과 삶을 억누르고 있었다. 근대적인 이성과 봉건적인 구질서 사이의 싸움은 추악했다. (괴테는 열 살이던 1759년에 7년전쟁으로 프랑스군이 프랑크푸르트를 점령하는 걸 경험했고, 또 점령군이 자기가 살던 집을 빼앗는 폭력을 목격했다. 그리고 이 과정에서 귀족이었던 외할아버지와 평민 출신의 아버지가 정치적인 견해 차이로 불화하던 모습도 지켜보았다. 그리고 비록 《젊은 베르테르의 슬픔》 이후이긴 하지만, 프랑스혁명의 공포정치는 파리에서 1년 사이에만 단두대에서 1

만 7천 개의 목을 떨어뜨렸고, 지방에서는 혁명 반대파를 진압하며 사람들을 수백 명씩 구덩이에 몰아넣고 대포로 쏘아서 죽였다.)

이런 모습에 환멸을 느낀 개인의 자아는 이제 계몽주의에 등을 돌리기 시작했다. 이성에 회의를 품고, 이제까지 이성의 빛에 가려 무시되었던 감성으로 눈을 돌리기 시작했다. 이로써 낭만주의는 본격적으로 유럽을 휩쓸었다. 하지만, 속성상 낭만주의는 계몽주의가 시작될 때 이미 그 발뒤꿈치를 따라서 시작되었고, 어느새 계몽주의의 어깨를 밀치며 앞서나가려 했다.

《젊은 베르테르의 슬픔》에서도 이런 양상은 분명하게 드러난다. 우선 로테의 약혼자 알베르토와 베르테르가 '자살'을 놓고 격렬하게 토론을 벌이는 장면. 알베르토는 계몽주의적인 관점에서 이렇게 말한다.

1774년에 출간된 《젊은 베르테르의 슬픔》 초판 표지.

"자살은 아무래도 의지가 박약한 행위로밖에는 볼 수 없어요. 왜냐하면, 고통스러운 인생을 꿋꿋이 견디며 살아 나가기보다는 죽어 버리는 편이 편하다는 건 당연한 일이니까요."

그러자 베르테르가, 인간의 본성이 서로 뒤얽혀 반발하는 온갖 힘의 미궁 속에서 빠져나올 출구를 찾지 못할 때 어쩔 수 없이 택하는 길이 자살이라고 반박한다. 토론은 계속된다.

알베르트 : 어떤 행위는, 동기와 상관없이 죄악이 됩니다.

베르테르 : 그렇지만 말입니다, 예외는 있습니다. 분노를 참지 못하고 부정한 아내와 그녀의 비열한 유혹자를 살해한 남편, 환희의 한때에 이성을 잃고 억누를 길 없는 사랑의 환락에 몸을 내맡긴 소녀, 이들을 동정하지 않는 사람이 누가 있겠습니까?

알베르트 : 격정에 사로잡혀 이성을 잃는 인간은 사리분별이 전혀 없어져 있기 때문에 미친 사람이나 마찬가지지요.

베르테르 : 미친 사람! 그렇게 말하며 마치 남의 일처럼 태연하시군 요. 훌륭한 도덕군자이십니다. 위대한 업적, 불가능한 것으로 여겨졌던 일들을 이룩해낸 비범한 사람들은 옛날부터 모두 주정뱅이라느니 미 치광이라느니 하는 지탄을 받았던 사람들이라는 걸 아시죠? 자유롭고 고결하며 남들이 상상하지 못했던 일을 하는 사람에게, 저놈은 미쳤어, 저놈은 바보야, 하고 매도를 하니, 정말 참기 어렵습니다. 부끄러운 줄 을 아시오, 정신이 말짱한 당신네들! 부끄러운 줄을 아시오, 당신네 현 명한 사람들이여!*

여기서 베르테르가 말하는 '정신이 말짱한 당신네들'이라고 지칭한 사람들은 칸트와 같은 계몽주의자들임은 말할 것도 없 다.

괴테가 태어난 시각은, 베르테르가 자기 머리를 권총으로 쏜 뒤 열두 시간 동안 고통을 겪다 마침내 숨을 거둔 때와 같은 정오였다. '1749년 8월 28일 정오에 열두 시를 알리는 종소리를 들으며 나는 마인 강(江) 가의 프랑크푸르트에서 이 세상에 태 어났다.'는 문장으로 괴테의 자서전 《시와 진실》의 1부 1장은 시작된다.

당시 프랑크푸르트는 황제 직속의 자유도시였다. 이 도시에 서 괴테의 외할아버지는 시장이었고, 괴테는 어릴 때부터 부유 한 시민계급이 누릴 수 있는 모든 호사와 고급 교육을 받았다. 괴테는 귀족이나 다름없었다. 하지만 귀족사회에는 발을 들여 놓을 수 없었다. 괴테는 이런 상황을 베르테르의 입을 빌어서,

---

• 소설 원문을 편의상 대화 형식으로 바꾸고 내용을 재편집했다.

'도저히 보상받을 수 없을 정도로 불쾌한 일'로 소개한다.

> "근엄한 S부인이 남편과 더불어 들어왔네. 그들은 거위 같은 딸을 데
> 리고 왔었는데, 그녀는 납작한 가슴에 근사한 코르셋으로 허리를 꽉
> 죄어 붙인 아가씨일세. 이 세 사람은 걸어 들어가면서, 조상 대대로 내
> 려오는 거만한 귀족적인 눈매와 콧구멍을 보여 주었네. 이런 족속들을
> 보면 그야말로 속이 메스꺼워지는 터라 (…) 그 사이에 여자들이 홀 한
> 구석에서 수군거리고, 그 수군거림이 남자들에게로 전파되었으며 (…)
> 마침내 백작이 나에게로 걸어왔네. (…) '자네도 알고 있겠지만'하고 말
> 문을 열더니 이러더군. '신분 문제와 관련해서 우리가 지키는 관례는
> 아주 미묘하거든. 자네가 이 자리에 있는 게 다들 아무래도 못마땅한
> 모양일세.'"

게다가 또 괴테가 살던 당시 독일은 공화정이 아닌 군주정
이었다. 그래서 귀족이나 왕실에 속한 사람이 아니면 참정권이
없었다. 독일은 당시 서유럽에서도 후진국이어서 정치적으로나
경제적으로 그리고 문화적으로는 다른 나라들에 비해 뒤처져
있었다. 이런 이중 삼중의 모순이 중첩된 사회에서는 봉건제의
케케묵은 압박은 자유로운 개인의 영혼을 더욱 강하게 압박했
다.

봉건적인 관념과 계몽주의적인 교양이 지배하는 사회에서
다른 남자의 약혼녀인 로테를 사랑하게 된 베르테르. 그는 그
모든 것들을 굴레라고 여기며 거기에서 빠져나오려 했다. 계몽
주의자의 가르침을 따르자면, 사랑이라는 격정에 사로잡히지
말아야 했지만, 베르테르는 그 가르침을 따르지 않았다. 일체의
규범이나 규율에 얽매이지 않고 자기 감정에 충실하고자 했다.
자기 가슴속의 순수한 사랑을 지키기 위해 자살을 선택했다.

그게 인간성을 회복하는 길이라고 믿었던 것이다.

"로마나 평원의 괴테"(1787, 티슈타인).

그랬기에 괴테는, 《젊은 베르테르의 슬픔》 발표 직후부터 집필을 시작해 사망하기 직전까지 다듬었던 일생의 역작 《파우스트》 머리 부분에서 메피스토펠레스의 입을 통해서 이렇게 당당하게 선언한다.

"모든 이론은 회색이고, 영원한 것은 저 푸르른 생명의 나무이다."

이론은 헛소리이니 생명의 맥박 속에서 존재의 의미를 찾자는 말이다.

《젊은 베르테르의 슬픔》으로 대표되는 독일의 '슈투름 운트 드랑', 즉 무섭게 몰아치는 바람과 성난 파도란 뜻의 '질풍노도(疾風怒濤)'는 관습적인 제약과 이성적인 판단을 넘어서서 인간의 마음에 깃든 감정과 열정을 표현해야 하며, 그 속에서 인생의 실재를 추구해야 한다고 주장했다. 감정의 해방을 부르짖은 이 청년 운동은 사회적인 기반이 뒷받침되지 않아 전반적인 사회 운동으로는 확대되지 못하고 문학 분야에만 한정되었다가 빠르게 소멸의 길을 걸었다.

전략으로서의 낭만주의

조선에도 당연히 낭만주의가 있었다. 특히 자연과의 조화라는 측면의 낭만주의라면 조선의 성리학 자체가 낭만주의였다고 할 수 있다. 성리학에서는 자연의 이치를 따지고 그 속에서 하나가 되는 것이 도리를 따르는 것이라고 보았기 때문이다.

그렇다면 근대적인 의미의 낭만주의는? 자아를 인식한 근대적인 개인이 이성에 기반을 둔 계몽주의적 방법에 회의를 느끼고 그 대신 '일체의 규범이나 규율에 얽매이지 않고 자기 감정에 충실하고자 하는' 운동, 즉 사회의 전반을 아우르는 조직적인 움직임, 사조(思潮)로서의 낭만주의가 있었을까?

있었다.

그런데 조선의 낭만주의는 독일의 슈투름 운트 드랑(질풍노도)과 다르게 사회적인 기반을 갖추고 있었고, 그랬기에 이 운동의 당사자들은 전략적으로 접근했다. 한편으로는 계몽주의적으로 접근하면서, 동시에 또 다른 한편으로는 구체제의 '약한 고리'를 허물기 위해 낭만주의적으로 접근했다는 뜻이다. 예를 들어 이전 세대의 이익이나 홍대용과 같은 이들이 이성에 기반을 둔 이론으로써 접근한 데 비해서, 박지원은 이런 내용을 보다 효과적으로 전파하기 위해서, 다시 말하면 구체제의 약한 부분을 보다 효과적으로 공략함으로써 전체 사회의 변화를 이끌어내기 위해서, 일종의 '문화 투쟁'을 벌였다. 이 문화 투쟁 집단의 핵심에 연암 박지원이 있었다.

* * *

박지원은 서울의 야동(冶洞, 지금의 서울시 서대문구 아현동쯤)에서 태어났고, 할아버지는 경기도 관찰사를 지냈으며 집안은 노론 계열로 선조 때부터 명문가였다. 열다섯 살에 결혼을 했으며, 청년 시절에는 우울증을 앓았다. 스무 살 무렵에, 시정에 떠도는 이야기들을 모아서 천한 신분의 사람들을 주인공으로 내세운 《마장전》과 《예덕선생전》을 써서 소설집인 《방경각외전》을 냈다. 스물네 살에 홍대용을 만났고, 성균관 시험을 치러 들어가서는 고목이나 노송 따위만 그려 과거에 뜻이 없음을 시위했다. 1768년에 백탑(탑골공원의 원각사지10층석탑) 근처로 이사해 이덕무, 이서구, 서상수, 유금, 유득공 등과 어울리며 박제가와 이서구를 제자로 받았다. 1780년에 북경에 다녀오고, 곧바로 《열하일기》를 쓰기 시작했다. 1792년 정조로부터 잘못된 문체를 퍼뜨린 원흉으로 지목을 받는다.

* * *

조선 시대에 문학은 학문보다 아래였다. 문학은 오로지 학문을 위해서만 존재하는 부차적인 장르일 뿐이었다. 그렇기 때문에 문자로써 개인의 독특한 감성을 극단까지 파고드는 행위, 즉 개인적인 감성의 문학이 아름답고 소중하다는 것을 실천하는 것도 성리학적 관점에서는 마뜩찮은 일이었다. 하지만 이 드문 영역을 개척한 사람들이 있었고, 박지원이 그 가운데 한 명으로 꼽힌다. 예를 들면 큰누나가 죽었을 때 쓴 묘지명도 그렇다.

1771년(영조 47년) 9월 초 두뭇개. 중랑천과 한강이 합쳐지는 곳이라 해서 두뭇개라 불리던 포구에 새벽이 밝아온다. 죽은 누나의 눈썹 같은 새벽달 아래, 연암 박지원은 작은 배에 실려 어둠 속으로 멀어져가는 큰누나의 상여를 통곡하며 배웅한다. 그리고 집에 돌아와 다음과 같은 묘지명을 쓴다.

유인(孺人)의 휘(諱) 모(某)는 반남 박씨인데, 동생 지원 중미가 다음과 같이 묘지명을 쓴다.
유인은 열여섯 살에 덕수 이씨 택모 백규에게 시집을 가 딸 하나와 아들 둘을 두었으며 신묘년 9월 초하룻날에 돌아갔다. 나이 마흔셋이었다. 남편의 선산이 아곡(鴉谷)에 있어 장차 그곳 경좌(庚坐) 방향의

묏자리에 장사 지낼 참이었다.

　백규는 어진 아내를 잃은 데다가 가난하여 살아갈 도리가 없자 어린 자식들과 계집종 하나를 이끌고 솥과 그릇, 상자 따위를 챙겨서 배를 타고 산골짝으로 들어가려고 상여와 함께 출발하였다.

　나는 새벽에 두뭇개의 배에서 그를 떠나보내고, 통곡한 뒤 돌아왔다.

　아아! 누님이 시집가던 날 새벽에 얼굴을 단장하시던 게 마치 엊그제 같다. 나는 그때 막 여덟 살이었는데, 발랑 드러누워 발버둥을 치다가 신랑의 말투를 흉내 내어 더듬거리며 점잖은 어투로 말을 하니, 누님은 그 말에 부끄러워하다 그만 빗을 내 이마에 떨어뜨렸다. 나는 골이 나 울면서 분에다 먹을 섞고 침을 뱉어 거울을 더럽혔다. 그러자 누님은 옥으로 만든 자그만 오리 모양의 노리개와 금으로 만든 벌 모양의 노리개를 꺼내 나를 주면서 울음을 그치라고 하였다.

　지금으로부터 스물여덟 해 전의 일이다.

　강가에 말을 세우고 멀리 바라보니 붉은 명정이 펄럭이고 배 그림자가 아득히 흘러가는데, 강굽이에 이르자 그만 나무에 가려 다시는 보이지 않았다. 그때 문득 강 너머 멀리 보이는 산은 검푸른 빛이 마치 누님이 시집가던 날 쪽진 머리 같고, 강물 빛은 그때의 거울 같았으며, 새벽달은 누님의 눈썹 같았다. 울면서 그 옛날 누님이 빗을 떨어뜨렸던 일을 생각하니, 유독 어렸을 적 일이 생생히 떠오른다. 그때에는 또한 기쁨과 즐거움이 많았으며 세월도 느릿느릿 흘렀었다. 그 뒤 나이 들어 이별과 근심, 가난이 늘 떠나지 않아 꿈결처럼 훌쩍 시간이 지나갔거늘 형제로 함께 지낸 날들은 또 어찌 그리 짧았던지!

떠나는 이 정녕히 다시 오마 해도

보내는 이 눈물로 여전히 옷깃을 적시거늘

이 조각배 이제 가면 언제나 돌아올까

보내는 이 쓸쓸히 강가에서 돌아가네.*

어슴푸레한 새벽의 어둠이 가시는 짧은 시간에 28년이라는 긴 시간을 넘나들고 두뭇개에서 어린 시절의 집과 산골짝을 넘나들면서, 시각과 청각 그리고 촉각을 동원한 명징한 언어로 누이의 죽음이 가져다준 슬픔을 개인적인 슬픔을 넘어 사회적인 고통을 읽을 수 있는 지점까지 끌어올린 절창이다. 이미 양반의 몰락은 개인적인 차원의 불행이 아니었다. 사회 전체가 커다랗고 시커먼 구덩이 속으로 빨려들어 가고 있음을 감각적으로 느끼게 해준다.

두뭇개는 지금의 한강 동호대교 북단인 서울 성동구 옥수동 옥정초등학교 부근에 있었다. 상여를 싣고 두뭇개를 떠나

정선의 "압구정" 그림 중앙에 있는 압구정의 오른편 강 너머가 두뭇개이다. 남산에는 커다란 소나무가 서 있다.

한강을 거슬러 오르던 배의 상여는 지금의 경기도 양평군에 통합된 지평현에 있던 아곡으로 향했고, 서른네 살의 박지원은 멀어져가는 배를 바라보며 흐르는 눈물을 주체하지 못했다. 이 눈물을 《젊은 베르테르의 슬픔》의 알베르트는 '의지가 박약한 행위'라고 말하지만, 베르테르는 '인간의 본성이 서로 뒤얽혀 반발하는 온갖 힘의 미궁 속에서 빠져나올 출구를 찾지 못할 때 어쩔 수 없이 택하는 길'이라고 옹호한다. 아직 이성으로써는 도저히 씨도 먹히지 않는 현실, 그것이 개혁을 꿈꾸던 박지원의 당대 현실이었다. 그렇기 때문에 조선에서 낭만주의는 계몽주의의 적이 아니라 전략적인 대안이 될 수 있었다.

미 처 서 살 고 정 신 들 어 죽 다 ㅡ

• 《연암집》의 "큰누님 박씨 묘지명" 전문. 박희병의 《연암을 읽는다》에서 재인용.

문체반정(文體反正)

정조는 규장각에 소속되어 재교육 과정을 밟던 문신을 대상으로 직접 문제를 내서 시험을 치르게 하곤 했다. 책문(策問)이라고, 요즘의 논술시험과 비슷했다. 이 책문에 정조는 문체를 주제로 내기도 했다.

> 왕은 말하노라. 문장은 한 시대의 체제가 있어서 세상의 도와 함께 부침한다. 문장을 읽어 보면 그 세상을 논할 수 있다. (…) 근래에는 문풍이 점점 변하여 이른바 붓을 잡은 선비는 시서 육예의 문장에 바탕을 두지 않고 머리를 싸매고 마음 쓰는 것이 도리어 패가(稗家) 소품(小品, 짧은 글)의 책에 있고, 발분하여 시문이나 변려체(騈儷體)를 지으면 붓이 종이 위에 닿기도 전에 기운이 이미 빠져 버린다. 비유하자면 마치 혼수상태인 사람이 때때로 헛소리를 하는 것 같은데, 스스로는 극히 공교롭고 기묘함을 통하였다고 여긴다. (…) 내 이를 민망히 여겨 매번 연신(筵臣)을 대하면 문체를 변경하여야 한다고 반복하여 거듭 당부한 것이 간절할 뿐만 아니라, 내 말 듣기를 아득히 하여 효력이 막연하다. 만약 지저귀는 누추한 문장을 씻어 버리고 모두 순정한 지역으로 돌아가 경술을 내포하고 문장을 밝혀 한 시대의 문체를 이루어서 팔방의 보고 듣는 것을 새롭게 하려면, 그 도리를 어떻게 하여야 하겠느냐?•

"규장각도", 김홍도.

정조는 패관과 소품 때문에 경전에 반대하며 윤리를 무시하는 풍조가 만연했다며 이런 상황을 심각하게 받아들였던 것이다.

• 정조의 《홍재전서》 책문 항의 "문체(文體)"에서.

예를 들어서 이덕무가 '문인이나 시인이 좋은 계절 아름다운 경치를 만나면 시 쓰는 어깨에선 산이 솟구치고, 읊조리는 눈동자엔 물결이 일어난다. 어금니와 뺨 사이에서 향기가 일고, 입과 입술에선 꽃이 피어난다. 그러나 조금이라도 분별하여 따지는 마음을 숨김이 있으면 크게 흠결이 된다.'라고 썼다. 입과 입술에서 꽃이 피다니, 어금니와 뺨 사이에 향기가 일다니! 이런 발상 자체에 문제가 있다고 보았던 것이다. 하지만 벼룩에 대해서 쓴 이옥의 시 "벼룩을 읊은 부(賦)"에 비하면 아무것도 아니었다.

경금자[이옥]의 회는 해가 들어가 쉬는데

어둠을 향해 편안히 거할 즈음

종이 바라지창으로 달빛이 환하고

베 이불에 시원하게 바람이 드는데

이미 번승[파리]의 앵앵 소리 들리지 않고

다만 장주(莊周)의 나비처럼 유연(悠然) 자득한 듯

정신을 화평하게 하고 온몸을 풀어놓아

화서[전설] 속의 이상국에 오락가락하게 되었다.

갑자기 한 물건이

부들방석의 틈새로 나와

대자리와 이불 위에서 요란하게 움직인다

조용히 하고 들어보니

그 소리는 기장 알갱이가 요란하게 떨어지는 것 같다.

조금 있다가 내 모발 끝에 붙어 오르더니

팔다리와 몸 사이에서 용맹을 부리다가

왼쪽 어깨 위에 멈추고선 웅크린다.

마치 은바늘로 터진 솔기를 꿰매는 듯

재빨리 살갗을 파고드는데

장미꽃에 잘못 부딪혀

붉은 가시에 살갗이 찔린 듯

피와 신경이 놀라고 자지러져

사람으로 하여금 배겨내지 못하게 한다.

이에 손을 쳐들어 내리치고

문질러서 겨드랑이에 이르러서는

비비고 문대다가

마침내 엄지손가락으로 붙잡았다.

그놈은 손톱 밑에서 꿈틀거리는데

살려는 생각이 아직 남아 있었다.

(…)*

정조는 체제 수호 차원에서 칼을 빼들었다. 이런 사정 작업의 일환으로 성균관에서 공부를 하던 이옥은 '타락한 문체'를 쓰는 인물로 지목되어 반성문을 하루에 수십 편씩 써야 했다. 이후에도 이옥은 문체가 여전히 이상하다는 지적을 받고 과거시험에 합격이 되고도 자격을 박탈당한다. 나중에는 두 차례나 강제 군역을 당하고, 결국 과거시험 응시를 포기하고 낙향하고 만다. 위의 시도 이때에 쓴 것이다.

참고로, 《홍재전서》에 실려 있는, 모기를 제재로 한 정조의 시는 '타락'하지 않았다.

• 이옥의 《선비가 가을을 슬퍼하는 이유》(실시학사 고전문학연구회 번역)에서 재인용.

형체는 드러내지 않고 소리만 남기어라

어둠 타고 부리 놀려 주렴 속 깊이 뚫고 오누나

세간의 하많은 악착같이 이익 좇는 무리들

권문세가 붙좇는 건 또한 무슨 마음이런고*

《열하일기》를 벌하라!

독일에서 괴테가 《젊은 베르테르의 슬픔》을 출간해 베르테르를 권총으로 자살하게 만들기 2년 전인 1792년, 정조는 조선의 이런 타락한 문체의 원흉으로 박지원을 지목했다.

"요즈음 문풍(文風)이 이와 같이 된 것은 그 근본을 따져 보면 모두 박 아무개의 죄이다. 《열하일기(熱河日記)》는 내 이미 익히 보았으니 어찌 감히 속이고 숨길 수 있겠느냐? 이자는 바로 법망에서 빠져나간 거물이다. 《열하일기》가 세상에 유행한 뒤에 문체가 이와 같이 되었으니 당연히 결자해지하게 해야 한다."

그러면서 남공철에게, 박지원에게 편지를 써서 이 말을 전하라고 한다. 남공철 역시 문체가 타락했다고 정조에게 한 차례 호되게 꾸지람을 받은 인물이었다.

"신속히 순수하고 바른 글 한 편을 지어 급히 올려 보냄으로써 《열하일기》의 죗값을 치르도록 하라. 그러면 비록 남행(南行) 문임(文任)이라도 주기를 어찌 아까워하겠는가? 그렇지 않으면 마땅히 중죄가 내릴 것이다."

정조의 이런 반성문 제출 요구에 박지원은 다음과 같은 내용으로 남공철에게 편지를 보낸다.

• 《홍재전서》의 《춘저록(春邸錄)》에 실린 "모기를 미워하다" 전문.

…차츰차츰 패관소품(稗官小品)으로 빠져든 것은 저도 모르게 그렇게 된 것이요, 이리저리 굴러다니다가 위항(委巷)에서 흠모를 받게 된 것도 그러길 바라지 않았는데 그렇게 되고 만 것이었습니다. (…) 이는 진실로 임금의 교화를 해치는 재앙스러운 백성이요 문단의 폐물이라, 현명한 군주가 통치하는 시대에 형벌을 면함만도 다행이라 하겠지요. (…) 허물을 용서하고 죄를 용서하시니 임금의 덕화(德化)에 함께 포용되었음을 확실히 알았으며, 마음을 고치고 생각을 바꾸어, 군주의 인재 발탁과 기용에 자포자기하지 않게 되었으니, 이는 나나 그대나 죽도록 같이 힘쓸 바요. •

박지원의 초상화. 장대한 기골과 부리부리한 눈매가 인상적이다. 손자 박주수가 그렸다.

일부러 그러려고 한 게 아니라 어떻게 하다 보니까 그렇게 되었다고 한다. (물론 거짓말이다.) 그러면서 지난날의 허물을 만회하려고 서두르다가 또다시 죄를 지을지 모르니 차라리 반성문 제출은 하지 않겠다고 말한다. 남공철에게 받은 이 편지를 본 정조는 흡족하게 여겼다. 하지만 그렇다고 해서 박지원이 진정으로 반성한 것은 결코 아니었다. 교묘하게 빠져나갔을 뿐이다. 이런 교묘함은 《열하일기》가 가지고 있는 특징이기도 하다. 또한 그 교묘함 때문에 정조는 《열하일기》를 패관소품의 원흉으로 지목했던 것이다. 《열하일기》에 무엇이 있기 때문일까?

박지원이 《열하일기》를 쓸 때 홍대용은 얼룩소 2마리, 공책 20권, 돈 200민(緡, 꿰미) 등을 보내서 집필 작업을 격려했고, 박제가와 이덕무 등에게 큰 소리로 초고의 문장을 읽어주기도 했다. 이 풍경은 남공철이 쓴 산여 박남수의 묘지명 속에 남아

• 《연암집》의 "남공철에게 답함"에서.

있다.

내 일찍이 연암과 함께 산여(山如)의 벽오동관에 모였을 적에, 이덕무와 박제가가 모두 자리에 있었다. 마침 달빛이 밝았다. 연암이 긴 목소리로 자기가 지은 《열하일기》를 읽는다. 무관(이덕무)과 차수(박제가)는 둘러앉아서 들을 뿐이었으나, 산여는 연암에게 "선생의 문장이 비록 잘 되었지마는, 패관기서(稗官奇書)를 좋아 하셨으니 이제부터 고문이 진흥되지 않을까 두렵습니다." 한다. 연암이 취한 어조로 "네가 무엇을 안단 말이냐." 하고는, 다시금 계속 했다.

원문이 26권 10책의 방대한 분량인 《열하일기》는 박지원이 정조 2년인 1780년에 청나라 건륭황제의 만수절을 축하하는 사신 일행과 함께 중국을 다녀온 뒤에 여행 중에 보고 겪은 일을 기록했던 내용을 모으고 또 새로 써서 엮은 일종의 기행문집이다. 정조가 이 책을 문제 삼은 건 이 책이 담고 있는 내용만이 아니었다. 조선의 주류 기득권층에 대한 신랄한 비판과 풍자도 문제려니와, 기본적으로 정통적인 고문의 틀을 벗어던진 문체가 문제였다. 예를 들어, 다음은 《열하일기》의 "도강록(渡江錄)" 가운데 일부이다.

…정진사, 주주부, 변군, 내원, 조주부 학동 등이 더불어 투전판을 열었는데, 소일도 할 겸 술값을 벌자는 심산이다. 그들은 나더러 투전에 솜씨가 서툴다고 한몫 끼어주지 않고, 그저 가만히 앉아서 술만 마시라고 한다. 속담에 이른바 굿이나 보고 떡이나 먹으라는 셈이니, 슬며시 분하긴 하나 역시 어찌할 수 없는 일이다. 혼자 옆에 앉아서 지고 이기는 구경이나 하고 술은 남보다 먼저 먹게 되었으니, 미상불 해롭잖은 일이다. 벽을 사이에 두고 가끔 여인의 말소리가 들려온다. 하도 가

날픈 목청과 아리따운 하소연이어서 마치 제비와 꾀꼬리가 우짖는 소리인 듯싶다. 나는 마음속으로, '아마 주인집 아가씨겠지. 반드시 절세의 가인이리라' 하고, 일부러 담뱃불 댕기기를 핑계하여 부엌에 들어가 보니, 나이 쉰도 넘어 보이는 부인이 문 쪽에 평상을 의지하고 앉았는데, 그 생김생김이 매우 사납고 누추하다. 나를 보고, '아저씨, 평안하세요' 한다. 나는, '주인께서도 많은 복을 받으셔요' 하며 답하고는 짐짓 재를 파헤치는 체하면서 그 부인을 곁눈질해 보았다. 머리쪽지에는 온통 꽃을 꽂고, 금비녀 옥귀고리에 분연지를 살짝 바르고, 몸에는 검은 빛 긴 통바지에 촘촘히 은단추를 끼었고, 발엔 풀과 꽃과 벌과 나비를 수 놓은 한 쌍의 신을 꿰었다.*

국가를 대표하는 사신단의 일원으로 북경으로 가는 선비가 투전판에 끼려다가 솜씨가 좋지 못하다고 끼지 못하고 곁에서 술을 마시며 구경이나 한다. 그것도 모자라서 부엌에서 여자의 목소리가 들리자 마음속으로 절세가인이라 상상하면서 목소리의 주인공을 찾아서 엉뚱한 핑계를 대며 부엌으로 간다. 그런데 여자는 쉰도 넘은 할머니다. 게다가 생김새가 사납고 천하다. 여자와 쓸데없는 인사말을 주고받은 뒤, 여자를 관찰하느라 곁눈질을 한다. 이런 식이다. 사물을 이런 식으로 바라보는 태도, 이런 식으로 쓰는 문장이 문제였다. 이런 식으로 고문의 권위, 나아가 지배이념의 질서를 무너뜨리려는 시도가 정조가 보기에는 대단히 불온했던 것이다. 하지만 정조 및 주류 성리학자들과 다르게 세상을 보던 지식인들에게 이런 태도와 문체는 세상이 개벽하는 듯한 충격이었다. 양반이 상민들과 스스럼없이 어울린다. 이덕무의 말대로 '화엄의 누대가 별안간 눈앞에

* 고미숙 번역.

출현한 것과 같으니 천하의 기서(奇書)가 되기에 충분했다.

정조는 문장을 공부하는 사람들은 사학을 두려워하는 것처럼 소품을 두려워해야만 오랑캐나 금수(禽獸)가 되는 것을 면할 수 있을 것이라고 틈이 날 때마다 경고하며 '타락한 문체'를 바로잡으려고 시도했지만 뜻을 이루지 못했다. 박지원이 물꼬를 튼 이후로 도도하게 흐르기 시작한 문체 변화의 흐름을 아무리 국왕이라 하더라도 어찌할 수 없었던 것이다. 그래서 비록 문체반정의 싸움을 계속 이어나가긴 하면서도 결국 그 싸움이 이기지 못할 싸움임을 인정할 수밖에 없었다. 박지원이 남공철에게 보낸 편지에서 '잘못했다.'고 짐짓 화들짝 놀라며 뉘우치던 1793년에서 6년이 지난 1797년의 《조선왕조실록》은 정조의 말을 다음과 같이 기록한다.

> 근래에 인심이 착하지 못하고 선비의 취향이 단정하지 못한 나머지 성인이 아닌 자의 글을 보기 때문에 바르지 못한 일을 행하게 되고, 그 결과 폐단이 마침내는 젊은 사람이 어른을 능멸하고 천한 사람이 귀한 사람을 능멸하기에 이르렀다. 그리하여 점차 군부(君父)를 대수롭지 않게까지 보게 되어 스스로 가르침을 따르지 않는 죄에 빠지기에 이르러 이번 일이 있게 된 것이다.[*]

칼을 품은 유쾌한 시정잡설

박지원은 청년기에 불면증과 우울증에 시달렸다. 이런 증상이 한창 심하던 이십대 초반에 '이미 시정잡배 하인놈'을 주인공으로 내세운 소설인 《마장전》과 《예덕선생전》을 썼다. 《예덕

• 《정조실록》 정조 21년(1797년) 11월 12일.

선생전》에서는 선귤자(蟬橘子)라는 유명한 학자가 동네에서 똥을 퍼내며 사는 사람과 친하게 지내자 제자가 그렇게 비천한 사람과 가까이 지내는 이유를 스승에게 따진다.

"선생님께서는 똥을 푸는 비천한 막일꾼의 덕(德)을 칭송하여 선생이라 부르는 동시에 장차 그와 교문을 맺고 벗하기를 청할 것같이 하시니, 제자로서 심히 부끄럽습니다. 그러하오니 문하에서 떠나기를 원하옵니다."

그러자 선귤자는 이렇게 대답한다.

"엄행수는 지저분한 똥을 날라다 주고 먹고살고 있으니 지극히 불결하다 할 수 있겠지만 그가 먹고사는 방법은 지극히 향기로우며, 그가 처한 곳은 지극히 지저분하지만 의리를 지키는 점에 있어서는 지극히 높다 할 것이니, 엄행수를 감히 벗하겠다는 게 아니라, 스승으로 모신다고 한 것이며 예덕선생이라 부르는 것일세."

박지원의 《양반전》을 각색한 1966년 영화 《양반전》의 포스터.

또 스물일곱 살 때는, 가난한 양반이 세금을 내기 위해 어쩔 수 없이 양반 신분을 부자인 상것에게 파는 내용이 줄거리인 《양반전》을 썼는데, 여기에서는 양반의 도리를 이렇게 규정한다.

"손에 돈을 쥐지 말고 쌀값도 묻지 말고, 날 더워도 발 안 벗고 맨상투로 밥상 받지 말고, 밥보다 먼저 국 먹지 말고, 소리 내어 마시지 말고, 젓가락으로 방아 찧지 말고, 생파를 먹지 말고, 술 마시고 수염 빨지 말고, 담배 필 젠 볼이 움푹 패도록 빨지 말고, 분 나도 아내 치지 말고, 성 나도 그릇 차지 말고, 애들에게 주먹질 말고, 뒈져라고 종을 나무라지 말고, 마소를 꾸짖을 때 판 주인까지 싸잡아 욕하지 말고, 병에 무당 부르지 말고, 제사에 중 불러 재(齋)를 올리지 말고, 화로에 불 쬐지 말고, 말할 때 입에서 침을 튀기지 말고, 소 잡지 말고 도박하지 말 것."

돈을 주고 양반을 사려던 부자가 그래서 이익이 될 게 뭐가 있느냐고 하자, 양반 매매 증서를 다시 이렇게 수정한다.

"하느님이 백성 내니, 그 백성은 넷이로세. 네 백성 가운데는 선비 가장 귀한지라, 양반으로 불려지면 이익이 막대하다. 농사, 장사 아니하고, 문사(文史) 대강 섭렵하면, 크게 되면 문과(文科) 급제, 작게 되면 진사(進士)로세. 문과 급제 홍패(紅牌)라면 두 자 길이 못 넘는데, 온갖 물건 구비되니, 이게 바로 돈 전대(纏帶)요, 서른에야 진사 되어 첫 벼슬에 발 디뎌도, 이름난 음관(蔭官)되어 웅남행(雄南行)으로 잘 섬겨진다. 일산 바람에 귀가 희고 설렁줄에 배 처지며, 방 안에 떨어진 귀걸이는 어여쁜 기생의 것이요, 뜨락에 흩어져 있는 곡식은 학(鶴)을 위한 것이라. 궁한 선비 시골 살면 나름대로 횡포 부려, 이웃 소로 먼저 갈고, 일꾼 뺏어 김을 매도 누가 나를 거역하리. 네 놈 코에 잿물 붓고, 상투 잡아 도리질하고 귀얄수염 다 뽑아도, 감히 원망 없느니라."

그러자 그 내용을 들은 부자는 자기더러 도적놈이 되란 말이냐며, 자기 앞에서 양반 얘기일랑 다시는 꺼내지도 말라며 머리를 절레절레 흔들며 가버린다.•

허생은 《예덕선생전》에서 《양반전》으로 이어지는 일련의 시정잡배 이야기를 썼던 이십대에 이미, 칼을 품은 유쾌한 시정잡설로 자기 삶의 방향, 문학의 방향을 정했을 것이다. 그리고 이 시정잡설은 《열하일기》에 등장하는 온갖 시정잡배의 이야기 및 선비 혹은 양반이란 사람들의 이율배반적인 행동, 청나

• 이상 《연암집》의 "방경각외전"에서.

라를 오랑캐라고 멸시하면서도 청나라 황제의 생일을 축하하러 가야만 하는 정체성의 혼란, 달라이 라마는 유교의 가르침으로 보자면 천하기 짝이 없는 사람이지만 청나라 황제의 스승인지라, 그가 준 선물을 받긴 받았는데 이것을 조선으로 가지고 가야할지 버려야 할지 골칫거리인 예법의 모순 등으로 이어졌다.

신윤복의 "기방무사(妓房無事)". 기생의 몸종과 사랑을 나누던 선비가 갑자기 기생이 들어오자 놀라 이불로 몸을 덮고 아무 일도 없는 척한다. 박지원이 말한 '귤과 작약 꽃으로 희롱하는 사랑'이다.

박지원은 산문집으로 엮은 《영대정집(映帶亭集)》의 서문에 자기가 쓰는 문장의 길을 분명하게 밝히고 있다. 중국 초나라 송옥의 "고당부(高唐賦)"나 중국 위나라 조식의 "낙신부(洛神賦)"와 같은 문학작품에 등장하는 여인 같은 절세미인을 만나 눈짓으로 나누는 사랑도 아니고, 귤을 던져 남자를 희롱하고 작약 꽃을 주면서 남자와 장난을 치는 여인과 나누는 토할 것 같은 사랑도 아니고, 산골 마을의 처녀 총각이 나누는 사랑처럼 슬픔이나 즐거움이 극으로 치닫지 않는 사랑이야말로 자기 문장과 비슷하다고 했다. 박지원의 문학은 이처럼 고풍에서 탈피하지만 속됨에 빠지지 않고 현실의 소박한 진실을 추구하며 민중을 지향하고 있었다.

어쩌면 이십대 무렵에 이미 박지원은, 서른네 살 때 큰누님이 죽어 두뭇개에서 가난한 매형이 이끄는 상여 행렬을 떠나보내는 장면을 예감했을지도 모를 일이다. 그렇게 양반의 조선은 박지원의 눈에 이미 너무도 확연하게 무너지고 있었다.

북학파의 좌장으로 산다는 것

박제가의 《북학의》에 박지원이 쓴 서문을 보면, 조선 사람들은 중국(청나라) 사람들에 비해서 나은 점이 하나도 없음에도 불구하고, 한 줌의 상투머리로 스스로 '소중화'라며 명나라가 없는 세상에서는 자기들끼리 가장 똑똑한 척하며 지금의 중국은 옛날의 중국이 아니라고 말했다. 또 중국의 산천을 더럽고 노린내가 난다며 탓하고, 그 백성들을 개나 양 같다고 욕했다. 이런 사람들 일색인 세상에서 청나라의 선진 문물을 배우자는 '북학'의 화두를 들고 나와 그 사람들을 일깨우려고 애를 썼던 비주류 소수파의 삶이 무척이나 고달팠을 것임은 따로 증거를 찾아볼 필요도 없을 것이다. 그러나 고달팠던 만큼, 자기들끼리는 형제보다 진한 우정과 동지애 그리고 선각자 선비의 사명감으로 똘똘 뭉쳤다.

《백탑청연집(白塔淸緣集)》이라는 책이 있다. 박지원, 박제가, 이덕무, 유득공 등이 주고받은 시를 엮은 책인데, '백탑청연'은 '백탑에서 맺어진 맑은 인연'이라는 뜻이다. 백탑은 당시 박지원이 살던 곳에서 멀지 않은 데 있던 원각사지10층석탑으로, 곧 박지원을 중심으로 해서 한데 어울렸던 북학파 집단을 가리키는 말이다. 이 책의 서문에서 박제가는 자기가 박지원을 처음 만나던 때의 모습을 다음과 같이 기록했다.

도성 안의 중앙에 탑이 있어 멀리서 보면 삐죽이 솟은 게 마치 겨울 대나무에 순이 돋은 모양인데, 원각사 터의 탑이다. 내 나이 열여덟 혹은 열아홉 나던 때[1768~1769년], 미중(美仲, 박지원의 또 다른 호) 박지원 선생이 문장에 뛰어나 당세에 이름이 높다는 소문을 듣고 탑 북쪽에 있는 선생 댁을 찾아갔다. 내가 찾아왔다는 전갈을 들은 선생은 옷도 채 다 차려입지 않은 채 반갑게 뛰어나와서는 마치 오랜 친구라도 본 듯이 손을 잡아주셨다. 그리고는 당신이 지은 글을 전부 꺼내어 읽어보게 하셨다. 이윽고 몸소 쌀을 씻어 차 솥에다 밥을 안치시더니 흰 주발에 퍼서 옥소반에 받쳐 내오고 술잔을 들어 나를 위해 축수(祝壽)하셨다. 뜻밖에 과분한 대접을 받아 놀랍기도 하고 기쁘기도 한 나는, 이는 천고(千古)의 아름다운 만남이라 생각하고 글을 지어 환대에 보답하였다.●

박지원은 박제가의 인물이나 학문에 대해서 미리 얘기를 듣고 글을 읽어 알고 있었고, 이로써 두 사람은 스승과 제자의 관계를 맺는다. 처음 보는 열세 살 아래의 박제가를 맞으면서도, 오랜 친구를 보듯 손을 잡아 반기며 직접 쌀을 씻어 밥을 해서 술을 따라주는 박지원의 모습을 상상하면, 박지원이 뜻을 함께 하는 친구나 제자를 얼마나 소중하게 여겼는지 짐작할 수 있다.

박지원을 중심으로 세상을 바라보는 눈이 다르지 않은 친구와 제자들 즉 서상수, 이덕무, 유득공, 이서구 등은 우연하게도 백탑 부근에 모여서 살았고, 이들은 문학과 학문을 토론하고 세상이 나아가야 할 방향을 의논했다. 그리고 현실에서 뜻을 펼치지 못하는 울분을 술과 노래와 장난으로 달랬다.

박지원이 서른여섯 살이던 1773년 초가을의 어느 날 밤에도 그런 일이 있었고, 박지원은 이 일을 "술에 취해 운종교를 밟았던 일을 적은 글"이라는 제목으로 기록해서 《연암집》에 실었다.

박제가의 배다른 적형(嫡兄) 박성언이 한 무리를 이끌고 박지

● 박제가의 《정유각집》의 "백탑청연집" 서문에서.

원의 집을 찾았다. 그 가운데는 이덕무도 포함되어 있었다. 술을 마시러 나가자고 온 것이다. 그런데 공교롭게도 다른 손님이 있었고, 이들이 눈치를 줘도 손님은 나가지 않는다. 그러자 일행은 우르르 밖으로 나가서 기다린다. 그래도 손님이 가지 않자 사람을 보내서 노골적으로 눈치를 주자, 손님은 무안해하며 나간다. 박지원은 눈치 없이 굴어 미안하다고 사과하고, 박성언이 돈을 내어서 술을 사서 마신다.

조금 취하자, 운종가(雲從街)로 나가 종각(鐘閣) 아래서 달빛을 밟으며 거닐었다. 이때 종루(鐘樓)의 밤 종소리는 이미 삼경(三更) 사점(四點)이 지나서 달빛은 더욱 밝아져, 사람 그림자는 길이가 모두 열 발이나 늘어져 스스로 돌아봐도 섬뜩하게 무서웠다. 거리에 개들이 마구 짖어대는데, 동쪽에서 오(獒)가 한 마리 나타났다. 흰 빛깔에 비썩 말랐는데 빙 둘러서서 쓰다듬어 주자 좋아라 꼬리를 흔들며 머리를 숙인 채 한참 동안 서 있었다.

통금시간이 훌쩍 넘었지만 사람들은 집으로 돌아갈 생각은 하지 않고, 도성 한양의 중심가인 운종가 대로를 돌아다니다 개를 놓고 장난을 친다. 이 개는 몽고산으로 호백(胡白)이라는 종자인데, 고기를 좋아하지만 아무리 굶주려도 깨끗하지 않은 것은 먹지 않으며 심부름을 시키면 사람 마음을 잘 알아차린다. 해마다 사신을 따라서 조선에 들어오지만 대부분 굶어죽으며 항상 혼자 다니면서 다른 개와 어울리지 못하는 이 개가, 박지원의 눈에는 자기들 부류와 다르지 않다는 묘한 동질감을 느낀다. 아마 이덕무도 그랬을 것이다. 그래서 개에게 이름을 지어준다. 아마도 이랬을 것이다.

"너는 지금부터 오랑캐 '호'의 호백(胡白)이 아니라, 호탕하고 멋진 놈이라는 뜻의 '호백(豪伯)'이다. 알겠느냐?"

그리고 '호탕하고 멋진 놈'은 그의 말을 알아듣기라도 한 듯이 이덕무를 바라보며 꼬리를 쳤을 것이다.

　　잠시 후 개가 보이질 않자 이덕무는 서글피 동쪽을 향해 서서 마치 친구를 부르듯이 '호백아! 호백아! 호백아!' 하고 세 번이나 불렀다. 우리들은 모두 크게 웃었고, 거리가 소란해지자 개들이 이리저리 뛰어다니며 더욱 거세게 짖어댔다.

친구를 찾는 목소리에, 더러운 것과 깨끗한 것 구분할 줄 모르고 주인도 알아보지 못하는 잡견들만 시끄럽게 떠든다. 하지만 자기들을 향해 손가락질하는 주류 집단의 '개 소리'는 잡견들이 짖어대는 소리일 뿐임에 자부심을 가진다. 이어서 또 한 사람의 동지 집을 찾아가서 술을 더 마신다. 그리고는 운종교의 난간에 기대서 대화를 나눈다. 이야기 가운데는 유득공이 거위의 목을 끌고 몇 바퀴나 빙빙 돌면서 마치 하인을 대하

수표교.

듯 뭔가를 분부하는 시늉을 했던, 6년 전의 이야기를 꺼낸다. 6년 전에도 그랬듯이 지금도 이들은 그러고 있다. 세월은 갔지만 변한 게 없다. 그런 생각에 갑자기 서글퍼진다. 언제까지 계속 이렇게 살아야 하나? 술이 확 깬다.

일행은 다시 자리를 옮겨 청계천의 수표교로 간다. 달구경을 운치 있게 할 수 있는 곳이다. 하지만 어느새 새벽이고, 술은 이미 다 깼다. 술이 깨니, 이슬에 젖은 옷과 갓이 새삼스럽게 무겁다. 앞으로도 계속 버텨나가야 할 현실의 무게감이다. 엄정한 현실로 돌아가야 할 시간이 다가오고 있다. 수표교에서

들리는 개구리 소리, 매미 소리, 닭 우는 소리는 엄정한 현실, 하지만 끝내 버티고 이겨나가야 할 현실이다.

개구리 소리는 완악한 백성들이 아둔한 고을 원에게 몰려가 와글와글 소(訴)를 제기하는 것 같고, 매미 소리는 엄격하게 공부시키는 글방에서 정한 날짜에 글을 외는 시험을 보이는 것 같고, 닭 우는 소리는 임금에게 간언하는 것을 자신의 소임으로 여기는 한 강개한 선비의 목소리 같았다.*

밤 동안의 낭만이 끝나면 현실은 어김없이 새벽 서리처럼 서늘하게 다가온다. 양반 출신, 그것도 노론 계열의 명문가 출신이면서도 현실 개혁의 꿈을 품고 있었기에 파락호처럼 살아야만 했던 현실. 하지만 낭만이 있기에 고단한 현실을 지탱할 수 있었다.

베르테르에게는 의지할 사회적 기반이 없었다. 그랬기에 그는 더 이상 기대할 것도 없고 바랄 것도 없이 '미궁 속에서 빠져나올 출구를 찾지 못한 채 어쩔 수 없이' 권총으로 자기 머리를 쏘았다. 하지만 박지원은 달랐다. 박지원에게는 기댈 수 있는 친구와 제자들이 있었다. 또 존경할 만한 '예덕선생'과 온갖 시정잡배들이 도처에 널려 있었기에 그들에게 얼마든지 의지할 수 있었다. 그리고 칼을 품은 '유쾌한 웃음과 역설'로 낡은 체제의 사회문화적 기반을 무너뜨리려는 문학적 시도를 했다.

* 이상 박희병의 번역.

《허생전》의 경제철학

《허생전》은 《열하일기》에 수록된 한문소설이다. 박지원은 허생전의 주인공 허생에 관한 이야기를 이미 스무 살 때 들었다. 하지만 이 이야기를 쓴 것은 중국에 다녀온 뒤에 《열하일기》를 쓰면서였다.

서울 남산 밑 묵적골에 살던 가난한 선비 허생이 바가지를 긁는 아내의 성화 때문에 10년 작정한 공부를 3년 남겨두고 집 밖으로 나간다. 그리고 서울 최고 부자 변씨를 찾아가 장사 밑천으로 만 냥을 빌린다. 이 돈으로 안성에서 과일 매점매석을 하고 제주도에서 말총 매점매석을 해서 큰돈을 번 다음, 도적 떼를 찾아 나선다. (당시에는 농업에서 이앙법과 이모작 등으로 생산 기술이 획기적으로 발달한 바람에 필요가 없어진 잉여 노동인구는 유민이 되었고 또 이 유민은 도적이 되었다. 도처에 도적들이었다.) 도적 떼에게 돈을 맡겨 필요한 물건을 사게 한 다음 무인도로 데리고 들어가 농사를 짓게 하고 남는 쌀을 일본으로 가지고 가서 팔아 큰돈을 번다. 하지만 허생은 이렇게 번 돈 백만 냥 가운데 반을 바다에 던져버린다. 그리고 자기가 타고나갈 배 한 척만 남기고 무역에 썼던 배도 모두 태워버린다. 돈을 버린 이유는 작은 섬에서 그 돈을 쓸 일도 없고 다툼의 씨앗만 된다는 것이었고, 배를 모두 태운 이유는 섬사람들이 배를 타고 다른 나라를 드나들게 되면 자연히 나쁜 버릇을 배우게 된다는 것이었다. 그리고 나머지 돈을 가지고 육지로 나와 가난한 사람들을 도와준 뒤에, 약속했던 대로 부자 변씨에게 빌린 돈의 열 곱인 10만 냥을 돌려주고 다시 빈털터리로 남산골의 집으로 돌아간다. 5년 만이었다.

하지만 허생은 자기가 돈을 번 방법이 옳지 않다고 말한다.

"이것[매점매석]은 마치 그물의 코처럼 한번 훑으면 모조리 거두어들임과도 같은 게요. (…) 이와 같은 방법은 나라를 위하는 것이 아니오. 오히려 백성을 골탕 먹이는 것이지. (…) 나라는 큰 혼란 속에서 소용돌이치다가 마침내는 병들고 말게요. 그러니 그동안 내가 한 일은 결코 잘한 일이 아니오."*

박지원은 상업을 매점매석 행위로 인식했다. 수레를 사용해 유통을 빠르게 함으로써 전국의 물가를 고르게 해서 백성을 유익하게 하자는 주장을 했지만, 박지원에게 상업 활동은 나라를 망하게 하는 것일 뿐이었다. 세상이 바뀌어가는 흐름을 제대로 파악하지 못한 박지원의 한계였다.

* * *

웃음과 역설 그 자체는 경세(經世)의 철학이 아니었다. 경세의 철학이 설 터전을 닦는 기초 작업일 뿐이었다. 누군가는 이 터전 위에 경세적 실용의 철학을 세워야 했다. 그 일을 박제가가 시도한다. 박지원이 칼을 품은 시정잡설을 평생의 전략으로 내세우고 힘겨운 세월을 버틸 때, 후학인 박제가가 또 다른 자기만의 전략을 들고 선학들이 닦은 길을 걸어 앞으로 나아간다.

• 박지원의 《허생전》에서.

7장 ┃ 박제가 VS 아담 스미스

— 사회 개혁의 무기로 경제학을 선택하다

영국의 변방이던 스코틀랜드에서 성장한 계몽주의 철학자 아담 스미스(1723~1790)는 《국부론》을 써서 장차 세계를 뒤덮을 자본주의의 원리를 설명하며 후세에 '근대경제학의 아버지'로 불린다. 양반이 주인이던 나라 조선에서 서얼 출신이었기에 누구보다 사회의 모순을 예리하게 포착할 수 있었던 박제가(1750~1805)는 자본주의적 생산-소비 개념으로 조선 사회를 근본적으로 개혁하고 싶었다. 스미스의 경제이론은 이미 시민혁명을 통해서 지배층으로 부상한 시민계급[자본가]의 지지를 받았지만, 박제가의 경제이론은 여전히 봉건성에 머물러 있던 지배층의 높은 벽을 넘지 못했고, 그가 품었던 꿈은 정조 사후 다시 짙어지는 봉건의 어둠 속에 묻히고 말았다.

꿀벌의 우화

1723년, 영국에서 《꿀벌의 우화》라는 책이 출간되었다. 우화의 내용은 이랬다.

옛날에 꿀벌들이 인간사회처럼 나라를 구성해서 살고 있었다. 이 나라에는 정직하고 선한 벌은 없었다. 사회의 모든 분야에 악당과 사기꾼뿐이었다. 그러니 날마다 범죄가 일어났고, 재판정의 판결은 뇌물의 크기에 따라 결정되었다. 이기주의와 부정부패로 사회는 썩어갔다. 하지만 그럼에도 불구하고 국가경제와 가정경제는 번성했다. 너나 할 것 없이 욕망과 허영을 채우려고 얼마 뒤면 금방 부서져 없어질 물건을 만드느라 일자리가 넘쳐났고, 또 다른 나라에서도 벌들이 일자리를 찾아 몰려들었기 때문이다. 그러던 어느 날, 이런 꼴을 보다 못한 권력자가 이 나라를 정직하고 성실한 벌들이 사는 나라로 만들기 시작했다. 왕과 귀족은 궁전과 사치품을 팔아 빚을 갚았고 침략과 약탈을 일삼던 흉악한 군대를 해산했다. 극장도 폐쇄됐으며 벌들은 건물에 사는 것도 사치라 생각하고 나무 구멍으로 이사를 갔다. 그러자 물건 가격은 거품이 빠져 폭락하고, 범죄자 때문에 필요했던 경찰과 판사는 모두 직업을 잃는다. 소비에 큰돈을 들이는 이들이 없으니 귀중하고 만들기 어려운 물건들도 모두 시장에서 사라져 버린다. 할 일이 없어지자 벌들이 자꾸 나라를 떠나고, 군사력이 약해졌으니 다른 벌통과의 전쟁에서 지고 큰 피해를 입는다. 살아남은 벌들은 또다시 악덕 속에 빠질까 두려워한 나머지 제 나라를 버리고 떼를 지어 외국으로 도망하기 시작했다.

저자는 버나드 맨더빌(1670~1733)이었고 네덜란드 출신이었다. 또한 렘브란트가 한때 다녔던 레이던대학교에서 학위를 받은 인물이었다. 영국에 패권을 내주기 전 한창 잘나가던 때의 네덜란드가 맨더빌의 사악한 꿀벌 나라처럼 그랬다. 전 유럽에서 일자리와 수익을 찾아 사람과 돈이 몰려들었다. 유럽에서 최초로 주식거래소가 등장한 곳도 네덜란드였다. 당시 유럽에서 자유의 아이콘이었던 네덜란드도 식민지 착취 및 반란 진압에서는 가차 없었다. 이런 네덜란드에서 태어나 공부를 한 맨더빌은 상업과 경제의 발달이 어떤 것인지, 유럽과 신대륙에서 경제적 패권을 장악한 영국의 본국 및 식민지에서 일어나는 현상이 어떤 것인지, 그 본질을 누구보다 정확하게 파악했다.

'개인의 악덕이 공공의 이익이다'라는 부제를 단 《꿀벌의 우화》가 던지는 메시지는 분명했다. 신이 부여한 도덕을 가차 없이 내팽개쳐야 부(富)를 끌어 모을 수 있다는 달라진 현실에 대한 풍자였다. 금욕과 절제를 강조하는 중세의 가치관은 상업 사회에는 맞지 않는 옷이니 솔직하게 그 거추장스런 옷을 벗어 던지라는 야유에 세상 사람들, 특히 보수적인 집단에서는 그야말로 벌집을 쑤신 듯 발칵 뒤집어졌다. 《꿀벌의 우화》가 공개적으로 화형식을 당하기도 했다. 그러나 맨더빌의 지적은 정확했다. 이제 사회의 변화와 발전을 이끌어내는 것은 신이 마련한 도덕이 아니라 개인의 욕망이었다.

칸트는 바로 이 지점에서 도덕철학의 필요성을 찾았고, 아담 스미스는 '보이지 않는 손'의 필요성과 필연성을 보았다. 한편 그 무렵 조선의 박지원은 '귤과 작약꽃으로 희롱하

영국 사회를 벌집으로 묘사한 조지 크룩섕크의 판화 "벌집 영국"(1840년). 맨 위에 왕실이 있고 그 아래 의회가 있다. 가운데는 '정직과 독립'이라는 플래카드를 내건 농업과 상업 부문이다. 각 칸마다 특정 부문 및 직업에 속한 사람들이 묘사되어 있다.

는 사랑'을 경계하고자 했고……

맨더빌의 《꿀벌의 우화》가 출간되고 36년 뒤인 1759년에 아
담 스미스는 《도덕감정론》을 펴냈다. 도덕철학을 강의하던 교
수 스미스는 이 책에서, 인간 사회는 맨더빌이 야유한 꿀벌 사
회처럼 그렇게 도덕적으로 타락하지 않는다는 주장을 한다. 그
이유를 이 책의 본문 첫 부분, 즉 1부 1편 1장의 첫 문장으로
설명한다.

> 인간이 아무리 이기적이라고 해도 그렇다. 설령 다른 사람이 누리는
> 행복을 바라보기만 할 뿐 거기에서 아무런 이익을 얻을 수 없다 하더
> 라도 다른 사람의 행복에 관심을 가지고 또 그들의 행복을 필요로 하
> 는 성정이, 인간의 본성에는 분명히 있다.

스미스는 인간의 본성이 가지고 있는 선함을 믿었다. 그리고
이 사실을 증명하고 또 사람들이 선하게 행동하게 하려고 평
생 동안 《도덕감정론》을 다섯 번이나 고쳐 썼다. 하지만 그를
유명하게 만들어준 것은 《도덕감정론》이 아니라 1776년에 펴
낸 《국부론》(원래 제목은 "국가의 부(富)의 본질과 원천에 대
한 탐구")이었다.

스미스는 계몽주의자였지 경제학자가 아니었다. 그가 경제
학에 관한 글을 썼기에 후대 사람들은 그를 경제학자로 규정
하고, 또 그를 근대경제학의 아버지라고 부르지만, 애초에 그의
관심은 공장과 시장에서 진행되는 경제 원리를 밝히는 것 자
체가 목적이 아니었다. 경제 과정을 통해서 맨드빌이 야유했던

인간 사회의 야만성을 교정할 수 있는 어떤 규칙 혹
은 원칙을 찾아내려는 게 《국부론》의 목적이었던
것이다. 계몽주의는 기본적으로 인간의 능력에 대
해서 무한한 신뢰와 희망을 가졌다. 계몽주의자 스
미스가 이 신뢰와 희망의 연장선에서, 당대 시장 경
제에서 찾아낸 원리가 바로 '보이지 않는 손'이었다.

아담 스미스.

스미스 이전에, 한 국가가 보유하는 부(富)의 크기
는 그 나라가 보유한 금과 은의 양에 의해 결정된다
고 사람들은 믿었다. 스미스는 이 중상주의적 관점을 비판하면
서, 전체 국민이 해마다 소비하는 생활필수품과 편의품의 양을
국가의 부(富)로 규정했다. 그리고 분업에 의한 노동생산력 증
대 및 자유로운 시장경제를 보장할 때 국가의 부는 극대화된다
고 보고 중농주의의 오류까지 함께 지적했다. 스미스는 중상주
의라는 말로 당시의 경제 정책을 묘사했는데, 이 말에는 상인
과 제조업자의 편협한 경제관을 비판하는 의미가 담겨 있었다.
중상주의는 국가 간의 무역에서 한 나라가 이익을 보면 다른
나라가 손해를 본다는 '제로섬 게임'이라는 인식에 바탕을 두고
있었다.

> 각국은 이웃나라의 부(富)를 시기했고, 이웃나라가 이익을 얻으면 자
> 기가 손해를 본다고 여겼다. 결국, 국가 간의 교역은 불화와 적개심의
> 온상지가 되었다.•

스미스는 계몽주의 사상에 입각해서, 세속적인 행복은 선한
것이며 물질적 부를 사회의 소수 최상류층만 누릴 수 있는 사

• 아담 스미스의 《국부론》에서.

치로 여길 필요가 없다고 여기며, 상업 활동 속에서 인간은 서로 협동하는 법을 배울 것이라고 생각했다. 그의 관심은 인간을 부유하게 만드는 것이 아니라 바람직하게 (칸트의 표현으로는 '도덕적으로') 만드는 것이었다. 그랬기 때문에 스미스는 《국부론》을 상인의 학문이 아니라 '입법가나 정치가의 학문'이 되어야 한다고 보았다.

'보이지 않는 손'의 탄생과 운명

스미스가 이런 계몽주의적인 이상을 품을 수 있었던 것은 그가 스코틀랜드 출신이었기 때문이라면 비약이겠지만, 그런 사실에 큰 영향을 받았을 것임은 어렵지 않게 추정할 수 있다. 맨더빌이 네덜란드 출신이라는 사실이 의미심장하듯이, 스미스가 변방인 스코틀랜드 출신이라는 사실 역시 의미심장하다.

스미스는 스코틀랜드의 동해안에 있는 커콜디라는 작은 항구 마을에서 태어났다. 후처의 아들로 태어났으며, 그가 태어날 때 아버지는 이미 세상을 떠나고 없었다. 커콜디에서 소년 시절을 보낸 뒤 글래스고대학교에서 도덕철학을 공부하고, 잉글랜드의 옥스퍼드에서 장학금을 받고 공부를 한 뒤, 폐쇄적인 학문 분위기에 만족하지 못해 학위를 채 끝내지도 않고 다시 스코틀랜드로 돌아가 스코틀랜드의 계몽주의자 데이비드 흄과 교유하면서 계몽주의자로서의 훈련을 쌓았다.

한편, 스코틀랜드는 스미스가 태어나기 16년 전인 1707년에 잉글랜드에 통합되었다. 스코틀랜드의 지주 지식인들은 스코틀랜드가 군주권과 독립을 포기한 대가로 런던 의회에 상하원 의석을 보장받았다. 그러나 18세기 후반까지 봉건적인 관계가 유지된 농촌 중심 사회였던 스코틀랜드는 이미 상당한 수준으로 발달해 있던 잉글랜드 상업 자본가의 독점적인 시장으로 전락했다. 봉건적인 질서가 스코틀랜드 민중에게 고통을 한 겹 더 덧씌웠음은 말할 것도 없다.

《국부론》이 나온 1776년은 제임스 와트가 산업혁명의 동력인 증기기관을 발명한 지 채 10년도 지나지 않은 때였고, 식민지 미국이 '만인이 평등하다'는 원칙을 내세우며 모국인 영국의 가혹한 착취에 반기를 들고 "독립선언문"을 채택한 바로 그해이기도 했다. 시민계급이 봉건적인 질서의 폐해에 그만큼 고통을 받았고 또한 시민계급이 그만큼 성장했다는 뜻이다.

바로 이런 현실에서 스미스는 '인간의 천부적인 자유 및 완벽한 정의의 명백하고도 단순한 제도를 소망하면서《국부론》을 집필했다. 중상주의를 신봉하는 부패한 권력을 매개로 소수의 거대상인과 대자본가가 누렸던 독점과 배타적 특권을 옹호하는 기존 체제를 청산해 시장이 다수의 권익에 봉사할 수 있도록 하자는 것이었다.

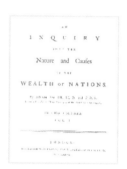

《국부론》 초판본 1권의 속표지.

어떠한 사회라도 구성원 대다수가 가난하고 비참하면 결코 번영하고 행복한 사회라고 할 수 없다. (…) [소수의 거대상인과 대자본가가] 제안하는 상업적 법률·규제들을 늘 깊은 경계심을 가지고 지켜보아야 하며, 오랫동안 신중하게 검토한 뒤 채택해야 한다. (…) 그들의 이익은 공공의 이익과 결코 정확히 일치하지 않으며, 심지어 사회를 기만하고 억압하는 것이 그들에게는 이익으로 돌아가기 때문이다.•

스미스는 푸줏간 주인과 양조장 주인 그리고 빵 굽는 사람이 선의가 아니라 순전히 이기심에 따라서 행동했지만, 이 사람들 덕분에 다른 사람들이 풍성한 저녁 식사를 할 수 있게 된다는 예를 들어서, 어떤 사람이 어떤 행위를 할 때 전혀 의도하지 않았던 결과가 그 사람 및 사회 전체에 이익을 가져다준다고 강조했다. 이것이 그가 말한 '보이지 않는 손'이 작용한 결과이다.

> 사람들은 생산물의 품질을 높임으로써 자기 이익을 도모한다. 사람들은 보이지 않는 손에 이끌려 의도하지 않은 목적을 지향한다. 사회의 이득을 고려하지 않았다고 해서 이것이 사회에 늘 나쁘지는 않다. 사람들이 자기 자신의 이득을 추구함으로써, 실제로 사회 전체의 이득을 추구할 때보다 더 효과적으로 사회의 이득을 증진시키게 된다.•

그러나 자기가 전혀 의도하지 않았던 결과가 사회 전체에 해를 끼칠 수도 있음을 과연 스미스는 예견했을까? 당대에 소수의 거대상인 및 대자본가에게 착취를 당하던 민중에게 그가 부르짖은 '자유방임의 시장경제'는 개혁적이었지만, 수백 년이 지난 뒤에 그의 주장은 신자유주의자의 깃발이 되어 다시 소수의 거대상인 및 대자본가의 이익을 대변하게 될 운명이란 걸 스미스는 예감했을까? 어쩌면 그랬을지도 모른다. 국가의 부를 증대시키려면 분업 체계가 필요하지만, 이 분업 체계 때문에 국민의 다수인 노동자는 무지해질 것이라고 전망하기 때문이다.

> 평생 단순한 작업만 반복하며 살아온 사람은 (…) 이해력을 사용할 일이 없다. (…) 따라서 자연스럽게 그런 능력을 잃어버리고 아둔하

• 《국부론》에서.

고 무지해진다. (…) [무지에 따른 정신적 부패는] 육체 활동까지 부패시
켜서 평생 익숙하게 했던 일 외에 다른 일은 제대로 할 수 없게 된다.
(…) 정부가 이를 예방하려는 노력을 기울이지 않으면, 모든 문명사회
에서 가난한 노동자인 국민 다수는 필연적으로 이런 상황을 맞을 것이
다.*

자유로운 상업 활동을 보장함으로써 빚어지는 결과는 맨더
빌이 야유했던 바로 그 '꿀벌의 나라' 모습이었다. 인간이 가지
고 있는 무한한 능력을 신봉한 계몽주의자로서 스미스에게 이
런 상황은 끔찍한 것이었고, 그는 당연히 이런 상황을 바라지
않았다. 그랬기 때문에 '정부가 이를 예방하려는 노력을 기울이
지 않으면'이라는 단서를 달았다. 정부는 그런 상황을 예방하기
위해서 노력을 기울여야 한다는 뜻이었다.

'보이지 않는 손'과 국가라는 '보이는 손' 사이의 이 긴장관계
를 둘러싼 논의는 이후 유럽뿐 아니라 세계의 역사를 이끄는
원동력이 된다.

스미스는 1778년에 스코틀랜드의 관세청장에 임명된다. 5년
뒤에는 에든버러 왕립협회 창립회원이 된다. 그리고 1790년 7
월 17일 에든버러의 자택에서 일흔일곱의 나이로 세상을 떠났
다.

물소 이마에 칼날 같은 눈썹

박제가는 아담 스미스가 세상을 뜨기 40년 전인 1750년에 태
어났다. 아버지는 정3품 벼슬인 우부승지 박평이었다. 하지만

* 《국부론》에서.

그는 서자였다. 이 서자라는 신분은 장차 그가 살아갈 인생의 방향을 일찌감치 정했다.

조선 왕조의 제도를 완비한 태종 때의 《경국대전》에 따라서 서얼 출신은 범법자, 재혼한 부녀자의 자손 등과 함께 과거시험에 응시할 수 없었다. 아버지가 고위 관직을 지낸 양반일 경우에 한해서 서얼이 아닌 양반보다 몇 등급 차이가 나는 벼슬은 할 수 있었지만, 서얼에 대한 신분 차별은 이들에게는 뼈아픈 천형이었고, 박제가 역시 이 천형의 굴레에서 빠져나갈 수 없었다.

아버지가 세상을 떠난 뒤 박제가의 어머니는 삯바느질로 생계를 꾸렸고, 서얼 출신의 수줍고 내성적인 성격의 소년, '어릴 때부터 글을 좋아해 읽은 책은 반드시 세 번씩 베껴 썼고, 입에는 늘 붓을 물고 있었으며, 변소에 가서 쪼그리고 앉아 볼일을 보면서도 흙바닥에 그림을 그렸고, 어디든 앉기만 하면 허공에 글쓰기를 연습하던' 영특한 소년은 운명처럼 이덕무를 만났다.

이덕무 역시 서얼 출신이었고, 박제가는 이덕무를 통해서 다시 또 다른 서얼 출신의 유득공, 이서구, 서상수 등을 만났다. 이렇게 해서 박제가는 자연스럽게 연암이 이끌던 집단에 합류했다. 박지원은 자기보다 열세 살이나 아래인 박제가가 처음 자기 집으로 찾아왔을 때, 버선발로 뛰어나가 반갑게 맞이하고 자기 손으로 직접 밥을 지어 상을 차려주고 술을 따라주며 환대했다. 이때 박제가의 나이는 열여덟 혹은 열아홉 살이었다. 박제가는 박지원 집단 속에서 작게는 조선 사회 신분제도의 폐해를 철폐하기 위해서 크게는 조선 사회의 체제를 개혁하기 위해서 함께 고민했다. 다음은 그 무렵, 박제가가 장가가던 날의 풍경이다.

장가가던 날 저녁, 장인어른의 좋은 말을 끌고 와서 안장을 벗기고

올라타, 하인 하나만 데리고 나왔다. 때마침 달빛이 길에 가득했다. 이
현궁(梨峴宮) 앞길을 따라 말을 채찍질해 서편으로 내달려, 쇠다리[철
교] 주막에 이르러 술을 마셨다. 북소리가 삼경을 알리기에 마침내 여
러 벗들의 집을 차례로 거쳐 백탑을 한 바퀴 돌아나왔다.*

아담 스미스가 《국부론》을 펴냈던 1776년에는, 서얼 출신의
북학파 실학자 네 명, 즉 이덕무, 유득공, 박제가, 이서구의 시
400여 수를 엮어서 시집 《한객건연집(韓客巾衍集)》이 나왔다.
지원보다 네 살 아래이고 박지원과 함께 어울리던(그리고 유덕
공의 작은아버지이기도 했던) 유금이 이 시집을 엮은 뒤, 이것
을 연경에 가지고 가서 중국의 문인들에게 보이고 서문과 시평
(詩評)을 받아왔다.

그리고 1777년에는 박제가 개인적으로 무척 다행스럽게도,
정조가 즉위하자마자 '서얼허통법'을 제정해서 서얼 출신이 종
3품 벼슬인 부사까지 할 수 있도록 했고, 2년 뒤인 1779년에는
규장각의 초대 검서관으로 박제가와 이덕무, 유득공, 이서구를
임명했다. 그 뒤 박제가는 13년 동안 규장각에 있으면서 구하
기 어려운 책을 마음껏 읽으며 식견을 높였다.

청나라 화가 나양봉이 그린 박제가의 초상화. 원
본은 불타서 없어졌고 사진만 남았다.

1778년에 채제공의 수행원 자격
으로 처음으로 북경을 다녀온 뒤
에 《북학의》를 지었으며, 북경에
는 그 뒤 세 차례 더 다녀왔다. 그
는 청나라를 배워서 조선의 제도
를 개혁하자는 개혁안을 정조에게
제시했다.

---

* 박제가, 《백탑청연집》 서문에서.

미처서 살고 정신 들어 죽다 ―

초정 박제가는 스물여섯 살이던 1776년에 "소전(小傳)"이라는 제목으로 자서전을 썼다. 소전은 명나라 말기 소품 문장가들이 썼던 짤막한 자서전 장르이다.

조선이 개국한 지 384년, 압록강에서 동쪽으로 1천여 리 떨어진 곳에 그가 살고 있다. 그가 태어난 곳은 신라의 옛 땅이요, 그의 관향은 밀양이다. 《대학(大學)》에서 뜻을 취하여 제가라고 이름하였고 《이소》의 노래에 뜻을 붙여 초정(楚亭)이라는 호를 지었다.

그의 사람됨을 보자. 물소 이마에 칼날 같은 눈썹을 하고, 눈동자는 검고 귀는 하얗다. 고독하고 고매한 사람만을 골라서 남달리 친하게 사귀고, 권세 많고 부유한 사람은 멀리서 보기만 해도 사이가 멀어진다. 그러니 뜻에 맞는 이가 없이 늘 가난하게 산다.

어려서는 문장가의 글을 배우더니 장성해서는 국가를 경영하고 백성을 제도할 학문을 좋아하였다. 수개월을 귀가하지 않고 노력하지만 지금 사람은 아무도 알아주지 않는다.

그는 이제 한참 고명한 자와 마음을 나누고, 세상에서 힘써야 할 것은 버리고 하지 않는다. 명리를 따져서 종합하고, 심오한 것에 침잠(沈潛)하여 사유(思惟)한다. 백 세대 이전 인물에게나 흉금을 터놓고, 만리 밖 먼 땅에나 가서 활개치고 다닌다.

구름과 안개의 색다른 모습을 관찰하고 갖가지 새의 신기한 소리를 듣기도 한다. 원대한 산천과 일월성신, 미미한 초목과 벌레, 물고기, 서리, 이슬은 날마다 변화하지만 왜 그러한지 알지 못하는데 그 현상의 이치를 가슴속에서 또렷하게 터득하였다. 혼자서 터득한 것임을 자부하지만 그 누구도 그 즐거움을 알지 못한다.

아아! 몸뚱어리는 남을지라도 떠나가는 것은 정신이고, 뼈는 썩을지라도 남는 것은 마음이다. 그의 말을 알아듣는 분은 생사와 성명을 초월한 그를 발견하기 바라노라! 그를 예찬하여 쓰노니,

책을 지어 기록하고 초상화로 그려놓아도

도도한 세월 앞에선 잊혀지는 법!

더욱이 자연스런 정화(精華)를 버리고

남과 같이 진부한 말로 추켜세운다면

불후의 인물이 될 수 있으랴?

전(傳)이란 전해주는 것

그의 조예와 인품을 온전히 드러내지는 못해도

완연히 그 사람이라서 천만 명의 사람과는 다르다는 것을 알게 한 다음이라야

천애(天涯)의 타지에서나 오랜 세월 흐른 뒤에 만나는 사람마다 분명히 그인 줄 알리라.*

정조가 즉위하기 한 해 전이었다. 뜻은 높지만 뜻을 펼칠 길이 없어 아득하다. 하지만 국가를 경영하고 백성을 제도할 학문을 좇아서 외로운 길을 가고 있고, 또 앞으로 갈 것임을 선언한다. 기개는 거리낌이 없이 활달하다. 설령 뜻을 펼치지 못할지라도, 오랜 세월이 흐른 뒤라도 자기가 어떤 사람이고 또 어떻게 살았는지 분명하게 기억하라는, 고독하고 고매한 사람들만이 자기를 알아줄 것이고 그렇지 않은 사람은 알아주지 않아도 상관없다는, 나는 누구보다 당당하고 또 불후의 인물이 될 자격이 있다는, 세상을 향한 도발적일 정도로 당당한 선언이다. 박제가는 무슨 생각을 품고 있었기에, 그리고 어떤 세상을 믿었기에 그토록 자신만만할 수 있었을까?

• "소전" 전문. 안대회 번역.

18세기 후반 조선의 시장과 《북학의》

종로의 시전은 조선을 대표하는 상가였다. 18세기 이 시전의 풍경은 어땠을까? 이 풍경을 묘사한 글이 남아 있다. 역관 김세희(1744~1791)가 기록한 글이다.

새벽종이 열두 번 울리면 점포의 자물쇠 여는 소리가 일제히 들린다. 그리고 장사하는 남녀들이 짐을 등에 지거나 머리에 이고 지팡이를 두드리면서 사방에서 요란하게 몰려든다. 좋은 자리를 다투어 가게를 열고 각자 물건을 펼쳐놓는다. 천하의 온갖 장인들이 만든 제품과 온 세상의 산과 강에서 나는 산물이 모두 모인다. 불러서 사려는 소리, 다투어 팔려는 소리, 값을 흥정하는 소리, 동전을 세는 소리, 부르고 답하고 웃고 욕하고 시끌벅적한 것이 태풍과 파도가 몰아치는 소리 같다. 이윽고 저녁 종이 울리면 그제야 거리가 조용해진다.*

그런데 이 시장에서 파는 물건들에는 등급이 있었다. 중국 제품은 모두 당(唐)자를 붙였는데, 중국 제품은 정교하면서도 치밀하고 담박하면서도 화려하며, 우아하면서도 약하지 않고 기교적이면서도 법도가 있어 가장 뛰어난 상품으로 통했다. 그 다음으로 정치하고 세밀하며 교묘하고 화려한 게 일본 제품이다. 조선에서 만든 물건은 조악했다. 중국 제품을 모방한 것도 있지만 진짜와 다르므로 등급이 가장 낮았다. 게다가 종로에 가게가 늘어선 거리는 채 1리도 되지 않지만 중국에서는 시골에서도 몇 리에 걸쳐서 가게가 줄을 지어 늘어서 있을 정도니, 북경은 더 말할 것도 없었다.

• 김세희의 《관아당유고(寬我堂遺稿)》의 "종가기(鐘街記)"에서. 이종묵 번역.

북경에 있는 아홉 개의 문 안팎 수십 리에 걸쳐서, 각 부의 관청과 아주 작은 골목길 외에는 길 양쪽이 모두 시장이다. (…) 각 가게에는 상호나 파는 물품의 명칭을 적은 간판이 가로세로로 걸려 있다. (…) 가게 안은 항상 사람들로 발 디딜 곳조차 없어 마치 극장에 구경하러 온 것 같다.*

중국에 비해 형편없는 낮은 수준의 조선 시장 상황은 잉글랜드와 합병하기 전 스코틀랜드의 상황과 비슷했을지 모른다. 조선의 시장이 중국이나 일본에 비해서 많이 뒤떨어지게 된 형편을 박제가는 《북학의》에서 다음과 같이 진단한다.

재물이란 우물과 같다. 퍼내면 차게 마련이고 이용하지 않으면 말라 버린다. 그렇듯이 비단을 입지 않기 때문에 나라 안에 비단 짜는 사람이 없는 것이다. 따라서 부녀자가 베를 짜는 것을 볼 수 없게 되었다. 그릇이 찌그러져도 개의치 않으며, 정교한 기구를 애써 만들려 하지 않는다. 나라 안에는 기술자나 질그릇 굽는 사람들이 없어져, 각종 기술이 전해지지 않는다. (…) 나라 안에 있는 보물도 이용하지 않아서 외국으로 모두 흘러들어가는 실정이다. 그러니 남들이 부강해질수록 우리는 점점 가난해지는 것이다. (…) [중국의 가게를 덮고 있는] 산더미처럼

박제가가 보았을 북경의 거리 풍경.

쌓아놓은 물품과 다양한 품목은 우리나라 전역의 것을 모은 것보다 많은 것처럼 느껴진다. 물론 실제로 그것은 시골 가게의 물자가 우리나라 전국의 물자보다 더 많다는 것은 아니다. 단지 화물이 제대로 유통되느냐 그렇지 못하느냐에 따른 차이를 말하는 것이다.**

미쳐서 살고 정신 들어 죽다 —

198

그러면서 중국의 화려한 물품과 수레를 보고 사치스럽다고 비난하는 것은 옳지 못하다고 지적한다. 검소한 생활을 고집할 게 아니라 우물에서 물을 퍼내듯 소비를 촉진시켜야 한다고 주장한다. 이 주장은, 국가의 부(富)를 '전체 국민이 해마다 소비하는 생활필수품과 편의품의 양'으로 규정하며 자유로운 상업 활동을 권장한 스미스의 경제관과 통한다. 그렇기 때문에 그의 주장은 당연히 무역의 활성화로까지 이어진다. 《북학의》에서 그는 1763년에 통신사들이 일본에 갔을 때의 일을 인용해서, 우리 측 서기(書記)가 혹시 중국산 먹이 있느냐고 물었더니 잠시 후에 한 짐이나 가지고 오더라는 말을 하며, 일본이 30여 개국의 나라와 무역을 하면서 물자가 풍부해졌다고 설명한다. 아울러 이런 무역에서 얻는 이익은 단지 경제적인 측면에만 한정되지 않는다고 말한다.

> 우리는 그들의 발달한 기술과 풍속을 배워 견문을 넓혀야 한다. 그래야 세상이 넓다는 것과 우물 안 개구리의 부끄러움을 알 수 있다. 그러면 교역을 통해 얻는 이익뿐 아니라 세상의 법도를 밝히는 데도 도움이 될 것이다.*

여기에서 말하는 '세상의 법도'란 동양과 서양에서 빠르게 변화하고 있던 세상의 원리이다. 곧 봉건적인 낡은 체제의 몰락과 새로운 질서를 기반으로 새롭게 형성되는 체제이다.

> 담장 머리 해가 올라 꽃 그림자 짧아지고
> 담 밑에선 쉴 새 없이 개미가 흩어진다.

• 《북학의》의 "중국과의 무역"에서.

땅 풀리자 돌 움직여 애벌레가 나오더니

배깃하며 다리 놀려 온통 모두 꿈실꿈실.*

  그렇게 박제가는 봄날 측간에 앉아 똥을 누며 아직은 느긋
하게 새로운 세상을 꿈꿨다.

청나라를 배우자는 '북학'의 뜻은……

  박제가의 《북학의》에서 밝히는 제안은 매우 도발적이었다.
청나라를 쳐서 명나라의 복수를 하자는 북벌론이 아직도 시
퍼렇게 살아 있을 때였음에도 불구하고 청나라를 배우자고 하
고, 또 더 나아가 사농공상의 신분체계를 뒤흔드는 중상주의
를 채택하자고 했으니 말이다. 심지어 실학파의 윗세대인 이익
은 말할 것도 없고 같은 북학파의 바로 윗세대인 홍대용과 박
지원조차도 농업을 근본으로 삼아서, 농업을 발전시키려면 상
업을 억눌러야 한다고 했었다.
  이익은 《성호사설》에서 이렇게 썼다.

  농사에 힘쓰게 하는 것은 상업[末利]을 억제하는 데 있다. 상업은 가
  벼운 물자를 옮기는 데 있으므로 곡식과 포목(布木)이 은자와 돈보다
  편리하지 못하며, 은자는 귀하고 돈은 흔하므로 은자가 또 돈보다 편리
  하지 못하다. 돈의 제도가 시행된 후 백성은 일체 이익에만 골몰하여
  혹 농사를 버리고 상업에 종사하는 자가 많으니, 농사는 그 돈의 폐단
  을 받게 되었다. 검소함을 숭상하는 것은 사치를 금지하는 데 달려 있
  다. 무릇 화려한 복식(服飾)과 온갖 크고 작은 사치품을 구하는 데도

• 《정유각집(貞蕤閣集)》의 "측간에서(廁上)". 박종훈 번역.

미쳐서 살고 정신 들어 죽다 ―

또한 돈보다 편리한 것이 없으니, 마음에 맞는 대로 가려서 사들이고 남이 하는 것을 본받아 서로 시새우며, 지혜와 힘을 다하여 얻지 못하는 자는 수치로 여긴다.*

박지원 역시 마찬가지였다. 비록 수레를 사용해 교통 및 운수 능력을 높여 군현 내의 자급자족적 자연 경제의 울타리를 넘어서 전국을 단일한 시장으로 만들 때 비로소 물자가 고르게 유통되어 물가가 안정되고 백성의 고통이 덜어질 것이라고는 했지만, 기본적으로 그의 개혁안은 농업을 기반으로 한 것으로 대토지 사유화를 배제하고 농업생산력을 높여서 농민경제를 안정시키자는 것이었다. 예를 들어 그는 1799년에 면천군의 군수로 있을 때 정조에게 "한민명전의(限民名田議)"라는 글을 올려 이런 주장을 펼쳤다.

현재 민호 가운데 자기 소유의 전토를 경작하고 있는 경우는 열에 한둘도 안 되니, 공부(公賦)로 10분의 1을, 사세(私稅)로 바치는 도조(賭租)로 절반을 떼입니다. 그러니 떼이는 것만 해도 이미 전체 수확의 10분의 6이나 됩니다. (…) 이걸 가지고 어떻게 위로 부모를 봉양하고 아래로 처자를 먹여 살리며 끝내 유민(流民)으로 굶어죽을 지경에 이르지 않을 수 있겠습니까? (…) 토지 소유를 제한한 뒤라야 겸병(兼倂, 대토지 소유)을 한 자가 없어지고, 겸병한 자가 없어진 뒤라야 산업이 균등하게 될 것이고, 산업이 균등하게 된 뒤라야 백성들이 모두 안정되어 각기 제 토지를 경작하게 되고, 근면한 사람과 나태한 사람의 구별이 드러나게 될 것입니다. 그리고 근면한 사람과 나태한 사람의 구별이 드러나게 된 후라야 농사를 권면할 수가 있고 백성들을 가르칠 수가 있

• 《성호사설》 인사문 항의 "전해(錢害)"에서.

을 것입니다.[•]

상업 활동에 대한 박지원의 견해는 앞서 6장에서도 《허생전》을 통해서 확인했지만, 당시에 농업 생산력은 이미 한계에 이르렀고 서해안에서는 밀무역을 중심으로 한 상업이 활발하게 이루어졌음에도 불구하고, 박지원은 발상의 전환을 이루어내지 못했다.

청나라를 배우자는 의미의 '북학'에 관한 박제가의 철학은, 1786년에 정조가 관리들에게 정책상의 여러 폐단을 시정할 방안을 내라고 지시했을 때 올린 글인 "병오년에 올리는 글(丙午所懷)"에서, 앞서 썼던 《북학의》 내용을 요약하고 정리해서 상공업 장려, 신분 차별 타파, 해외 통상, 서양인 선교사 초빙, 과학기술 교육의 진흥 등의 방안을 제시했다.

······오늘날 국가의 가장 큰 병폐는 가난입니다. 이 가난에서 벗어날 수 있는 길은 중국과 [그리고 나아가 다른 여러 나라들과] 통상하는 것뿐입니다. (···) 배, 수레, 건물 및 여러 가지 기계를 이용하는 방법도 배울 수 있으며, 각종 서적들도 들여올 수 있습니다. (···) 사람들은 항상 말하기를 '사치가 나날이 심해진다.'고 합니다. 제가 보기에 이는 근본을 모르고 하는 말입니다. (···) 우리나라는 너무 검소하기 때문에 약해졌습니다.

심지어 박제가는 놀고먹는 선비들을 상업에 종사하게 하자고 했다.

미처서 살고 정신 들어 죽다 ―

놀고먹는 자는 나라의 큰 좀입니다. 그런 사람들이 날로 늘어가는 것은 사족(士族)이 날로 번성하고 있기 때문입니다. (…) 저는 수륙을 왕래하며 장사하는 무역업을 사족들에게 허가해주고, 이들을 문서에 등록시키기를 청합니다. 또한 이를 권장하기 위해서는 그들에게 자금을 빌려주거나 가게를 지어주고, 성과가 뚜렷한 자는 관리로 발탁해야 합니다. 그래서 날마다 이익을 추구하게 한다면, 놀고먹는 자들이 점차 줄어들고 즐거이 직업에 종사하는 마음이 생겨날 것입니다. (…) 이 또한 풍속을 바꾸는 데 도움이 될 것입니다.

박제가의 "의암관수도(倚巖觀水圖)". 왼쪽 글귀의 뜻은 '귀는 물이 되고, 몸은 돌이 되었다. 생긴 모양은 셋이지만 마음은 하나다.' 어른들에 비해 아이는 천진난만하다.

박제가는 놀고먹는 양반이 국가의 발전을 가로막는다는 말로 기존 체제에 직격탄을 날렸다. 양반을 상업에 종사하게 하자는 말은 조선 사회를 지탱하는 신분제도를 허물자는 것이었다. 노골적으로 불온한 발언이자 발상의 전환 그 자체였다. 이익과 홍대용, 박지원이 아무리 민중을 향해 아래로 내려가려 해도 넘을 수 없었던 지평의 한계를 깬 것이다.

이런 발상의 전환은 그가 서얼 출신이라서 가능했다. 아담 스미스가 스코틀랜드라는 변방에서 태어났기에 주류 잉글랜드 지식인이 할 수 없었던 발상의 전환을 할 수 있었듯이, 박제가는 서얼이라는 신분상의 한계에 매여 있었던 덕분에, 즉 조선을 지배한 양반 계층의 변방에 존재했기에, 박지원이 볼 수 없었던 조선 사회의 구조적인 문제를 정확하게 꿰뚫어보는 발상의 전환을 할 수 있었던 것이다.

이런 발상의 전환은 3년 뒤인 1791년(정조 15년, 신해년)의 신해통공(辛亥通共)이라는 정조의 개혁 정책으로 이어진다. 육의 전 이외에서도 백성들이 자유롭게 물건을 매매할 수 있도록 하는 조치였다. 표면적인 이유는 시전 상인들이 영세한 개인 상인을 협박해서 물건을 사들인 뒤에 비싸게 팔아 물가가 치솟았기 때문이다.《허생전》에서 허생이 돈을 벌던 그 매점매석 과정이었다. (그랬기 때문에 박지원은 상업이 흥하면 백성이 고통을 당하고, 결국 나라가 큰 혼란에 빠져서 병들 것이라고 했다.)

그리고 이와 맞물린 정치적인 의도가 또 있었다. 당시 최대 권력층이던 노론 계열로 들어가는 정치자금의 원천을 옭죔으로써 왕권을 강화해 자기 의도대로 개혁을 추진하겠다는 의도가 신해통공 속에 자리 잡고 있었다. 하지만 이 개혁은 끝내 구체제의 높은 벽을 넘어서지 못하고, 박제가의 개혁 사상 역시 열매를 맺지 못한다. (신해통공 및 정조의 개혁 의지에 대해서는 다음 장에서 자세하게 살펴본다.)*

우리말을 버리고 중국말을 쓰자

실학의 기본 정신에는 조선의 주체성을 세우자는 철학이 깔려 있었다. 임진왜란과 병자호란을 거치면서 획득된 이용후생(利用厚生) 관념이 현실에 스며들며 이 주체성 관념과 결합한 뒤, 회화에서부터 역사, 지리에 이르기까지 여러 분야에서 실질적인 결과물이 나왔다. 또 다른 한편에서는, 명나라가 망하면서 지배층 사이에서 형성된 반청 정서가 소중화주의로 자리를 잡았다. 소중화주의가 주체적인 이용후생을 덮어서, 까딱하면 실학 정신이 근거 없는 관념론에 매몰될 수도 있는 상황이었

다. 이런 상황에서 박제가는 '만약 옛 명나라를 위하여 원수를 갚고 치욕을 씻고자 한다면, 20년 동안 중국을 힘써 배운 후에 그 일을 논해도 늦지 않을 것이다.'라고, 1799년에 정조에게 올린 상소문 《진북학의(進北學議)》에 썼다.

실학 정신이 소중화주의에 덮이고 만다는 박제가의 이런 위기의식은 첨예했다. 그랬기에 양반을 상업 활동에 종사하게 하자는 주장에서 한발 더 앞으로 나아가, 소중화주의의 주체성에 전면적으로 맞불을 놓았다. 우리말을 버리고 말과 글을 중국과 일치시키자는 내용이었다. 그래야만 온전하게 중국과 같아질 수 있기 때문이라는 게 그가 든 이유였다.

> 중국어는 문자의 근본이다. 예를 들어 하늘 천은 바로 '천'으로 발음한다. 말뜻을 또다시 중복해서 풀이해야 하는 번거로움이 없기 때문에 물건의 명칭을 쉽게 분별할 수 있다. (…) 우리나라는 지역적으로 중국과 가깝고 성음(聲音)도 비슷하다. 따라서 백성 전체가 본국의 말을 버린다 해서 안 될 이유가 없다. 그래야만 오랑캐라는 말을 면할 것이며 (이것이 어떻게 통쾌한 일이 아니겠는가?) (…) 우리말을 버려야만 중국과 같게 된다는 것이다. (…) 지금 필요한 것은 말과 글을 일치시키는 것이다. 그것만으로도 충분하다.*

삼전도의 치욕을 소중화주의로 위안 받으려던 사람들의 눈으로 보자면 말도 안 되는 펄쩍 뛸 일이었다. 오랑캐와 같이 되자니!

기존 권력층뿐만 아니라 북학파 내부, 특히 박지원은 박제가의 이런 '너무 앞서가는' 경향을 일찍부터 걱정했었다. 1779년

---

* 《북학의》의 "중국어(漢語)"에서.

에 박제가가 이덕무와 유득공 등과 함께 규장각의 검서관으로 임명되었을 때였다. 박지원은 홍대용에게 보낸 편지에서, 사람들이 이덕무와 박제가 그리고 유득공이 검서관에 임명된 걸 몹시 시기하고 있다는 말과 함께 박제가가 너무 '튄다'고 지적한다.

> 이덕무와 박제가와 유득공이 관직에 발탁된 것은 가히 특이한 일이라 하겠습니다. 태평성대에 진기한 재주를 지니고 있으니 자연히 버림받는 일이 없겠지요. (…) 이 세 사람의 현재 직함이 모두 검서로 공교롭게도 한데 뭉치게 된 데다가, 그들이 평소 함께 지내며 교유하고 지취(志趣)도 같기 때문에, 저절로 시기와 원망을 당하는 일이 자못 많았는데 요새 와서는 더욱 심하다 합니다. (…) 이덕무는 물론 세심한지라 스스로 조심할 터이지만, 박제가는 너무도 재기(才氣)를 드러내고 자기만 옳다고 고집하니 어찌 능히 그 뜻을 알겠습니까.•

이런 지적은 이미 박지원이 박제가를 처음 만났을 때로 거슬러 올라간다. 박제가는 박지원을 처음 만났던 해인 1768년에 자기가 쓴 글을 묶어서 《초정집(楚亭集)》을 내면서 박지원에게 서문을 써달라고 했고, 이 서문 끝부분에서 박지원은 다음과 같이 썼다.

> …[박제가는] 옛글의 격식에 얽매이지 않는다. 그러나 진부한 말을 없애려고 애쓰면 혹 황당무계한 데 빠지기도 하고, 주장을 너무 높이 내세우면 혹 상도(常道)에서 벗어나는 데 가까워지기도 한다. (…) 새것을 만들다가 공교(工巧)해지기보다는 차라리 옛것을 모범으로 삼다가

고루해지는 편이 나을 터이다. (…) 밤에 초정과 더불어 이런 말을 하고, 마침내 그것을 책머리에 써서 권면한다.*

이 글에서 박지원은 명나라 문장가들이 옛것을 지키자는 법고(法古)와 새로운 것을 만들자는 창신(創新)을 두고 싸웠지만 양쪽 다 올바른 쪽으로 나아가지 못하고 세상에 아무런 보탬이 되지 못했을 뿐만 아니라 풍속만 해치는 결과를 나았다는 예까지 동원해서, 창신 쪽으로 '너무 튀는' 박제가의 경향을 눌러주려고 애를 쓴다.

스승 박지원이 처음부터 이렇게 애를 썼지만 소용없었다. 제자는 발상의 전환을 통해서 스승이 바라보지 못한 것을 보았다. 그랬기에 중상주의를 주장하고, 심지어 양반에게 상업 활동을 하게 하자고 제안했던 것이다. 아마도 박제가는 박지원이 법고 쪽으로 너무 치우쳤다고 보았을 것이다. 사물을 바라보는 사람은 늘 자기를 좌우의 균형점으로 바라보기 때문이다.

박제가가 결국 뜻을 이루지 못한 것은 그의 잘못이 아니었다. 죄라면 조선에 태어난 게 죄였다. 시민계급 즉 자본가계급이 일찌감치 시민혁명을 완수해서 상공업 발달의 틀을 마련하고, 또 증기기관의 발명으로 (박제가가 스무 살이던) 1770년부터 산업혁명이 시작되었던 영국에 태어나지 않은 게 죄였다. 이렇게 본다면, 잉글랜드와 합병이 되어 이 산업혁명의 거대한 흐름 속으로 들어선 스코틀랜드에서 태어난 아담 스미스는 행운이었다. 스미스의 경제이론은 박제가의 그것과 다르지 않았지만, 스미스는 시대의 흐름을 타고 근대경제학의 아버지라는 찬사를 받고 있고 박제가는 그저 불운한 개혁가로만 기억될 뿐이

• 박희병 번역.

다.

마침내 작별……

박제가는 마흔두 살이던 1792년에 눈이 나빠져 검서관 직에서 물러나고 7월에 부여현감으로 부임했다. 다음 해에 정조로부터 소품문을 지은 죄를 반성하는 글을 바치라는 명을 받았으나 오히려 소품문을 지을 수밖에 없다고 항변한 글을 올린다. 그러다가 정조의 표현대로 '서자에 대한 (암행어사의) 차별적인 감사'로 해임된다. 그 뒤에 다시 부여현감이 되고, 또 마흔네 살에는 무과 별시에 장원해서 정3품 벼슬인 오위장(五衛將)에 임명되었고, 나중에는 영풍현감이 된다.

박제가가 높은 목소리로 개혁을 부르짖었지만, 그의 개혁안은 묵살되었다. 그리고 정조가 죽은 뒤에는 '위험한 사상' 때문에 주류 양반 집단으로부터 정치적인 보복을 당하며 끝내 뜻을 펼치지 못한다.

박제가는 젊은 시절에 선배 문사인 추성관 이정재가 충청도 공주로 낙향하는 길을 배웅한 적이 있다. 두 사람은 한양이 훤히 내려다보이는 곳에 올라서, '지조를 지키려' 서울을 떠나야만 하는 상황에 탄식했고, 그때 이정재는 이렇게 말했다.

"아! 사람은 이곳에서 나고 죽건마는 아무도 그 사실을 깨닫지 못한다. 우리 둘이 높은 데 올라 아래를 굽어보며 비웃는다. 자네는 저렇게 사는 게 어떻다고 생각하는가? 이곳을 떠나 먼 곳으로 가는 사람의 마음은 어떨 것 같은가?"

이때의 일을 박제가는 "공주로 가는 이정재를 배웅하며(送李定載往公州序)"라는 글로 남겼다.

박제가가 이덕무, 백동수와 함께 만든 《무예도보통지》의 '본국검보(本國劍譜)'의 한 면.

추성관 이자(李子)가 가족을 모두 데리고 한양을 떠나 머나먼 남쪽 충청도 고을로 낙향한다. 약산정 초당(初唐)까지 나가 배웅하였다. (…) 둘이 나란히 언덕에 앉아 아득히 날아가는 기러기를 부럽게 바라보기도 하고, 이별의 노래도 불렀다. 들국화는 꽃망울이 터져 곱게 피었고, 낙엽은 가을바람에 떨어진다. 북녘을 바라보니 도봉산은 하늘에 꽂힌 채 달리듯이 뻗어오고, 백악은 명미(明媚)하고 푸른 기상을 시원스럽게 토해낸다. 높고 수려한 궁궐, 저잣거리를 왕래하는 인파, 북한산 필운대의 운연(雲煙)과 성곽이 가리키는 손가락 끝에서 숨었다 나타났다. (…) 거칠고 소박한 옷을 입고 떠나는 추성관을 붙잡지 못함을 안타까워하며, 오늘이 훌쩍 가버림을 슬퍼한다! 어느덧 술도 다 떨어졌다. 숲이 어둑어둑해지더니 저녁 해가 숨었다. 산이 높아 보이고 지평선에는 저녁 연기가 자욱하다. 조금 전까지만 해도 보이던 천문만호는 강물같이 아득하여 다시 분간할 수 없다. 그러나 사람들이 웅성거리는 소리는 아직 그치지 않아 모기떼가 앵앵대는 것 같다. (…) 어둠이 급하게 밀려오자 흰옷도 분간되지 않았다. 마침내 작별이었다.

뜻을 펼치지 못한 채 서울을 떠나야만 하는 처량한 신세다. 박제가는 이정재를 배웅하면서 자기도 언젠가는 그렇게 밀려날지 모른다는 상상을 했을지 모른다. 아무리 쫓으려고 손을 저어도 끈덕지게 앵앵거리며 달라붙는 모기떼에서 이정재를 밀어낸, 그리고 또 자기를 밀어내려고 하는 주류 양반 집단의 압박을 연상했을 것이다. 이 모기떼는 언젠가 종로에서 요란하게 짖어대던 잡견처럼 시끄럽고 집요하다. 결국 그 모기떼와 잡견 무리에 밀려나고 마는가. 그랬다. 박제가는 정조의 사망 이후 급하게 밀려오는 어둠 속에 어느새 형체도 보이지 않게 묻혀버린다. 그렇게 작별은 서둘러서 왔다.

정조가 사망한 다음 해인 1801년에 박제가는 사은사 일행을

따라 네 번째로 북경을 다녀온 뒤 옥사에 연루
되어 고문을 받고 유배된다. 오랑캐 청나라를
배우자는 주장을 펼친 죄였고, 양반에게 상업
활동을 하게 하자는 죄였고, 미천한 서얼 출신
이면서 너무 나댄 죄였다. 3년 뒤에 귀양에서
풀려나지만, 이미 어둠은 너무 깊었다. 그리고

박제가의 "목우도(牧牛圖)"

그가 원했던 개혁보다 죽음이 먼저 찾아왔다. 1905년, 그의 나
이 쉰다섯 살이었다.

'고독하고 고매한 사람만을 골라서 남달리 친하게 사귀고, 권
세 많고 부유한 사람은 멀리서 보기만 해도 사이가 멀어지고,
뜻에 맞는 이가 없이 늘 가난하게 살던' 그가 스물여섯 살 때
쓴 자서전에서 바란 대로, 오랜 세월이 지난 뒤에라도 사람들
은 생사와 성명을 초월한 그를 알아본다. 뼈는 썩어져 없어져
도 마음만은 남아 있기 때문이다.

8장 ︱ 정조 VS 나폴레옹

— 개혁의 방향, 봉건 질서를 지키거나 혹은 부수거나

계몽·절대군주 정조(1752~1800)는 정통 성리학을 기반으로 기존의 봉건 질서를 지키려고 했고, 공화주의와 제정(帝政) 사이를 오간 나폴레옹 보나파르트(1769~1821)는 군대를 기반으로 기존의 봉건 질서를 부수려고 애를 쓰다 스스로 그 봉건 질서의 핵심인 황제가 되었다. 정조의 죽음으로 조선은 무너지지 않을 수 있거나 혹은 적어도 아름답게 무너질 수 있는 기회를 놓쳤고, 나폴레옹의 황제 즉위로 프랑스는 프랑스혁명이라는 역사 드라마에서 가장 화려한 역할을 한 배우를 가질 수 있게 되었다.

코르시카의 소년 나폴레옹

코르시카 섬은 지중해에 있다. 지중해에서 네 번째로 큰 섬이며 콜럼버스가 태어난 곳이기도 한 이곳은, 정확하게 말하면 프랑스와 이탈리아 사이의 바다에 있다. 험준한 산들과 깎아지른 절벽이 대부분인 섬이다. 하지만 군사전략적 요충지였기 때문에 오랜 옛날부터 주변 강대국들이 군침을 흘렸고, 그때마다 코르시카 사람들은 싸웠고, 산으로 도망을 쳤고, 점령당했다. 기원전 237년까지 카르타고의 지배를 받았고, 그 뒤 로마의 지배를 받았으며, 비잔틴 제국에 편입되기도 했고, 이슬람 세력이 강성해질 때는 이슬람의 지배를 받았으며, 또 피사와 제노바 등의 도시국가에 점령당했다.

하지만 마침내 코르시카에 독립의 영웅이 태어났다. 파스칼 파올리였다. 그는 1761년에, 1282년부터 계속된 오랜 세월 동안 코르시카를 지배하던 제노바인을 몰아내는 데 성공했다. 그러나 독립의 기쁨은 잠시뿐이었다. 제노바는 1768년에 프랑스에게 코르시카의 지배권을 팔아넘겼고, 프랑스는 무력을 앞세워 코르시카를 점령했다. 코르시카 사람들은 파올리의 지도 아래 저항했다. 하지만 프랑스는 무자비한 유혈 진압으로 대응했고, 마침내 코르시카의 주권은 프랑스에 완전히 넘어갔다. 그리고 1769년 8월 15일, 코르시카는 프랑스에 공식적으로 합병되었다.

그리고 바로 이날, 장차 유럽을 뒤흔들 풍운아 보나파르트 나폴레옹이 코르시카의 아작시오에서 태어났다. 아버지는 파올리 휘하에서 코르시카의 독립운동을 함께한 사람이었다. 파올리가 영국으로 망명한 뒤, 아버지는 프랑스와 타협을 했고, 코르시카 총독의 비호를 받으며 아작시오 지방법원 판사 보좌

관이 되었다. 소년 나폴레옹은 열 살 때 프랑스 본토 브리엔의 어린이사관학교에 입학했다. 이때의 소년 나폴레옹을, 당시 친구이던 사람은 다음과 같이 회상한다.

> 브리엔에서 보나파르트는 그 특유의 안색이나, 날카롭고 탐색하는 듯한 시선, 선생님들이나 친구들과 대화할 때의 어조가 눈에 띄었다. 그의 이야기에는 거의 언제나 신랄함이 깃들어 있었다. 그는 별로 정감이 없었다. 나는 그것을 그가 태어날 무렵 그의 가족이 겪은 불행과 조국이 정복될 무렵의 어린 시절 몇 년 동안 받은 영향들 탓으로 돌려야 한다고 생각한다.[*]

브리엔의 프랑스 아이들은 코르시카 '촌놈' 나폴레옹을 무시하고 따돌렸을 것이며, 나폴레옹은 주권을 잃은 국가의 백성이 겪을 설움을 그 나이 또래 소년의 방식으로 느꼈을 것이다. (작은 키와 빈약한 체구 때문에 소년 나폴레옹의 자의식, 보이지 않는 가운데서 더욱 예리하게 단련되었을 것이다.) 아울러 독립운동 전선에서 무릎을 꿇어야 했던 아버지에 대해서 많은 생각을 했을 것이다. 왜 아버지는 나를 사관학교로 보내 군인의 길을 가게 할까? 못 다 이룬 코르시카의 독립을 이루라고? 아니면 프랑스의 주류 계층에 편입해서 더는 가난과 멸시에 시달리지 말라고?

1792년의 중령 나폴레옹. 앙리 펠릭스 엠마뉘엘 필리포토, 1834년.

5년 뒤에 파리육군사관학교에 입학하면서 본격적으로 프랑스인이 되어 프랑스 군인의 길을 걷지만, 나폴레옹은 자기가

• 라드보카, 《나폴레옹, 총재정부, 통령정부, 제국, 그리고 왕정복고에 대한 M. 드 부리엔의 회고》에서.

코르시카 사람이란 걸 결코 잊지 않았다. 자기가 코르시카인으로 태어난 바로 그날이 코르시카가 프랑스에 공식적으로 합병된 날이었다는 사실에 나폴레옹은 자기의 운명을 코르시카의 운명과 동일하게 바라보았을 것이다. 나중에 그는 모든 것을 잃고 세인트헬레나 섬에 유배된 뒤, 코르시카에 대해서 이렇게 말했다.

"로마인들은 절대로 코르시카 노예들을 사지 않았다. 그들을 복종하게 만드는 것은 불가능했으므로."

인생의 마지막 순간까지도 그의 가슴에는 '눈을 감고 냄새만 맡아도 알아볼 수 있는' 영혼의 고향 코르시카가 깊이 새겨져 있었다. 코르시카가 그를 혁명의 소용돌이 속으로 뛰어들게 등을 떠밀었고, 고함을 질러 유럽에 혁명정신을 퍼트리라고 했고, 수백 년 동안 외적의 압제에 시달렸던 코르시카의 설움을 황제라는 무한권력으로 보상받으라고 속삭였다. 코르시카가 그의 인생을 세인트헬레나섬으로 이끌었다.

혁명의 소용돌이 속으로

1789년 7월 14일에 일어난 바스티유감옥 습격으로 프랑스혁명의 불이 붙었다. 이때 나폴레옹은 스무 살의 포병장교로 혁명의 변방에 있었다. (육군과 해군의 장교는 귀족 출신에게만 자격이 주어졌기 때문에 나폴레옹

1789년 7월 14일의 바스티유 감옥 습격은 프랑스혁명의 방아쇠가 된다.

은 평민에게도 자격이 주어지는 포병장교가 된 것이다.)

하지만 그는 곧 혁명의 물결 깊은 속으로 들어가기 시작했다. 1793년에 툴롱에서 일어난 왕당파의 반란과 2년 뒤에 다시

일어난 왕당파의 반란을 진압하면서 나폴레옹은 혁명의 중심으로 서서히 들어갔고, 또 이어서 이탈리아 쪽에서 침공하는 오스트리아군에 대항하는 제3군 사령관으로, 제1군과 제2군이 모두 패한 가운데 유일하게 승리를 거둬 오스트리아군을 격파하고 이탈리아를 점령했다.

코르시카 출신의 청년 군인은 진정으로 혁명을 원했다. 구체제를 무너뜨리는 것은 프랑스 시민계급의 소망이었을 뿐만 아니라, 오랜 세월 압제에 시달려온 코르시카인의 본능적인 바람, 구체제 권력에 대한 분노의 표출이었다. 그에게 혁명은, 나중에 세인트헬레나에서 회상하듯이 '전 국민이 나라의 다른 한 부분에 대해 봉기를 일으킨 것이다. 즉 그것은 귀족에 대한 전체계급의 봉기'였다.

프랑스 사람들은 전투마다 승리로 이끄는 그의 이름을 기억했다. 그리고 단두대의 공포정치로 이어지는 혁명의 무질서에 사람들이 진저리를 치기 시작할 때, 나폴레옹은 혁명의 최전선으로 뛰어들겠다고 결심했다. 쿠데타였다.

1799년 11월 9일은 혁명력으로 안개달(霧月, 브뤼메르) 18일이었다. 이날 나폴레옹은 총재정부의 파리군 총사령관직을 차지해서 무력으로 쿠데타를 일으켰고, 이 쿠데타는 다음 날 밤 총재정부의 해체 및 통령정부의 수립으로 이어졌다. 나중에 나폴레옹은 한 편지에서 이 일을 다음과 같이 회상했다.

> 구세주가 갑자기 출현할 신호를 보내자 국민은 본능적으로 그걸 알아차리고 그를 부른다. 장애물들은 없어지고. 전 국민은 '그가 왔다!'라고 외치는 것 같았다.

한편, 프랑스에서 혁명이 일어나 국왕 루이 16세가 사형을 당하는 일이 벌어지자 오스트리아와 프로이센, 러시아 등의 왕정 국가에서는 이런 사태를 매우 걱정스럽게 바라보았다. 혁명의 불똥이 자기들에게도 미칠까봐 두려웠던 이들은 프랑스에 간섭하기 시작했고, 왕당파가 호시탐탐 왕정복고를 노리는 가운데 혁명의 성과가 무산될지도 모른다는 불안감에 휩싸인 프랑스의 혁명 지지자들은 유능한 군인, 강력한 영웅을 간절하게 바랐다. 그들은 이 바람을 나폴레옹에게 걸었다. 사람들은 언제나 승리를 거두었던 그를 믿었으며, 그가 프랑스에 평화를 되찾아주고, 혁명의 성과를 더 탄탄하게 만들어 주리라 기대했다.

하지만 그는 기본적으로 인간의 이성을 믿기보다는 무력을 믿었다. 무력이 뒷받침되기만 하면 무엇이든 이룰 수 있다고 믿었다. 프랑스혁명의 기본 정신인 자유·평등·박애보다는 무력을 토대로 하는 독재의 힘을 믿었다.

나폴레옹은 이런 믿음에 편승해서 또 다른 꿈을 꾸었다. 황제가 되는 것이었다.

황제의 등극과 몰락

나폴레옹은 1800년 5월에 알프스 산맥을 넘어 두 번째 이탈리아 원정에 나섰고 6월에 마렝고 전투에서 승리하였다. 그리고 1802년 8월에는 종신통령이 되었다. 그리고 1803년 5월에 영국이 선전포고를 하면서 프랑스와 영국은 전쟁을 시작했고, 1804년에는 영국이 자금을 대서 나폴레옹을 암살하려고 한 사실이 드러났다. 이 사건을 계기로 나폴레옹은 보다 강력한 권력을 휘두를 수 있는 체제를 원했고, 그것은 황제가 되는 것이었다. 나폴레옹은 혁명 이념으로 유럽의 왕정을 쳐부수며 영토를 넓혔지만 혁명보다 더 달콤한 것을 맛보았다. 그것은 권력이었다. 권력욕이 구체제를 무너뜨린 해방자를 다시 구체제의 핵심적 상징인 황제로 만들었다.

"나폴레옹 대관식", 자크 루이 다비드. 대관식 행사 가운데 하나로 '황제' 나폴레옹이 아내 조세핀에게 황후의 관을 하사한다.

나폴레옹은 1804년 5월 28일에 제정(帝政)을 선포했다. 그리고 1804년 12월 2일에는 교황 피우스 7세가 직접 참석한 가운데 노트르담대성당에서 대관식을 가졌다. 나폴레옹은 황제 나폴레옹 1세가 되었다.

이 소식은 혁명을 반기던 유럽의 많은 사람들에게 실망을 안겨주었다. 베토벤도 그 가운데 한 사람이었다. 그는 "영웅교향곡"을 작곡할 때 나폴레옹에게 헌정할 생각이었다. 자유·평등·박애의 이념을 유럽으로 퍼트린 나폴레옹에게 무한한 존경심을 표하기 위해서였다. 하지만 나폴레옹이 스스로 황제의 칭호를 달며 혁명의 이념을 거스르자, 베토벤은 불같이 화를 내며 나폴레옹의 이름이 적혀 있던 악보의 표지를 찢어 내팽개쳤다. 그리고 애초에 생각했던 '보나파르트 교향곡'이라는 제목을 버리고 '영웅 교향곡'이라는 제목을 달았다.

황제가 된 나폴레옹은 유럽을 제패했다. 하지만 영국만은 예외였다. 그래서 영국을 압박하려고 대륙봉쇄령을 내렸다.

"영국과의 모든 교역을 금지한다. 영국과 영국의 식민지에서 들어오는 모든 상품을 몰수할 것이며, 영국 국적인 선박뿐만 아니라 영국이나 그 식민지의 해안에 들르는 모든 배를 나포하겠다."

하지만 대륙봉쇄령은 영국에게 그다지 큰 위협이 되지 않았다. 해외에 식민지가 많았고, 이미 충분한 경제력을 갖추고 있었기 때문이다. 봉쇄령의 피해는 유럽이나 다른 나라들에게 돌아갔다. 영국의 오랜 동맹자 포르투갈은 나폴레옹에 반발했다. 뒤이어, 나폴레옹의 형 조제프 보나파르트가 강압적으로 왕위에 오른 스페인에서 반란이 일어났다. 1809년, 나폴레옹은 이 반란을 진압하고, 오스트리아의 공격을 물리치면서 대륙봉쇄의 고삐를 더욱 죄었다. 그리고 1810년에는 아이를 낳지 못한 조세핀을 버리고 오스트리아 황제의 딸 마리 루이즈와 결혼하고 이듬해 아들을 낳았다. 이제 오스트리아도 프랑스의 속국 같았다. 그때까지만 해도 역사는 나폴레옹의 편에 선 듯 보였다. 하지만 사실은 그렇지 않았다.

프랑스혁명으로 탄생한 '나폴레옹 신드롬'은 혁명 정신과 민족정신을 전 유럽으로 퍼트렸고, 이것이 거꾸로 프랑스에 대한 저항을 키웠다. 예를 들어서 스페인의 반란지도자들이 1812년 카디스에서 소집한 국민의회가 선포한 헌법은 프랑스혁명 이념의 영향을 받은 것이었다.

나폴레옹은 러시아 원정에 실패한 뒤 몰락하기 시작했다. 동맹국들이 사방에서 프랑스를 압박했고, 결국 파리는 동맹군의 손안에 들어가고 나폴레옹은 1814년 4월에 황제의 자리에서 물러났다. 조건은 엘바 섬의 영주가 되어 해마다 프랑스 정부로부터 200만 프랑을 받고 400명의 자원 호위대를 거느리는 것이었다. 혁명의 주체들은 혁명을 배신한 나폴레옹이 권좌에서 떨어지는 걸 지켜보았다.

그 뒤 프랑스에는 복고왕정이 들어섰고 유럽을 나폴레옹 이전으로 되돌리고자 하는 정치적인 움직임이 진행되었다. 그러자 공화주의자들은 혁명 이념을 지키고 싶었고, 이런 분위기를 타고 나폴레옹은 다시 군사를 일으켜 파리에 입성했다. 하지만 그의 재기는 워털루전투의 패배로 백일천하로 끝나고 말았다.

자국의 이익을 추구하는 영국과 왕정복고를 원하는 세력 앞에 무릎을 꿇어야만 했다. 그리고 남대서양의 세인트헬레나 섬에 억류되었다가 6년 뒤인 1821년 5월에 사망했다. 그의 나이 쉰 두 살이었다. 그의 묘비에는 이름도 없이 '여기에 눕다(Ci-Git)'라는 말만 새겨졌다.

* * *

프랑스혁명이라는 거대한 드라마가 펼쳐지는 무대에서 주인공 역할을 맡은 사람들은 많았다. 하지만 이 가운데 가장 화려한 역할을 맡은 사람은 나폴레옹이었다. 구체제의 모순이 가장 첨예하게 드러날 수밖에 없는 프랑스의 변방에서 프랑스에 맞서 싸우던 독립투사의 아들로 시작해서 사령관과 통령 그리고 황제의 지위까지 올라갔다 다시 밑바닥으로 추락한 그의 삶은 그 자체로 혁명적이었지만, 정작 본인은 혁명가가 아니었다. 드라마의 주인공이긴 했지만, 그는 '나폴레옹'이라는 위대한 인물의 역할을 충실하게 수행한 배우일 뿐이었다. 혁명은 그의 가장 큰 관심사가 아니었다. 다만 그의 '연기'를 화려하게 부각시킨 무대일 뿐이었다. 그는 성공을 꿈꾸던 프랑스의 변방 코르시카 출신이었고, 이런 점에서 역사가 그를 프랑스혁명 드라마의 주요 인물들 가운데 하나로 선택한 것은 탁월한 캐스팅이었다.

나폴레옹.

비운의 가족사

할아버지가 아버지에게 스스로 목숨을 끊으라고 했고, 아버지는 할아버지에게 살려달라고 애원했다. 하지만 할아버지는 아버지를 뒤주 속에 가두어 8일 만에 죽게 했다. 1762년 조선에서 있었던 일이다. 이때 그 아버지의 죽음을 지켜본 아들의 나이는 열 살이었다. 이 아이에게는 아버지의 이복형이던 삼촌이 있었다. 아이가 태어나기 24년 전이자 아이의 아버지가 태어나기 7년 전이던 1728년에 아홉 살 어린 나이로 세상을 떠난 삼촌이었다. 할아버지는 손자를 이 죽은 큰아들의 양자로 들였다. 죄인의 아들은 왕이 될 수 없었기에, 손자가 자기 뒤를 이을 수 있도록 법률적인 장치를 마련한 것이다. 이때 아이의 나이는 열두 살이었다. 아버지가 바뀌는 상황은 아버지가 뒤주 안에서 죽는 것만큼이나 아이에게 충격이었다. 아이는 불쌍한 아버지를 생각하며 하루 종일 음식을 끊고 목을 놓아 울었다. 아이의 어머니는 애처로운 마음에 곁에 품고 누워서 달래며 잠을 재웠다. 하지만 냉혹한 할아버지는 손자를 불러서, 손자가 훗날 왕이 되었을 때 이 일을 어떻게 처리할지 다짐을 받는다.

"훗날 신하들 가운데 이 이 일을 놓고 왈가왈부한다면 옳다고 봐야 하겠는가, 아니면 그르다고 봐야 하겠는가?"

어린 세손(世孫)은 할아버지가 무슨 뜻으로 그렇게 묻는지 잘 알았다.

"그르다고 봐야 합니다."

할아버지는 다시 한 번 더 다짐을 받는다.

"그렇게 묻는 사람은 군자이겠는가, 아니면 소인이겠는가?"

"소인입니다."

할아버지는 사관들을 불러서 세손이 한 이 말을 기록하라고 지시했다.

그로부터 다시 12년이라는 세월이 흘러 1776년, 태평양 너머 미국에서 영국에 대해 독립을 선언한 바로 그해, 스물네 살의 청년이 된 손자는 할아버지가 죽자 할아버지의 뒤를 이어 왕위에 올랐다. 그가 바로 정조이다.

정조는 왕위에 오르자마자 다음과 같이 선언한다.

정조가 세손 책봉되기 전인 원손 시절에 외숙모에게 보낸 편지.

> 아아, 과인은 사도세자의 아들이니라. 선대왕께서 종통을 중요하게 여기시어 나를 효장세자의 후사가 되도록 명하셨지만, 전에 선대왕께 올린 상소를 보면 근본을 둘로 할 수 없다는 나의 뜻을 크게 알 수 있을 것이다. 예(禮)는 비록 엄격하게 지켜야 하겠지만, 정(情)도 역시 펴지 않을 수 없다.•

법률적으로는 효장세자의 아들이지만 인정적으로는 사도세자의 아들임을 부인할 수 없다는 단호한 천명이었다. 정조의 이 즉위 일성은 자기 아버지를 죽음으로 몰아갔으며 동궁 시절부터 자기를 제거하려고 애를 썼던 집단에 대한 선전포고였다. 이 집단은 노론, 특히 (사도세자의 죽음이 온당한 결과였다고 주장하는) 벽파였다. 이들과의 싸움의 본질은 왕권을 강화하고자 하는 것이었고, 싸움의 방향은 개혁이었다.

정조가 시작한 싸움은 아버지에게 억울한 죽음을 안긴 집단에 대한 복수심 때문이 아니었다. 물론 그것도 포함하지만 그보다 더 큰 이유가 있었다. '군사(君師)'를 실천해야 하는 국왕으로서 스스로 짊어졌던 존재론적인 사명감 때문이었다.

• 《일성록》 정조 즉위년(1776) 3월 10일.

미처 살고 정신 들어 죽다 ㅡ

유교적 계몽 절대군주, "나는 너희들의 임금이자 스승이다."

군주이면서 동시에 학문을 주도하는 스승, 즉 군사(君師)가 되기란 어려운 일이다. 군사가 된다는 것은 하늘의 명[천명]을 받은 군주가 하늘을 대신하여 백성을 기르고 가르친다는 뜻이었다. 이런 일은 중국의 춘추시대 이후 정치와 학문이 분리된 이후로 없었다. 하지만 이 일을 이루겠다는 것이 영조가 품었던 꿈이며, 또 실제로 스스로 그 일을 이루었다고 생각했다. 그래서 '군사(君師)'라는 용어는 집권 초반기는 물론이고 후반기에 들어서는 빈도와 강도가 점점 높아졌다. 영조는 또한 이 꿈을 자기 뒤를 이을 손자에게 심어주려고 애를 썼다. 영조는 세손이 군사(君師)를 실현할 수 있는 인물이라고 믿었던 것이다. 그랬기에 몸소 세손을 가르치길 게을리 하지 않았다. 그리고 세손 역시 할아버지의 뜻을 받아들였다.

> 영조 : 임금이 굶주리는 것이 좋은가, 백성이 굶주리는 것이 좋은가?
>
> 세손 : 임금과 신하 모두가 굶주리지 않는 것이 더욱 좋습니다.
>
> 영조 : 그렇지 않다. 임금은 비록 굶주리더라도 백성들이 굶주리지 않는 것이 더욱 좋다. 나라에 임금을 세우는 것은, 임금을 위해서인가, 백성을 위해서인가?
>
> 세손 : 군사(君師)를 세우는 것은 백성을 편안하게 하기 위해서입니다.
>
> 영조 : 군사의 책임을 능히 한 자는 누구인가?
>
> 세손 : 요·순 등 삼대(三代)의 임금이 모두 그러하였고, 그 이후에는 능한 자가 적었습니다.[•]

• 《영조실록》 영조 38년(1762년) 3월 30일.

영조 : 너는 군사(君師)가 되고 싶으냐 소국(小國)을 다스리는 임금의 모범이 되고 싶으냐, 천하를 다스리는 스승[王者師]이 되고 싶으냐?

세손 : 천하를 다스리는 자의 모범이 되고 싶습니다.

영조 : 그 뜻이 크구나. 사신(史臣)은 기록해 두어라. 만일 천하를 다스리는 스승이 될 수 없다면 군사도 될 수 없을 것이니, 저 사신에게 부끄럽지 않겠는가?●

이런 가르침을 영조는 죽기 직전까지 했다. 그리고 정조는 생애의 마지막 해인 1800년에 자기의 문집인 《홍재전서》를 보관하는 상자를 만들고 다음과 같은 명문(銘文)을 써넣었다.

영조의 노년 초상화.

…내가 정신을 집중하고 깊이 생각하여 만든 결정체이니, 비록 갑자기 유학의 도통을 전수한 것에는 견줄 수 없지만, 경서(經書)와 사서(史書)로 씨줄과 날줄을 삼아 복희, 신농, 요제, 순제, 우왕, 탕왕, 문왕, 무왕, 공자, 맹자, 정자, 주자의 단서를 터득했으니, 내가 만천명월(萬川明月)의 주인임은 묻지 않아도 알 수 있으리라.●●

이처럼 정조는 자기 학문이 복희와 신농에서 시작하여 주자까지 이르는 유학의 정통성을 계승했다고 자부한다. 하지만 이런 자부심은 죽기 임박해서가 아니라 영조가 그랬던 것처럼 이미 일찍부터 가지고 있었다.

한 나라의 군사(君師)가 된다는 것을 뒤집어서 해석하면, 학문(學問)에 기초한 강력한 왕권을 수립한다는 뜻이었다. 즉, 붕

• 《영조실록》 영조 40년(1764년) 3월 13일.

●● 《홍재전서》의 "홍우일인재전서(弘于一人齋全書)의 장명(欌銘). 김문식 번역.

당정치에 이리저리 휘둘리는 나약한 왕이 되지 않겠다는 뜻이었다. 붕당 위에 서서 붕당을 제어하며 신하들을 정치적으로 뿐만 아니라 학문적으로도 가르치겠다는 뜻이었다. 그렇게 해서 백성과 나라를 평안하게 하겠다는 뜻이었다. 부패한 사회의 기강을 바로잡으려면 임금이 먼저 공정한 입장에 서는 도덕적·학문적 성인이 되어야 한다는 성리학의 기본원리를 실천하겠다는 뜻이었다. 그것은 곧 계몽군주가 되겠다는 뜻이었고 절대군주가 되겠다는 의미였다.

정조의 "국화도".

> 달은 하나이며 물은 수만(數萬)이다. 물이 달을 받으므로 앞 시내(川)에도 달이요, 뒷 시내에도 달이다. 달의 수는 시내의 수와 같은데 시내가 만 개에 이르더라도 그렇다. 그 이유는 하늘에 있는 달은 하나이기 때문이다. 달은 본래 천연으로 밝은 빛을 발하며, 아래로 내려와서는 물을 만나 빛을 낸다. 물은 세상 사람이며, 비추어 드러나는 것은 사람들의 상(象)이다. 달은 태극(太極)이며, 태극은 바로 나다.•

하늘에 떠서 수만 개의 그림자를 비추는 것은 정조가 지향한 이상(理想)이었다.

그리고, 이상은 필연적으로 개혁을 부른다.

개혁의 신호탄, 규장각 설립

군사(君師)의 기본은 문치(文治)이다. 정치·경제·사회 등의 현실 문제 해결은 학문적으로 이루어져야 했다. 그런데 정조에

• 《홍재전서》의 "만천명월주인옹자서(萬川明月主人翁自序)". 정조 22년(1798년).

게는 이 문치를 이끌 기반이 없었다. 정조에게는 인재가 필요했고, 이 인재들을 선발하고 육성하고 또 이 인재들이 활동할 공간이 필요했다. 자기 뜻을 좇아서 성리학적 이상 국가를 건설하는 데 몸을 바칠 수 있는 개혁적 성향의 친위부대와 이들이 활동할 무대가 필요했다. 그 무대가 규장각이었다. 정조는 즉위하자마자 규장각을 설립했는데, 이것은 이미 세손 시절부터 계획을 세우고 있었다는 뜻이다. 하지만 처음 규장각의 기능은 역대 왕의 문서를 보관하고 연구하는 것이었다. 물론, 이것은 노론 벽파 중심이던 조정 대신들의 동의를 얻어내기 위한 핑계였다.

정조는 이 규장각을 중심으로 해서 문치의 기반을 닦기 시작했다. 서얼 출신 북학파의 박제가, 이덕무, 서이수, 유득공 등의 인재를 검서관으로 발탁했다. 정조가 이들을 택한 것은, 세손 시절이던 즉위 2년 전 1774년에 세손익위사시직(世孫翊衛司侍直)으로 세손을 가르친 사람들 가운데 하나였던 홍대용을 통해서 이들의 학문 수준과 기개를 알고 있었기 때문이다. 또한 서학과 북학이 가지고 있는 실용성에 대해서 어느 정도 인정을 하고 있었기 때문이다. 이때는 홍대용이 《의산문답》을 이미 쓰고 난 뒤였는데, 정조는 즉위하자마자 홍대용을 사헌부감찰로 임명하고, 그 다음 해에는 태인현감으로 임명한다.

또 즉위 6년째에는 초계문신(抄啓文臣) 제도를 마련했다. 서른일곱 살 이하의 당하관 중에서 재능이 있는 사람을 선발해 교육을 시키고 마흔 살이 되면 졸업하게 하는 일종의 재교육 프로그램이었다. 초계문신에 선발되면, 현직에 있는 사람은 직무를 면제해 주고 실직이 없는 사람에게는 군직(軍職)을 주어 학문에 전념할 수 있게 했다. 정조는 이들을 상대로, 수시로 직접 강론을 하고 또 정기적으로 시험을 치러서 능력을 평가했다.

정조의 초상화(부분).

……[정조가] 직접 초계문신(抄啓文臣)을 시험할 때였다. 문신들이 예절을 행할 때 잘못이 많자 하교하기를, '조정은 엄숙하고 경건해야 할 곳으로, 나아갈 때와 물러날 때, 꿇어앉을 때와 절할 때 모두 법도가 있다. 문신들은 옛사람의 글을 읽으면서 어찌 일상의 태도에서 그 정도를 살핀다는 뜻의 습용관(習容觀) 세 글자를 모른단 말인가. (…) 심상(尋常)한 예절이 이처럼 무질서하니 앞으로 어떻게 관직에 임할 수 있겠는가. 이 또한 가르침의 일단이니 이후로는 각기 조심하여 다시는 몸가짐을 잃지 않도록 하라.' 하였다.[*]

정조는 초계문신들에게 경전 공부만 시킨 게 아니었다. 시험에 출제되는 과제는 문체를 바로잡는 방안, 한강의 준설 방안, 환곡의 운영 방안, 인재의 고른 발탁 방안 등의 현실적인 문제들이 많았다. 말하자면 정조가 이들과 활발한 토론을 벌이면서 이들에게 자문을 구하는 한편, 이들의 현실 정치 감각을 벼르고 단련시킨 셈이었다.

현실 정치의 각종 현안들을 연구하고 대책을 강구함으로써 학문과 실무를 익히며 정조의 측근세력으로 성장한 초계문신들은, 이후 정조가 추진한 여러 방면의 개혁 작업에 실무 역량이 된다.

신해통공(辛亥通共)

노론은 신하들의 권력, 즉 신권(臣權) 중심으로 임금과 신하가 정치를 함께 해나가야 한다고 생각했다. 왕권을 중심으로

• 《홍재전서》의 《일득록》의 "훈어(訓語)"에서.

하는 절대군주 정치를 지향하는 정조로서는 왕권을 흔들어 정치권력을 가능하면 독점하려는 노론의 집요한 손길을 뿌리쳐야 했다. 노론이 독점하고 있는 정치권력을 어떻게든 깨서 조정에서의 노론의 영향력을 털어내야 했다. 그래야 왕권을 튼튼하게 세울 수 있고, '군사(君師)'를 실현할 수 있었다. 남인이나 서인 그리고 서얼 출신의 학자들을 가까이 두고 키우는 것만으로는 부족했다.

그런데 이때 좌의정 채제공이 나서 다음 내용이 포함된 발언을 했다. 영조 15년이던 1791년 1월이었다. 채제공은 3년 전인 1788년에 노론이 격렬하게 반대를 했음에도 불구하고 정조가 우의정에 임명했던 남인 계열이었다. 당시 정조는 채제공 임명에 반대하는 노론 관료를 열 명 가까이 파직했었다.

채제공(1720~1799). 사도세자의 폐세자 시도를 목숨 걸고 반대했었다.

도성에 사는 백성의 고통으로 말한다면 도거리 장사(매점매석 상행위)의 폐해가 가장 심합니다. 우리나라에서 난전(亂廛)을 금하는 법은 오로지 육전이 위로 나라의 일에 수응하고 그들로 하여금 이익을 독차지하게 하자는 것입니다. 그런데 요즈음 빈둥거리며 노는 무뢰배들이 삼삼오오 떼를 지어 스스로 가게 이름을 붙여 놓고 사람들의 일용품에 관계되는 것들을 제각기 멋대로 전부 주관을 합니다. 크게는 말이나 배에 실은 물건부터 작게는 머리에 이고 손에 든 물건까지 길목에서 사람을 기다렸다가 싼값으로 억지로 사는데, 만약 물건 주인이 듣지를 않으면 곧 난전이라 부르면서 결박하여 형조와 한성부에 잡아넣습니다. 이 때문에 물건을 가진 사람들이 간혹 본전도 되지 않는 값에 어쩔 수 없이 눈물을 흘리며 팔아버리게 됩니다. 그런데 이 물건을 제각기 가게를 벌려 놓고 곱절이나 되는 값을 매기고 파는데, 사지 않으면야 그만이겠지만 부득이 사야 하는 사람은 그 가게가 아니면 물건을 살 수가 없습니다. 이 때문에 그 값이 나날이 올라 물건 값이 비싸기가 신이 젊었을 때에 비해 3배 또는 5배나 됩니다. 근래에 이르러서는 심지어 채소나 옹기까지도 사사로이 서로 물건을 팔고 살 수가 없으므로 백성들이 음식을 만들 때 소금이 없거나 곤궁한 선비가 조상의 제사를 지내지 못하는 일까지 자주 있습니다. 이와 같은 모든 도거리 장사를 금지한다면 그러한 폐단이 중지될 것이지만 입을 다물고 있는 것은 단지 원성이 자신에게 돌아올까 겁내는 것에 지나지 않습니다. 옛사람이 말하기를 '한 지방이 통곡하는 것이 한 집안만 통곡하는 것과 어찌 같으랴.' 하였습니다. 간교한 무리들이 삼삼오오 떼 지어 남몰래 저주하는 말을 피하고자 도성의 수많은 사람들의 곤궁한 형편을 구제하지 않는다면, 나라를 위해 원망을 책임지는 뜻이 어디에 있겠습니까. 마땅히 평시서(平市署)*로 하여금 20, 30년 사이에 새로 벌인 영세한 가게 이름을 조사해 내어 모조리 혁파하도록 하고, 형조와 한성부에 분부하여 육전 이외에 난전이라 하여 잡아오는 자들에게는 벌을 베풀지 말도록 할 뿐만이 아니라 반좌법(反坐法)**을 적용하게 하시면, 장사하는 사람들은 서로 매매하는 이익이 있을 것이고 백성들도 곤궁한 걱정이 없을 것입니다. 그 원망은 신이 스스로 감당하겠습니다.***

시전 상인은 조정이 필요로 하는 물건을 독점적으로 제공하는 일종의 관허 특권 상인이었던 터라, 주로 서울 및 송도의 부상(富商), 도고 그리고 특권을 가지고 있지 않은 수공업자 등이 중심인 난전은 새로운 시장을 개척해야 했기 때문에 물건의 품질과 가격으로 승부할 수밖에 없었다. 그랬기에 시전은 난전에게 밀릴 수밖에 없었고, 이런 상황을 타개하고자 시전은 금난

• 시전(市廛)과 도량형(度量衡), 물가 등에 관한 일을 관장한 관청.
•• 거짓으로 죄(罪)를 씌운 자에게 그 씌운 죄(罪)에 해당하는 벌을 주는 제도.
••• 《정조실록》 정조 15년(1791년 1월 25일).

전권 즉 난전을 막을 수 있는 권리를 보장받고 있었다.

채제공의 제안은 겉으로만 보자면 민폐를 해소하자는 내용이었지만, 사실은 노론의 신권(臣權)을 가능하게 해주는 돈줄을 막자는 것이었다. 17세기 이후로 농업생산력이 발달하고 상업 활동이 활발해지면서 서울은 상업도시로 발전하기 시작했고, 농촌 출신 유민들이 서울로 유입되어 인구도 크게 늘어났다. 18세기에 이미 서울은 전국적 시장권의 중심으로 인구 30만 명 이상을 수용할 수 있는 대도시로 성장해 있었다. 서울뿐만 아니라 물품의 유통 거점 기능을 하는 도시들을 중심으로 한 수도권의 인구도 빠르게 증가했다. 이런 사정이었던 만큼 시전을 통한 경제 활동에서 비롯되는 정치자금은 권력층에서 예전에 없었던 부의 원천이었는데, 이것을 정조가 막아버렸던 것이다. 채제공이 조정 회의 자리에서 이런 제안을 하기 전에 정조와 미리 머리를 맞대고 정치적인 효과를 계산했을 것임은 당연하다.

채제공이 올린 이 안에 대해서 정조는 저자의 백성들에게 육전(六廛)＊ 이외에서도 물건을 매매할 수 있도록 허락하였다. 이른바 신해통공이 실시된 것이다.

그리고 보름쯤 뒤에 채제공은 다시 이렇게 말한다.

"신이 경연에서 아뢴 뒤로 어물 등의 물가가 갑자기 전보다 싸졌다고 하니, 개혁을 하고난 뒤에 실효가 있을 것은 이로써 미루어 알 수 있습니다."

그러자 김문순이 반대하고 나섰다. 김문순은 정조의 가장 큰 적이었던 노론 벽파의 인물로 정조가 죽은 뒤에 세도정치를 주도하게 될 인물 가운데 하나였다. 하지만 정조는 이렇게 말

＊ 육전은 입전(立廛), 면포전(綿布廛), 면주전(綿紬廛), 포전(布廛), 저전(紵廛), 지전(紙廛)이다.

하며 분명하게 못을 박았다.

"여러 가지 점포와 난전을 모두 철저히 금지하자는 것은 아니고 그중에서 일상생활에 가장 긴요한 물품을 취급하는 점포에 대해서 말한 것일 뿐이다. 다시 더 헤아려서 속히 이 폐단을 바로잡으라."

그렇게 신해통공이라는 개혁 조치는 정조의 승리로 매듭이 지어졌고, 이는 조선에서 상업이 발전하는 중요한 계기가 되었다. 시장을 활성화하는 것은 시대의 흐름이었고, 박제가를 비롯한 북학파 인사들이 줄곧 주장해온 내용이었다.

하지만 그렇다고 해서 정조가 북학파의 주장을 받아들여 시대의 흐름에 부응해 청의 문물을 배운다는 차원에서 이런 조선 최대의 획기적인 개혁 조치를 단행한 것은 아니었다. 어디까지나 절대군주를 지향하며 왕권을 강화하기 위한 것이었고, 성군(聖君)으로서 백성의 고통을 어루만져 주기 위한 것이었다. 세손 시절부터 꿈꿔왔던 '군사(君師)'를 실현하기 위해 자기 길을 가는 것뿐이었다.

진산사건과 문체반정(文體反正)

정조는 노론을 견제하려고 소론과 남인 및 개혁적인 서얼을 중용해 권력의 균형을 잡으려고 했다. 하지만 이 균형은 늘 불안했다. 그러던 중에 이른바 '진산사건'이 일어났다. 신해통공이 실시된 1791년 겨울이었다.

천주교를 신봉하던 전라도 진산 출신 윤지충이 모친상을 당하여 천주교 의식에 따라 혼백(魂帛)과 위패(位牌)를 폐지하고 제사를 지내지 않았고, 윤지충의 외사촌으로 역시 천주교도이던 권상연도 고모의 제사를 지내지 않았다. 이 사건에 대해서 정조는 윤지충과 권상연을 사형에 처하고, 진산군은 5년을 기한으로 현(縣)으로 강등했으며, 당시 진산군수이던 신사원을 그 지방에 유배하도록 명하였다. 그리고 집안에 서양 책을 소장한 자는 관청에 자수하게 하였다.

> …이상의 내용을 금석 같은 법전에 기록한 뒤 묘당에서 먼저 오부(五部) 안의 마을에 엄히 밝혀 알리도록 하고 외방(外方)에도 똑같이 반포토록 하라. 이제 처리를 이미 엄하게 하여 이른바 사학의 일을 모두 결말지었다. 그러니 다시 이러쿵저러쿵하는 말을 공거(公車)에 올려 번거롭게 응수하게 한다면 오히려 아예 일삼지 않는 의리가 못될 것이니, 이렇게 분부하는 것이다.*

정조는 그렇게 문제를 덮으려고 했다. 하지만 이 일은 그 뒤로도 계속 조정에서 쟁점이 되었고, 결국 정조가 죽은 뒤 순조 1년인 1801년에 심환지 및 정순왕후(영조의 계비)를 중심으로 한 노론 벽파의 주장대로 신유박해로 이어져 남인 몰락 나아가 정조가 이룬 개혁을 철폐하는 신호탄이 된다.

정조는 천주교에 관용을 베풀었지만 천주교를 옹호하자는 것은 결코 아니었다. 성리학의 기본, 나아가 국가 이념의 근본을 흔드는 것이었기 때문이다. 다만, '성왕(聖王)의 덕'으로써 감화시키고자 했을 따름이었다.

> 이단의 피해는 홍수나 맹수보다 더 심하니, 만약 발견되는 대로 엄히 징계하지 않는다면 세도(世道)와 사문(斯文)을 위해 걱정되는 것이 과연 어떻겠는가. (…) 공자께서 '이단을 공격하면 해로울 뿐이다.' 하지

• 《정조실록》 정조 15년(1791년) 11월 8일.

않았던가. 공격이란 말은 전적으로 다스린다는 말이다. 전적으로 다스리기를 일삼는 것은 도리어 중국은 오랑캐를 치기를 일삼지 않는다는 뜻과 어긋나는 것이다. (…) 설혹 적발되지 않은 자가 있더라도 끝까지 추적해서 찾아낼 필요는 없다. 스스로 잘못을 고치는 길을 찾도록 해야 한다.•

이렇게 잘못을 고치는 길을 찾는 과정의 핵심은 문체를 바로잡는 일에 있다고 정조는 보았다. 경학을 소홀히 하기 때문에 이런 폐단이 생겼다고 본 것이다. 그래서 1992년부터 문체반정 작업을 본격화 한다.••

하지만 문체는 세상과 세계관을 반영하는 법. 생산력의 발전으로 복희와 신농 그리고 공자와 맹자가 상상하지 못했던 새로운 사회가 펼쳐지던 세상, 따라서 경학에 힘을 쓸 필요가 없어진 세상에서, 정조가 바란 대로 경학을 통해서 문체가 바로잡아질 리 없었다.

이런 점에서, 남인의 주요 인물인 이가환을 비판하는 이동직의 상소에 대한 답서에서 드러나는 정조의 판단은, 남인을 공격하는 반대파의 창끝을 막아주어 조정의 권력 균형을 무너뜨리지 않으려는 의도의 정치적인 수사(修辭)가 개입되었음을 고려한다 하더라도, 너무 순진하다. 아니면, 개혁의 동반자인 남인을 보호하기 위해서 정말로 순진함을 가장했거나.

…패관(稗官) 소품으로서 저속하고 음란한 것들을 입 가진 사람이면 한마디씩 해보지만, 그것은 마치 구자(龜玆)나 부여(夫餘)같이 작은 나

• 《정조실록》 정조 15년(1791년) 10월 23일.
•• 문체반정에 대해서는 6장을 참조하시오.

라들이 각기 제 나름대로 모양을 갖춘 듯하여도 모기의 눈썹이나 달팽이의 뿔처럼 보잘것없는 것과 같다. 그런데 그것을 집집마다 찾아가서 오류를 바로잡고 사람마다 그 어긋남을 고쳐 주도록 하자면 임금 된 자가 너무 힘이 들지 않겠는가. (…) 마음에 맞아 어울린 자들이 우스개나 일삼고 이상한 짓을 하는 무리였던 것이다. 그리하여 주변이 외로우면 외로울수록 말은 더욱 괴팍해졌을 것이고, 말이 괴팍해질수록 문장도 더욱 엉뚱해졌을 것이다.[•]

이런 순진함은 (정조가 실제로 순진했거나 아니면 정치적인 수단으로 순진함을 동원했거나 간에) 군주이면서 또한 스승이 되는 길을 좇아서 조선 최고의 문예부흥기를 연 정조의 힘이었지만, 또한 동시에 자기 스스로 그은 한계이기도 했다.

왕릉 방문과 화성(華城) 건설

17세기 이후로 농업생산력이 발달하고 상업 활동이 활발해지면서 서울은 상업도시로 발전하기 시작했고, 농촌 출신 유민들이 서울로 유입되어 인구도 크게 늘어났다. 18세기에 이미 서울은 전국적 시장권의 중심이자 인구 30만 명이 넘는 대도시였다. 서울뿐만 아니라 수도권의 인구도 빠르게 증가했다. 1794년 1월에, 아버지와 어머니의 묘로 새로 조성한 현륭원 참배를 마친 정조는 높은 곳에 올라 팔달산 아래 화성을 지을 터를 바라보면서, '이곳은 본디 허허벌판으로 인가가 겨우 5, 6호였는데 지금은 1000여 호나 되는 민가가 즐비하게 찼구나. 몇 년이 안 되어 어느덧 하나의 큰 도회지가 되었으니 지리(地理)의 흥성

• 《홍재전서》의 "부교리 이동직(李東稷)이 이가환(李家煥)을 논척하는 상소에 대한 비답".

함이 그 시기가 있는 모양이다.'라고 한 점에 미루어봐서도 수도권의 빠른 인구 증가 상황을 엿볼 수 있다.

정조는 이 수도권에 산재해 있는 왕릉을 재위 24년 동안 총 66회 방문하면서, 왕실 권위를 높여 왕권을 강화하는 한편 대민 접촉과 민원 해결의 기회로 삼았다. 능행 때 제기된 민원은 총 3,355건이었는데, 정조는 환궁하는 즉시 이를 처리하여 담당관서로 내려 보냈다.[*] 정조는 능행을 통해서 백성을 만나는 기회를 늘리고 유교적 군주정치의 이상인 민본정치·여론정치를 실현해서 성왕(聖王)으로서의 본분을 다하고자 했던 것이다. 그랬기 때문에, 정조가 능행을 한다는 소문이 돌면 행차 구경과 민원 제기를 할 생각으로 전국에서 백성들이 모여들었다.

《화성성역의궤(華城城役儀軌)》의 화성전도. 가장 높은 곳이 서장대이다. (참조 : 수원화성박물관)

왕실의 권위를 높이기 위한 또 하나의 거대한 사업이 있었다. 화성을 건설하고 그 안에 행궁(行宮, 임금이 멀리 거둥할 때 임시로 머무르는 별궁)을 중축하는 일이었다.

현륭원 조성 이후 5년 동안 구상 과정을 거친 화성 건설은 1794년부터 본격적으로 진행되었는데, 이 해는 사도세자가 살아 있었다면 환갑을 맞는 해이기도 했고 태조 이성계가 개경에서 한양으로 천도한 지 400년 되는 해이기도 했으니 정조 개인으로서나 왕실로서나 각별한 의미가 있는 해였다. 아울러 공사 인력을 부역으로 조달한 게 아니라 임금노동제 방식으로 조달함으로써, 토지를 경작하지 못하고 밀려났거나 흉년으로 먹을 게 없어진 백성의 살림살이 및 경

• 김문식, 《정조의 제왕학》에서.

제 활성화를 꾀하였다는 점에서, 화성 건설은 국왕을 중심으로 국가 전체의 사회적·경제적 생산력을 높이고자 한, 정조로서는 회심의 역작이었다.

화성은 총 길이 5.7킬로미터에 면적 1.2평방킬로미터이다. 애초에 10년이 걸릴 거라고 예상했지만, 단 2년 9개월 만에, 공사 기간만으로 계산하면 불과 28개월에 만에 모든 공사가 끝이 났다. 치밀한 준비와 추진력과 첨단의 기술력 그리고 합리적인 임금노동제가 한데 어우러졌기 때문에 가능한 일이었다. 공사에 투입된 인원은 목수 3,035명, 미장이 295명, 석수 642명을 비롯해 기술자만 11,820명이었다.

수원화성의 화서문과 서북공심돈.

그리고 공사가 한창 진행 중이던 1795년 윤2월, 정조는 어머니 혜경궁 홍씨를 모시고 7박 8일 일정으로 화성을 방문했다. 정조가 내세운 표면적인 이유는 어머니의 회갑 잔치를 화성행궁에서 거행한다는 것이었지만, 행사는 그것뿐만이 아니었다. 문무과 별시를 치렀고, 가난한 백성에게 쌀을 지급했다. 또한 공사 중이던 화성에서 군사 훈련을 지휘했다. 지난 20년 동안 왕으로 있으면서 이룩한 위업을 과시하고 백성과 친위 세력을 결집시켜 국왕의 권위를 한껏 떨치며 개혁에 박차를 가하겠다는 정치적인 의미가 녹아 있었다. 다음 쪽의 그림은 정조가 모든 행사를 마치고 돌아가는 길에 선두가 시흥행궁에 막 다다른 장면이다. 6천여 명의 인원과 1,400필의 말이 동원된 장관을 교묘하게 배치했으며, 구경꾼들의 평화롭고 자유로운 모습을 다양하게 묘사했다.

《원행을묘의궤도》 가운데 '시흥환어행렬도(김홍도)', 1795년 윤2월 15일 화성에서 출발한 어가 행렬의 선두가 막 시흥행궁에 다다랐다. 지도 중상(中上) 부분에 휘장으로 가린 혜경궁의 가마가 보이고, 그 바로 뒤에 정조의 좌마(座馬)가 서 있다. 정조가 직접 혜경궁에게 미음과 차를 올리려고 잠시 멈춘 것이다. 그 곁 길가 빈터에 수라를 실은 수레와 음식을 준비하는 막차(幕次)가 보인다.

정조의 사망

1800년 6월 14일, 정조가 내의원을 편전으로 불러 진찰을 받았다. 이때 종기에 따른 통증을 정조가 처음 언급했다.

밤이 되면 잠을 전혀 깊이 자지 못하는데 일전에 약을 붙인 자리에 지금 이미 고름이 떠졌다. (…) 등 쪽에 또 종기 비슷한 것이 났는데, 지금 거의 수십 일이 되었다. 그리고 옷이 닿는 곳이므로 삼독[麻毒]이 상당히 있을 것이다. (…) 두통이 많이 있을 때 등 쪽에서도 열기가 많이 올라오니 이는 다 가슴의 화기(火氣) 때문이다.*

그리고 정조는 결국 보름쯤 뒤인 6월 28일에 사망한다. 그의 죽음과 함께 그가 20년 동안 애써 쌓은 것들이 빠르게 무너졌다. 정순왕후가 수렴청정에 나섰고 전권을 장악한 노론 벽파는 규장각 초계문신을 선발하지 않았으며 정조가 심혈을 기울여 왕실 살림을 쪼개가며 육성한 조선 최

• 《정조실록》 정조 24년 6월 14일.

고의 군영 장용영을 해체했고, 화성의 의미를 백성을 궁핍하게 하고 국가 재정을 고갈시켰다며 깎아내렸으며, 뒤이어 천주교에 대한 대대적인 탄압을 핑계 삼아 남인 계열의 진보적 사상가와 정치세력을 탄압하며, 역사의 수레를 과거로 되돌렸다.

언제나, 파괴는 창조보다 쉬운 법.

이어지는 세도정치의 그늘 아래에서 조선은 멸망의 길을 향해 달려간다. 왕권을 강화해서 이를 기반으로 사회를 개혁하겠다는 계몽군주 정조의 이상은 그렇게 무너지고 말았다.

* * *

정조는 기존의 봉건 질서를 지키려고 했고, 나폴레옹은 그 질서를 부수려고 애를 쓰다 스스로 그 봉건 질서의 핵심인 황제가 되었다. 그러나 지키는 일은 역사의 물결을 거슬러야 해서 부수는 일보다 더 어려웠다. 두 사람 다 왕권을 강화하려고 했지만, 정조는 문(文), 즉 정통 성리학을 기반으로 삼았고 나폴레옹은 무(武), 즉 군대를 기반으로 삼았다. 정조의 적은 내부에 있었지만 나폴레옹의 적은 외부에 있었다. 그랬기에 정조의 죽음은 부끄러움과 자조로 이어지고, 나폴레옹의 죽음은 아쉬움과 긍지로 이어진다. 정조의 죽음으로 조선은 무너지지 않을 수 있거나 혹은 적어도 아름답게 무너질 수 있는 기회를 놓쳤고, 나폴레옹의 황제 즉위로 프랑스는 프랑스혁명이라는 역사의 드라마에서 가장 화려한 역할을 한 배우를 가질 수 있게 되었다. 그런데 공교롭게도 두 사람의 죽음에는 모두 독살에 의한 타살이라는 의혹이 따라다닌다.

독살설

나폴레옹의 시신은 세인트헬레나 섬에 묻힌 지 19년 만인 1840년에 파리로 돌아와 앵발리드에 안치되었다. 그런데 나폴레옹이 독살되었다는 소문이 그가 죽은 뒤로 꾸준하게 나돌았다. 그리고 마침내 현대의 과학자들은 그가 죽은 지 140년 만에 이 소문의 진위 여부를 가리겠다고 나섰다. 방법은 시신의 머리카락에 함유된 비소의 양과 위치를 측정하는 것이었다. 검사 결과는 놀라웠다. 비소가 정상치보다 무려 15배나 많았을 뿐만 아니라, 머리카락에 분포해 있는 비소 위치로 볼 때, 나폴레옹은 죽기 넉 달 전부터 다량의 비소를 꾸준히 복용해 왔던 것으로 드러났기 때문이다. 하지만 그에게 비소를 몰래 먹인 사람이 영국군 병사였는지 아니면 그의 부하였는지, 그것도 아니면 그가 직접 고용한 의사였는지는 알 수 없었다. 역사의 수수께끼로 남아 있다.

정조가 독살되었을지도 모른다는 의심은 우선, 그가 죽기 한 달 전쯤인 5월 그믐에 노론 벽파에게 사도세자의 죽음이 억울했다는 사실을 받아들이라고 최후통첩 했다는 사실에서 출발한다. 이 최후통첩은 벽파의 근거를 압박하는 것이었다. 게다가 또, 남인에 대한 대대적인 등용을 앞둔 시점에서 그의 죽음은 너무도 갑작스러웠다.

또 정조가 사망한 직후이자 순조 즉위일이던 7월 4일에 사헌부와 사간원에서 정조의 죽음에 의혹이 있다면서 정조를 치료한 어의(御醫) 심인을 처벌해야 한다고 주장하고 나섰다. 7월 13일에는 대사간 유한녕이 심인을 흉적으로 지칭하며 공격했다. 심인이 독살을 실행했다는 뜻이었다. 정순왕후는 심인을 비호한다는 비난이 자기에게 쏟아지자 7월 20일에 '인심의 분노는 막기 어려워서 물정이 점점 격렬하여지니 따르지 않을 수가 없다.'고 밝혔고, 뒤이어 8월 10일에 유배지로 향하던 심인을 사형시켰다. 따로 조사하는 과정을 거치지도 않은 바람에, 만일 심인이 독살을 실행한 인물일 경우 배후를 캐낼 기회는 완전히 사라져버렸다. 독살설을 제기하는 측의 관점에서 보자면, 증거를 없애려는 의도적인 행위일 수 있었다. 그러나 의혹은 그뒤로도 꾸준하게 제기되었다. 다음 해인 순조 1년에 홍문관 부교리 이인채는 다음과 같이 상소를 올렸다.

> …작년 여름 망극한 변을 당하였을 때에는 진실로 조금이라도 상도(常道)를 지키려는 마음이 있는 자라면 그 누군들 역적 심인을 직접 칼로 찌르고 싶어 하지 않았겠습니까? 그런데 저 이광익은 또한 유독 무슨 심정이기에 불공대천의 분개하는 마음은 조금도 없고, 은밀하게 비호하려는 뜻을 드러나게 가지고…•

심인이 '세상이 다 아는 역적'임을 전제로 하고 있다. 또 정순왕후가 순조 5년(1805년)에 세상을 떠나자 조정에서 권력층의 변동이 생기는데 이때 사간원 박영재는 심환지의 죄상을 열거하면서, '역적 심인'을 어의로 진출한 죄를 가장 먼저 꼽는다. 정조 독살의 배후가 바로 심환지라는 말이었다.

이처럼 정조가 독설되었다는 것은 당시의 많은 사람들에게는 일종의 상식이었다. 하지만 물증이 없었다. 정조 독살설은 조선 왕조에서는 끝내 공식적으로 확인되지 않았다. 지금도 마찬가지다. 온갖 설만 있을 뿐이다. 어떤 의료팀은 급성감염성 질환이나 패혈증 혹은 뇌혈관성질환이 사망 원인일지도 모른

• 《순조실록》 순조 1년(1801년) 5월 17일.

다고 추측한다. 실제 사인은 수수께끼다. 그러나 역사의 중요한 순간에 중요한 인물이 사망한 사건의 전모가 안개 속에 가려져 있고, 또 그 사건이 있고 나서는 그 인물과 정치적으로 반대편에 서서 대결하던 세력이 집권했다는 것은 그 자체로, 거기에 어떤 음모가 내재되어 있었다는 뜻이 아닐까, 상식적으로.

9장 | 김홍도 VS 호가스

—풍속화로 근대의 새벽을 증언하다

월리엄 호가스(1697~1764)와 단원 김홍도(1745~1806)
는 각각 영국과 조선의 18세기를 풍속화로 증언하며
당대 대중의 사랑을 한몸에 받았다. 호가스가 쌓은
예술적 성취는 그 이후 사실주의로 이어졌지만, 김홍
도의 그림은 역사로만 희미하게 남았다. 영국 및 유
럽에서는 시민혁명이 성공해서 시민이 역사의 주인
이 되었지만, 조선에서는 이런 혁명이 없었기 때문이
다. 이런 혁명에 대한 전망이 없었던 중인 김홍도는
그저 풍류 속에서 한 세상을 살고자 했다.

풍속화, 세상을 증언하는 그림

풍속화는 특정 계층을 대표하는 사람들의 일상적인 모습을 다룬 그림을 말한다. 하지만 17세기부터 모습을 드러내기 시작해서 18세기와 19세기와 활짝 꽃을 피운 조선 및 서양의 풍속화는 그 이전의(거슬러 올라가자면 선사시대까지 거슬러 올라갈 수 있는) 풍속화와 중요한 점에서 다르다. 우선 이 풍속화의 대상이 되는 계층에 속한 사람(혹은 그 계층을 우호적으로 바라보는 사람)이 자기들의 모습을 그렸다. 이것은 그간 사회의 주류에서 소외된 계층이, 사회가 변화하는 가운데 새롭게 사회의 주류로 편입되기 시작하면서 자기들의 삶과 존재가 가지는 의미를 적극적으로 찾아내려는 시도의 한 측면이었다. 이런 시도 속에서 풍속화가 나타났으며, 또한 이런 현상이 전체 사회에서 상업적으로나 문화적으로 중요한 한 부분으로 자리 잡기 시작했다.

사대부 혹은 교황이나 귀족의 기준이나 취향과 전혀 상관없이 시정잡배의 눈으로 세상을 바라보고 그림을 그렸으며, 또 그렇게 그린 그림을 자기들끼리 돌려보며 낄낄거리며 좋아하게 되었다. 이 그림들은 높은 가격에 팔렸고 또 이런 그림을 그리는 사람들이 존경을 받았다. 전에 없던 일이었다.

> 김홍도는 여염의 일상 풍속을 그렸는데, 대저 저잣거리, 화류가와 여간 앞 나그네 모양새며 땔나무와 오이 파는 모습, 중과 여승, 불자들과 봇짐꾼이며 비렁뱅이 등등을 형형색색 각기 그 묘를 다하여 그렸다. 부녀자와 어린아이도 한번 화권을 펼치면 모두 턱이 빠지게 웃으니, 고금의 화가 중에 없던 일이다.*

이렇게 해서, 동서양을 막론하고 '속화(俗畵)'나 '쁘띠 장르 (Petits Genres)'라는 이름으로 태생부터 멸시를 받았던 풍속화는 사회의 변화 속에서 새롭게 등장한 근대적인 인간 군상을 화폭에 담아냄으로써 역사의 중요한 한 시기, 즉 근대가 태동되던 시기를 증언한다. 단원 김홍도의 그림과 윌리엄 호가스의 그림이 그랬다. 이들은 200여 년 전의 그 아름다우면서도 추악하던 시절, 그 역동적이던 세상을 그림으로써 우리에게 증언해준다.

풍요와 탐욕의 도시 런던

버나드 맨더빌이 '개인의 악덕이 공공의 이익이다'라는 부제를 달아서 《꿀벌의 우화》를 출간한 게 1723년이었다. 부(富)를 끌어 모으려면 신이 부여한 도덕을 가차 없이 내팽개치라는 맨더빌의 야유대로, 바야흐로 형성되기 시작하던 자본주의 시장경제의 판을 무대로 사람들이 부(富)를 좇아서 미친 듯이 날뛰던 때였다. 런던의 가난한 집 남자 아이들은 굴뚝청소부로일을 하며 무릎과 팔꿈치에 화상을 입어야 했고, 빅토르 위고는 소설 《웃는 남자》에서 여자 아이들은 '나이 겨우 여덟에 매춘부가 되어서 스무 살이 되면 늙어서 그 짓조차 그만두어야 했다.'고 그때를 묘사했다.

바로 그때 윌리엄 호가스는 스물여섯 살이었다. 열다섯 살에 시작했던 은세공 도제시기를 끝내고 독립한 지 3년이 지난 뒤였고, 새무얼 버틀러의 소설 《후디브라스》에 판화로 삽화를 그림으로써 처음 화가로 이름을 알린 때였다. 이때부터 그는

• 서유구의 《임원경제지》의 "동국화첩"에서. 오주석의 《단원 김홍도》에서 재인용.

"최신식 결혼 – 결혼 계약", 1743년.

판화가·화가로서의 길을 본격적으로 걸어갔고, "매춘부의 일대기"라는 연작화로 화가로서 명성을 떨쳤다.

자본가로 재빠르게 변신하지 못한 귀족층은 몰락하던 시절이었다. 몰락한 귀족은 그동안 해왔던 사치스런 생활을 계속 이어가려고 졸부가 된 평민과 정략결혼을 하는 게 유행이었다. 졸부들도 귀족의 칭호와 명예를 얻을 수 있었으니 양측의 이해는 맞아떨어졌다. 호가스는 이런 세태를 총 여섯 점으로 구성된 연작화 "최신식 결혼"으로 풍자했는데, 실화를 바탕으로 했다. 이 작품의 모델은 스콴너더필드 백작의 아들과 어떤 상인의 딸이다. 백작의 아들은 매춘부와 방탕을 생활을 했고, 상인의 딸과 바람을 피운 변호사는 질투에 눈이 멀어서 백작의 아들을 죽였고, 젊은 미망인은 독약을 먹고 자살했다.

이 연작화의 첫 번째 작품이 "결혼 계약"이다. 열린 창문 밖으로 보이는 무너져가는 성의 주인인 절름발이 귀족은 자기 가문의 '고상한 뼈대'를 자랑하며 가계도를 가리키고 있고, 붉은 옷을 입은 신부의 아버지는 이 결혼과 관련된 계약 사항을 적은 계약서를 들고 있다. 한편 결혼 당사자인 젊은 남녀는 당시 유행하던 프랑스식 복장으로 화려하게 꾸몄는데, 하나의 끈으로 연결되어 있지만 서로 관심이 없는 두 마리의 개처럼, 서로에게 아무런 관심도 없다. 심지어 예비신부는 변호사가 붙이는 수작을 아무 생각 없이 받아들이고 있다. 두 사람 뒤의 벽에 걸린 메두사 그림은 이들의 결혼이 평탄하지 않을 것임을 예고하고 있다. 하지만 이것은 당시에 유행하던 '최신식 결혼'이었다. 돈이 명예도 사고 권력도 사는 세상, 그것이 '최신식' 사회였다.

호가스는 이 연작화를 판화로 제작했고 (김홍도의 그림을 보고 조선 사람들이 그랬던 것처럼) 사람들은 남자와 여자 혹은 어른 아이 할 것 없이 모두 보고는 턱이 빠지게 웃었으니, 그런 일은 일찍이 영국에서 없던 일이었다. 이렇게 호가스는 대중적인 풍속을 대중적인 눈으로 바라보며 풍자했다.

"진 레인(술집 거리)", 1751년.

호가스의 눈에 비친 런던 거리의 모습, 정확하게 말하면 낡은 체제가 무너지고 새로운 체제가 서는 격동기의 런던 뒷골목의 풍경, 뒷골목 서민들의 인생살이는 지옥도나 다름없었다. 그가 역시 연작 판화로 그렸던 "매춘부의 일대기"나 "진 레인"이 그랬다.

"진 레인"에서 사람들은 전부 술에 미쳐 있다. 그림 왼쪽의 전당포 앞에는 목수가 술 살 돈을 마련하려고 톱을 저당 잡히려 하고, 주부도 주방용품을 맡기려고 줄을 섰다. 가슴을 훤히 드러낸 채 계단에 널브러진 여자는 술에 취한 채 코담배를 꺼내려 하는데, 자기 아기가 난간 아래로 떨어지는 것도 알지 못한다. 그리고 아기가 떨어지는 곳에는 술을 파는 가게의 입구가 있다. 그 입구 위에는 '1페니를 내면 취할 수 있고, 2페니를 내면 죽도록 취한다.'라는 글귀가 적혀 있다. 사람들은 여기저기서 죽어나간다. 목을 매서 자살하는 사람도 있다. 건물은 폐

허가 되고 거리는 슬럼가로 변해간다. 욕망을 좇는 경주에서 패배한 사람들의 서글픈 사연들이다.

사람들은 그의 그림에서 화가로서의 전문적이고 매혹적인 기술을 원하지 않았다. 다만, 빠른 속도로 변하고 있던 사회의 어떤 모습들을 읽고자 했고, 그런 갈망을 호가스는 충실하게 채워주었다. 달리는 차 안에서 사람들은 자기가 달리는 것을 느끼지 못하듯이 빠르게 변화하는 사회 안에서는 그 변화를 느끼지 못한다. 이런 사람들에게 호가스는 그 시대의 변화를 이야기했고, 그 이야기가 후대에는 그 시대의 증언으로 남았다.

영국은 1588년에 스페인의 무적함대를 격파함으로써 16세기 네덜란드, 스페인과의 해상권 쟁탈전에서 최후의 승자가 되었고, 17세기에는 모직물을 비롯한 상품 무역과 노예 시장을 독점하고 유럽과 북미 식민지, 인도를 연결하는 황금의 삼각 무역을 통해 막대한 상업적 부를 축적했다. 아직 자본주의 시장경제가 확립된 상태는 아니었지만, 이런 무역 독점 및 식민지 수탈로 인한 이득과 자본의 축적은 자본주의 시장경제의 확립 및 산업 혁명에 필요한 조건을 충족시켰다.

제임스 와트가 증기기관을 발명한 것은 1769년으로 호가스가 죽고 3년이 지난 뒤이다. 그리고 1770년대에 영국에서 산업 혁명이 시작되었고, 그 뒤 인간 역사상 최초로 인간사회의 생산력을 속박하던 굴레가 벗겨지고 인간과 재화 및 용역을 끊임없이, 신속하게, 또 무한하게 증식시킬 수 있게 되었다. 하지만 호가스가 왕성하게 작품 활동을 하던 때는 아직 그런 시절은 아니었다. 그러려면 수십 년을 더 기다려야 했다. 그러나 산업 혁명은 나중에 볼 때 그것이 거대한 혁명임을 알 수 있었을 뿐 당시에는 사람들이 혁명이 진행되는 줄 알지 못했다. 이 혁명이 준비되던 때 역시 마찬가지였다. 사회의 구조가 바뀌는 거대한 변화를 사람들은 인식하지 못했지만, 당대의 풍속을 담은 호가스의 그림에서는 그런 변화가 포착되었던 것이다.

명예혁명과 권력의 이동

1685년에 영국의 왕이 된 제임스 2세는 가톨릭교도였다. 그래서 그는 가톨릭교 부활 정책과 전제주의를 강력히 추진하였다. 그러자 국민의 반감은 점차 고조되었다. 하지만 국민은 제임스 2세에게 왕자가 없었으므로 프로테스탄트교도인 장녀 메리에게 왕위가 계승되면 이런 문제가 해결되리라 기대했다. 그런데 1688년 6월에 왕자가 탄생하자, 다음 치세가 되면 세상이 달라지리라 기대했던 프로테스탄트교도의 꿈은 사라지고 말았다. 참고 기다린다고 해결될 일이 아니었다.

그래서 의회의 양대 정당이던 토리당과 휘그당이 협의를 한 뒤에, 그달 말에 네덜란드 총독이던 오렌지 공(公) 윌리엄과 메리 부처에게 영국의 자유와 권리를 수호하기 위하여 군대를 이끌고 귀환하도록 종용하는 초청장을 보냈다. 그리고 그해 11월에 두 사람은 군대를 이끌고 영국 남서부에 상륙하여 런던으로 진격했다. 국내 귀족과 지방 호족들도 잇달아 이들 진영에 가담했고, 이들을 막으려고 제임스 2세가 파견한 군대도 윌리엄 진영에 투항하고 둘째딸 앤도 역시 윌리엄 진영에 가담하였다.

결국 제임스 2세는 영국 밖으로 달아났다. 런던에 입성한 윌리엄 부처는 의회가 1689년 2월에 제출한 '권리선언(權利宣言)'을 승인했고, 두 사람은 각각 윌리엄 3세와 메리 2세란 이름으로 공동 왕위에 올랐다. 그리고 '권리선언'은 뒤에 '권리장전(權

利章典)'으로 재차 국왕의 승인을 받았는데, 이로써 '명예혁명'이라 이름이 붙여진 이 혁명은 왕권과 의회의 항쟁에 종지부를 찍었다.

권력은 이제 왕실에서 의회로 넘어갔다. 의원은 왕의 임명이 아니라 선거를 통해서 선출되었으며, 왕을 비판할 수 있는 자유를 가졌다. 또 왕은 의회의 동의 없이는 군대를 편성할 수도 없었다. 왕은 어떻게 하든 자기 권력을 강화하려고 했지만, 마음대로 되지 않았다.

명예혁명이 일어난 지 66년이 지난 뒤인 1755년, 호가스는 "선거운동"이라는 제목으로 연작 그림을 그렸고, 나중에 이것을 다시 판화로 제작했다. 이 당시에는 조지 2세가 국왕이었다. 윌리엄 3세가 죽은 뒤에 차례로 앤 여왕과 조지 1세가 즉위했고, 조지 1세가 죽자 조지 2세가 1727년에 즉위했던 것이다. 조지 1세는 독일에서 자라 영어를 전혀 하지 못했고, 덕분에 의회는 국가의 권력을 쉽게 손안에 넣을 수 있었다. 이런 양상은 조지 2세까지 계속 이어졌다. 하지만 그렇다고 해서 의회가 국민, 특히 "진 레인"에 묘사된 하층 민중의 이익을 온전하게 대변하는 것도 아니었다. 당시에 투표권을 가진 유권자는 16,000명 정도로 극히 제한되어 있었고 대부분이 지주였는데, 의원들은 이들과 결탁해서 자기 이권을 챙겼다. "선거운동"은 이런 상황을 묘사한다.

장소는 어떤 여관이고, 이 자리에서는 유권자를 대상으로 향응이

"선거운동", 1755년.

베풀어진다. 이 자리를 마련한 사람은 휘그당 후보자들이다. 젊은 귀족인 한 후보자는 임신한 여자의 키스와 수작을 인내심을 가지고 받아주고 있다. 옷으로 가려진 여자의 손이 무엇을 하고 있는지 의심스럽다. 이 후보자는 다른 귀족의 파이프 담배에서 불이 떨어져 자기 머리카락이 타지만 그런 사실을 알지 못한다. 또 다른 후보자는 술 취한 남자가 지껄이는 이야기를 들어주고 있다. 한편 젊은 후보자 앞에는 의원의 비서로 보이는 사람이 미리 준비한 명단을 확인하면서 사람들에게 나누어줄 선물들을 챙기고 있다. 그리고 그림 앞쪽에 있는 거지 두 사람은 마치 주인공처럼 한가운데를 차지하고 있는데, 이들은 선거에서 폭력과 공갈로 투표권자의 표를 단속하던 폭력배이다. 악대는 연주를 하는 건지 조는 건지 건성이고 사람들 역시 이들의 음악에는 관심이 없다. 오로지 먹고 떠들고 수작을 부리고 음모를 꾸밀 뿐이다. 뒤쪽 벽에 걸린 윌리엄 3세의 초상화는 칼로 훼손되어 있다. 국왕의 권위가 땅에 떨어져 국민으로부터 전혀 존경을 받지 못함을 상징한다. 유권자인 한 사람은 배가 터질 정도로 굴을 먹고 있으며, 또 한 유권자는 밖에서 날아온 벽돌에 머리를 맞고 뒤로 자빠진다. 창문 밖에서는 반대당인 토리당 지지자가 격렬하게 시위를 하고, 휘그당 당원이 이들을 향해 요강의 내용물을 쏟아낸다.

전체적으로 "최후의 만찬"을 패러디하고 있는 호가스의 "선거운동"의 화면 안, 다시 말하면 1755년 영국 런던에서는, 백 년 전만 하더라도 쉽게 상상할 수 없었던 일이 벌어지고 있었다. 아담 스미스는 이런 타락한 도덕을 바로잡고야 한다는 의무감에 사로잡혀서 4년 뒤인 1759년에 《도덕감정론》을 출간했고, 이어서 또 이런 흥청거림이 가능하게 된 부(富)의 생성 원리와 구조를 밝히려고 1776년에는 《국부론》을 썼다. 한편 그로부터

2년 뒤인 1778년에는 조선에서 박제가가 《북학의》를 썼고, 호가스가 "선거운동"을 그렸을 무렵에 열 살 소년 김홍도는 안산 처갓집에 머물던 문인서화가 표암 강세황(1712~1791)의 방을 드나들면서 그림 공부를 하고 있었다.

영국 최초의 거장 화가

18세기 영국은 식민지 무역과 산업의 발전에 힘입어 시민 계급도 예술 지지자의 대열에 새로이 가담하게 됨으로써 미술품에 대한 수요가 그 어느 때보다도 많았다. 이런 환경이었지만 영국에서는 이렇다 할 화가가 없었다. 영국에서는 유럽 대륙의 세련되고 우아한 화풍이 지배했고 프랑스 화가와 이탈리아 화가만이 판을 치고 있었다. 영국의 화가와 조각가들은 외국의 스타일을 모방하고 그들의 기준을 예술의 척도로 삼았다. 영국의 거친 문화에 대한 자긍심이 영국 사람들에겐 아직 없었던 것이다.

하지만 호가스는 자기가 무엇을 잘할 수 있는지 알았다. 그는 아무도 눈을 돌리지 않았던 서민의 모습에 눈을 돌렸다. 은세공 도제로 어린 시절을 보냈던 까닭에 판화에는 특히 자신이 있었기에, 유화로 그림을 그린 다음에 이것을 다시 판화로 대량 제작하는 방식을 택했다. 이것은 상업적인 관심뿐만 아니라 자기 그림 혹은 자기 미술에 대한 자기 세계관을 대대적으로 퍼트리겠다는 의도에서 비롯된 발상이었다. 결국, 영국적인 독설과 유머가 가득한 그의 풍자적인 그림은 당대 국민의 환영을 받았다. 그리고 그의 풍자화 전통은 유럽에서 이후 도미에와 쿠르베의 사실주의로 이어진다.

호가스는 미술 시장과 관련해서도 의미 있는 일을 했다. 출

세작인 "매춘부의 일대기"가 성공한 뒤에 표절작들이
시장에 쏟아지자, 화가 난 호가스는 저작권을 보호해줄
법률 제정을 청원하고 나섰고, 1735년에는 이른바 '호가
스법'이 의회에서 의결되었다. 이로써 화가의 저작권이
보호를 받을 수 있게 되었는데, 영국 사회의 자본주의
적 발전을 증언했던 호가스가 미술 시장의 자본주의적
시장경제의 인프라 하나를 마련한 셈이다.

월리엄 호가스의 자화
상, 1745년.

　호가스는 퍼그와 함께 있는 자화상을 그렸는데, 이 자화상
속 화가의 초상화는 셰익스피어, 밀턴, 스위프트의 책들 위에
놓여 있다. 개는 본성에 충실함을 상징하며, 초상화 앞에 놓인
화가의 팔레트에는 '아름다움과 우아함의 선'이라는 글귀가 새
겨져 있다. 호가스가 이 초상화를 그린 해인 1745년은, 조선에
서 장차 조선 최고의 화가로 일컬어질 김홍도가 태어난 해이기
도 하다.

도깨비도 무서워한 그림

　이상한 일이었다. 송도(개성)의 부잣집에 도깨비가 나타나곤
했다. 밤에 술동이가 깨지면서 콸콸 술 쏟아지는 소리가 들려
서 불을 밝히고 살펴보면 술동이는 멀쩡하게 그대로 있었다.
또 저녁에 여종이 밥을 짓다가 부엌에서 잠시 나가면 솥이 뒤
집어지고 뚜껑은 솥 안에 들어가 있는데, 열어 보면 밥은 그대
로 있었다. 사람 짓이 아니고 분명 도깨비 짓이었다.
　도깨비 물리치는 사람을 찾아 굿을 하였는데, 소경이 주문
을 외더니 눈을 부라리고 한참을 꾸짖다가, 갑자기 손으로 한
곳을 가리키며 고함을 질렀다.
　"도깨비가 여기 있다."

화분에 심은 복숭아나무였다. 매화나무에 접붙이려고 이십리 밖에서 가져온 것이었다. 또 열네 살 먹은 몸종이 부엌에 있었는데 소경이 이 몸종의 냄새를 맡고는 이렇게 말했다.

"이 아이에게 도깨비의 기운이 느껴지니 멀리 팔아 버려야 한다."

소경이 말한 대로 복숭아나무를 본래 있던 곳으로 옮겨 놓고 몸종을 팔고 나니 도깨비가 나타나지 않았다.

또 이런 일도 있었다.

서울에 피씨(皮氏) 성을 가진 자가 청계천의 장통교 부근에 있는 집을 샀는데, 대추나무가 담장에 기대어 있기에 베어 버렸다. 그러자 갑자기 도깨비가 집으로 들어와 들보 위에서 휘파람 소리가 들리기도 하고 공중에서 말소리가 들리기도 했다. 하지만 도무지 모습은 보이지 않았다. 간혹 언문(諺文) 글을 써서 던지기도 했으며, 부녀자들에게 말을 할 적에 모두 '너'라고 하였다. 사람들이 혹시라도 귀신은 남녀도 구별하지 않고 똑같은 호칭으로 부르느냐고 꾸짖으면, 귀신은 기가 막힌 듯이 웃으면서 이렇게 말했다.

"너희는 모두 평민이니 어찌 구별할 것이 있겠냐?"

이 집의 옷걸이와 옷상자에 보관된 옷들은 온전한 게 하나도 없이 모두 훼손이 되어 있었는데, 사람이 칼로 찢어 놓은 듯했다. 그런데 이상하게도 어떤 옷상자 안에는 옷이 조금도 훼손되지 않았다. 그 상자 밑에는 그림이 한 장 놓여 있었다. 신선도였다. 김홍도가 그린 그림이었다. 성대중(1732~1812)의 《청성잡기(靑城雜記)》에 나오는 이야기다.

또 조선 후기의 문신인 이유원(1814~1888)도 다음과 같은 글을 남겼다.

아내가 일찍이 말하기를, '밤마다 베갯머리에서 말을 모는 소리가 들리고, 또 당나귀의 방울 소리가 들렸습니다. 어떤 때는 마부가 발로 차서 잠을 깼는데, 도무지 무슨 까닭인지 알 수 없습니다.' 하였다. 나도 하루는 막 잠들려 할 무렵에 어렴풋하게 그 소리를 들었는데, 가만히 들으니 병풍에서 나오는 소리였다. 병풍은 바로 단원 김홍도가 그린 풍속화였다. 이상하게 여겨, 병풍을 다른 곳에 옮겨 놓자 아무런 소리도 나지 않았다.*

이처럼 김홍도의 그림은 신비한 힘을 지녔다. 무엇이 그의 그림에 이렇게 강력한 힘을 부여했을까? 그것은 바로 당대의 현실성이었다.

조선의 18세기 후반

정조가 노론 벽파를 견제하며 왕권을 강화해 개혁을 꿈꾸던 18세기 후반, 그리고 김홍도가 전성기를 누리던 18세기 후반, 대동법 실시에 따른 공인(貢人)의 출현으로 화폐경제 시대가 열려 서울과 지방에 시장이 활성화되고 인구 증가와 도시 집중 현상이 일어났던 18세기 후반.

무역과 상업이 예전보다 한층 발달하면서, 상업 활동으로 큰 돈을 번 상민들이 나타나기 시작하고, 심지어 이렇게 번 돈으로 양반의 족보를 사서 양반이 되는 사람들도 있었다. 가난한 사람은 더 가난해졌지만, 이 와중에도 부자들이 나타나고 이들 사이에는 예전에 없던 유흥문화도 나타났다.

18세기 후반 서울의 생활상을 노래한 시 '성북과 성남에선

• 이유원의 《임하필기(林下筆記)》 가운데 《춘명일사(春明逸史)》의 "명화(名畫)의 신비한 일"에서.

미처서 살고 정신 들어 죽다

꽃 팔아 먹고사니 / 다만 서로 잇달아 네 계절에 꽃 피우네. / 금전을 아끼잖고 누구든 취해가니 / 붉은 난간 장상가(將相家)로 보내어지는도다.'*에서 보듯이, 18세기 후반에는 원예업이 지역 상권을 형성할 정도로 서울 근기 지역에 원예 취미가 널리 퍼졌음을 알 수 있다.

이서구는 중국에서 들여온 앵무새를 기르며 이것과 관련된 기록을 모아서 《녹앵무경(綠鸚鵡經)》이라는 책을 엮었으며, 유득공은 관상용 비둘기를 기르면서 23종이나 되는 비둘기의 품종을 연구하고 비둘기의 생태와 습성, 교배 번식법, 사육장 만드는 방법에 이르기까지 비둘기에 대한 완벽한 관찰보고서인 《발합경(鵓鴿經)》을 썼다. 또 영조 때의 악사인 김억은 칼을 수집하는 취미를 가지고 있었는데, 구슬과 자개를 박아 꾸며서 방과 기둥에 죽 걸어놓고 날마다 번갈아 찼지만 1년이 지나도록 다 찰 수 없을 정도였다.

넘쳐나는 정보와 풍족해진 경제력으로 그야말로 온갖 사람들이 온갖 방면에 몰두하면서 그만큼 사회는 예전과 비교할 수 없을 정도로 다양해지기 시작했다. 다양성이야말로 근대적인 인간상의 특징이다.

문학에서도 이미 17세기 말부터 낡은 틀을 벗어던지기 시작했다. 이덕무는 "칠십리설기(七十里雪記, 칠십리 눈길을 간 것을 기록함)"에서 눈길에서 본 풍경을 다음과 같이 묘사했다.

계미년(1762, 영조 38년) 12월 22일에 이자(李子, 이덕무 자신)가 황마(黃馬)를 타고 충주에 가려고 아침에 이부(利富) 고개를 넘었다. 언구름은 하늘에 쌓여 있고 눈발이 날리는데, 처음엔 희끗희끗하더니만

• 《한경사(漢京詞)》 연작 제 42수. 정민 번역.

옆으로 누워 날리는 게 마치 베틀 위의 씨줄 같았다. (…) 마른 수숫대가 밭 가운데 서 있는데, 눈발이 바람을 끼고 사냥을 하듯 몰아치자 쏴쏴 하며 휘파람 소리를 낸다. 수숫대의 붉은 껍질이 자빠져 땅에 끌리자, 절로 초서체 글자가 된다. 큰 나무 가지에는 암수 까치가 대여섯 마리인지 일고여덟 마리인지 몹시 한가롭게 앉아 있었다. 어떤 놈은 부리를 가슴에 묻고 반쯤 감은 눈으로 자는 듯 마는 듯하고, 어떤 놈은 조금 떨어져 그 부리를 갈기도 한다. 또 어떤 놈은 목을 돌리면서 발을 들어 눈 부분을 긁기도 하고, 어떤 놈은 다리를 들어 곁에 있는 까치의 날개깃을 다듬어주기도 한다. 어떤 녀석은 자기 머리에 쌓인 눈을 흔들어 털고는, 시선을 고정하고 눈이 펄펄 날리는 모습을 가만히 응시한다.•

김홍도의 "송하맹호도" (부분).

　섬세한 관찰과 묘사가 이보다 더 실감날 수 없다. 자연 풍광을 보면 입버릇처럼 성리학적 세계의 이치를 따지고 인간사에 비유하는, 다시 말해서 사물을 그 자체의 객관적인 존재로 보고 정밀하게 따지지 않았던 예전의 문체••는 지식인들 사이에 이미 낡은 것으로 치부되었다.

　근대적인 자아는 자연을 있는 그대로 바라보고자 했다. 사물의 섬세한 묘사나, 산수화에서 중국 화풍을 벗어던지고 상상 속의 산수가 아닌 화가의 눈에 보이는 진짜 산수를 그리는 진경산수화가 겸재 정선(1676~1759)에서 완성되고 김홍도에서 다시 또 창조적으로 활짝 꽃을 피운 것도 이런 배경에서이다. 나

• 이덕무의 《청장관전서(靑莊館全書)》의 "칠십리설기(七十里雪記)"에서.
•• 본문 168쪽 정조의 "모기를 미워하다" 참조.

와 내 주변에 있는 것이 중요했고, 또 여기에 보다 큰 관심을 기울이게 된 것이다.

풍속화 역시 마찬가지였다. 윤두서와 조영석(1686~1761)에 이어서 김홍도가 이 부분에서 화려하게 꽃을 피운 것도, 그를 필요로 했던 바로 그 시기인 18세기 후반에 그가 거기에 있었기 때문이다. 또, 근대를 여는 시기에 김홍도가 진경산수화를 완성한 주인공이자 동시에 조선 풍속화의 꽃을 활짝 피운 주인공이 될 수 있었던 것도 그가 18세기 후반 조선이라는 역사의 시공간에 있었기 때문에 가능했다. 김홍도에게 18세기 후반의 의미는 그랬다.

존재의 문제

김홍도는 1745년 영조 21년에 태어났다. 아버지와 할아버지는 벼슬을 한 기록이 없고 증조부는 수문장을 지냈다. 조선시대 중인 출신이 대부분 그렇듯이 출생일자는 알려져 있지 않다. 아버지는 아들이 공부를 하길 바랐지만 어린 아들은 그림 그리기에만 열중했다. 아버지는 아들을 꾸짖었지만, 외할아버지와 외삼촌이 화원이었던 터라 어머니는 아들의 열정과 재능을 키워주고 싶었고, 그렇게 해서 여섯 살의 어린 김홍도는 외삼촌이 다리를 놓아 문인화가로 이름이 높던 표암 강세황 아래에서 그림 공부를 하기 시작했다. 김홍도가 강세황을 만난 것은 김홍도가 자기 재능을 계발할 수 있는 터전이 되었다. 강세황을 만남으로써 조선 화단의 본류를 보고, 그 흐름을 타고 또 나중에는 이끌게 되기 때문이다.

김홍도보다 서른세 살이 많았던 강세황은 나중에 서른다섯 살 무렵(1780)의 김홍도가 찾아와서 '단원'이라는 호를 쓰겠다고 하자 "단원기(壇園記)"를 써준다.

나는 전후에서 김홍도를 세 번 다른 형태로 해서 만났다. 처음에는 그가 젖니를 갈 무렵에 나에게 와서 그림을 배웠으니 그와 나는 사제지 간으로 만났다. 훗날 내가 뒤늦게 출사를 해서 사포서에서 책임자로 있을 때 김홍도는 왕의 초상화를 잘 그려서 내 부서에 와서 근무했으니 우리는 직장의 상하관계로 만났다. 그리고 세월이 지나니까 사람들은 김홍도의 화명이 높아져서 김홍도에게 그림을 그려달라고 해서 그림을 받아서는 나를 찾아와 시를 써 달라 제를 써 달라 부탁을 하니 우리는 예술로서 만났다.•

김홍도는 강세황 아래에서 그림 공부를 하면서 진경산수화를 완성한 정선과 윤두서 이후 풍속화를 발전시켜 온 조영석 그리고 강희언(1710~1784)을 만나며 이들에게서 배웠다. 이들의 만남을 기록한 그림이 있다. 강희언이 선비들의 문·무·예의 모습을 그림으로 담아서 《사인삼경도첩(士人三景圖帖)》을 만들었는데, 이 도첩에 실린 그림 한 점이 "사인휘호(士人輝毫)"이며, 이 그림에 등장하는 인물들이 바로 그 다섯 명이다. 갓을 쓰고 구경을 하는 사람이 강세황이고, 계곡의 주름이라도 묘사하는 듯 붓 두 자루를 쥔 사람이 정선이고, 맨 아래에 있는 정선 연배의 사람이 조영석이며, 웃통을 벗어젖히고 그림 그리기에 몰두하고 있는 사람이 집 주인인 강희언이다. 그리고 연습지에 붓질을 하는 10대 소년은 김홍도이다.

그렇게 중인 소년 김홍도는 자기 시대가 오길 기다리며 그림 공부를 했다. 그리고 스승 강세황의 표현을 빌자면 '눈매가 맑

• 강세황, 《표암고(豹菴稿)》의 "단원기(壇園記)"에서.

고 용모가 빼어나서 익힌 음식 먹는 세속 사람 같지 않고 신선 같은 기운이 있는' 화가로 성장했다.

> …고금의 화가가 각기 한 가지 기능을 떨쳤지 두루 솜씨를 겸할 수는 없었는데, 김군 사능은 (…) 인물, 산수, 신선 및 불교 그림, 꽃과 가실 나무, 새와 벌레, 물고기며 게 등의 그림이 모두 묘품에 드는 데 이르렀다. 옛사람에 비한다 해도 거의 더불어 대항할 이가 없을 것이다. (…) 음률에 두루 밝았고 거문고, 젓대며 시와 문장도 그 묘를 다하였으며 풍류가 호탕하였다.●

강희언의 "사인휘호".

"사인휘호"에 묘사된 소년 김홍도가 네 사람의 어른과 다른 점은 단지 그가 소년이라는 것만은 아니었다. 다른 네 사람은 어른이기 이전에 양반 신분이었고, 김홍도는 소년이기 이전에 중인 신분이었다. 김홍도가 청출어람의 능력을 발휘할 수 있었던 것은, 중인 출신이었기 때문이다. 그랬기 때문에 양반인 스승들이 쉽게 보지 못했던 18세기의 시대적인 변화를 쉽게 포착할 수 있었다. 깊은 산속의 외로운 오두막에 은거했던 윤두수나, 선비 관료가 '상것'들의 일상을 묘사한 그림에 대한 세상의 곱지 않은 눈길에서 끝내 자유로워지지 못해서 자기 그림을 엮은 화첩을 남에게 보이면 자기 자식도 아니라는 유언을 남긴 조영석, 그리고 실제 조선의 산수를 화폭에 재현하고 중국인 대신 조선인을 산수화에 처음으로 등장시키긴 했지만 여전히 대상을 온전

● 강세황, "단원기"에서.

하게 객관화하지 못하고 성리학적 주관을 그림에 반영해 대상을 왜곡했던 정선……. 김홍도는 이들이 바라보지 못한 것을 보았고, 또 이들이 넘지 못했던 선을 훌쩍 뛰어넘었다. 그들에게는 어려운 일이었지만, 김홍도에게는 쉬운 일이었다. 존재의 문제였기 때문이다.

김홍도의 "총석정", 1795년.　　　　정선의 "총석정", 1747년

흙벽에 종이로 창을 내고……

흙벽에 종이로 창을 낸 집에서 평생 시를 읊고 노래를 부르며, 그렇게 풍류만 즐기며 살고 싶고 싶은 사람들이 있었다. 특히 중인이나 천민 출신 가운데는 그렇게 사는 사람들이 많았다. 역관, 화원, 의원 등으로 있으면서 돈을 번 중인들은 조선 사회의 신분제도 아래에서는 어쩔 수 없이 감수해야 하는 불우함을 그렇게 달랬다. 이렇게 꽃을 피운 문학이 이른바 '위항문학(委巷文學)'이었다.

김홍도의 "송석원시사 야연도".

서울 서쪽 인왕산 옥류동에 중인 출신 문사인 천수경이 살았다. (조선에서 살았던 중인 출신이 대개 그렇듯이 출생년월일은 알려져 있지 않고, 죽은 해는 1818년이었다.) 그의 집 후원 이름이 '송석원(松石園)'이었고, 이곳에서 정조와 순조 연간의 중인 출신 문인들이 정기적으로 모여서 시를 짓고 노래를

불렀다. 김정희가 쓴 '송석원' 편액을 건 후원에서 이 모임을 사람들은 송석원시사(松石園詩社)라고 불렀는데, 이 시모임은 1786년에 시작하여 1820년대까지 존속하면서 당시의 양반 문인들을 능가하는 시문 활동을 펼쳤다. 중인으로 글깨나 쓴다는 사람은 이 모임에 초청을 받지 못하면 부끄럽게 여길 정도로 명성이 높았다.

1791년 6월 보름 유두일. 둥근 보름달이 훤하게 뜬 이날 밤, 이 시사가 모임을 가졌다. 참가자는 모두 아홉 명이었고, 이날 모임을 기념하기 위해서 그 자리에 함께 있던 김홍도가 그림을 그렸다. "송석원시사 야연도"이다. 천수경의 초가인 송석원 위로 후원이 있고 왼쪽으로는 옥계천이 흐른다. 여덟 명이 저마다 편안한 자세로 앉아서 이야기를 나누고 있고(혹은, 누구 한 사람이 시를 읊는 것을 듣고 있고) 뒤늦게 한 사람이 뒷짐을 지고 후원으로 들어선다. 6년 뒤인 1797년에 마성린이 이 그림에 '6월 더운 밤에 구름과 달이 아스라한데, 붓끝의 조화가 사람을 놀래켜 아찔하게 만드는구나.'라는 제(題)를 붙였다.

18세기의 속도 감각으로 보자면, 세상은 무지하게 빠르게 변해가고 있었다. 이 빠른 변화 속에서 어떤 사람들은 상업 활동으로 맨더빌의 꿀벌 우화가 무색할 정도로 열심히 돈을 벌었고, 어떤 사람들은 가렴주구로 민중의 고혈을 빨았고, 어떤 사람들은 개혁을 꿈꿨고, 어떤 사람들은 가난에 쫓겨 유랑하다 도적떼가 되었고, 어떤 사람들은 빠르게 변해가는 세상을 원래대로 돌려야 한다고 했고, 또 어떤 사람들은 세속을 벗어나 풍류에 스스로를 묻었다. 김홍도보다 여덟 살 위로 당대를 함께 살았던 박지원은 이렇게 빠르게 핑핑 돌아가는 세상을, 20년 동안 장님으로 살다가 어느 날 갑자기 눈을 뜬 장님에 비유했다.

화담(서경덕)이 밖에 나갔다가, 제집을 잃어버리고 길가에서 우는 자를 만나서 '너는 어찌 우느냐?' 했더니, 대답이 '저는 다섯 살 적에 소경이 되었는데, 그런 지 지금 20년이 되었습니다. 아침나절에 밖을 나왔다가 갑자기 천지 만물을 환하게 볼 수 있게 되었습니다. 기뻐서 집으로 돌아가려는데, 밭둑에 갈림길이 많고 대문들이 서로 같아서 제집을 구분할 도리가 없습니다. 그래서 울고 있습니다.' 하기에, 선생이 '내가 너에게 돌아갈 방도를 가르쳐 주마. 네 눈을 도로 감으면 바로 네 집이 나올 것이다.' 했습니다. 이에 소경이 눈을 감고 지팡이로 더듬으며 발길 가는 대로 걸어가니 서슴없이 제집을 오게 되었더라오.•

그러면서 박지원은 본분으로 돌아가야 한다고 말했다. 문장뿐만 아니라 '일체 오만 가지 것이 모두' 그렇다고 했다. 본분으로 돌아가면, 갈피를 잡지 못하는 세상 그리고 내가 누구이며 어디로 가야 할지 알지 못하는 자아 상실 및 방향감각 상실 상황을 극복할 수 있다고 했다.

김홍도가 지키고 붙잡아야 할 본분은 무엇이었을까? 그리고 그가 걸어가야 할 방향은 어디였을까? 이 해답은 그의 그림에서 더듬어볼 수 있다.

우선 그는 흙벽에 종이로 창을 낸 집에서 평생 시를 읊고 노래를 부르며 살고 싶었다. 그렇게 풍류만 즐기며 한평생 살고 싶었다. 김홍도가 이런 심경으로 그린 그림이 "포의풍류도"이고, 그런 바람을 그림 안에 단정한 글씨로 담았다. ('포의'는 벼슬이 없는 일반 백성이 입는 옷이다.) 그래서 이 그림을 사람들은 그의 자화상이라 여긴다.

하지만 김홍도는 그렇게만 살기에는 재주가 너무 많아 세상

• 박지원의 《연암집》에 실린 어떤 짧은 편지[尺牘]에서.

미처서 살고 정신 들어 죽다 ―

김홍도의 "포의풍류도".

이 그를 가만두지 않았다. 온갖 문인묵객과 부자가 그의 소매를 잡아끌며 그림을 그려달라고 했고, 국왕인 정조는 그를 곁에 붙잡아두고 일을 시키려고 했다.

…(김홍도의) 그림을 구하는 사람이 날마다 무리를 지으니 비단이 더미를 이루고, 찾아오고 또 독촉하는 사람이 문을 가득 메워 자고 먹을 틈이 없을 지경이었다.•

…(김홍도가) 궁궐 문에 서 있으며 불시에 있을 국왕의 부르심을 기다리니 집에 있기는 항시 적고 궁 안에 있을 적이 많았다네. (…) 규장각에서 받들어 모시는 봉공이 서른 명 있지만 오늘날 김홍도가 이름 홀로 떨치도다.••

이렇게 어지럽게 핑핑 돌아가는 세상에서, 박지원의 충고대로라면 김홍도는 눈을 감고 자기 본분을 찾아야 했다.

풍속화로 18세기 후반의 조선을 증언하다

김홍도를 이야기하면 오늘날 사람들은 보통 그의 풍속화를 떠올린다. 장터에서 벌어진 씨름판을 묘사한 그림, 서당에서 학동들이 훈장에서 숙제를 검사받는 장면을 묘사한 그림, 무동이 악공들의 장단에 맞춰 춤을 추는 모습을 묘사한 그림, 농

• 강세황의 "단원기"에서.
•• 신광하,《진택집(震澤集)》의 "대부 정범조가 김홍도에게 그림을 그려달라고 지은 노래에 제하다"에서.

부들이 새참을 먹는 풍경을 묘사한 그림 등…….

하지만 김홍도는 풍속화뿐만 아니라 산수화나 신선도 그리고 동물이나 꽃을 묘사하는 데도 탁월한 실력을 발휘했고, 이런 작품들이 예술적으로는 더 높은 자리를 차지한다. 그럼에도 불구하고 사람들은 그의 풍속화를 먼저 떠올리는 것은 무슨 까닭일까? 단지 알기 쉽게 그려져 있기 때문만일까? 풍속화에 담긴 해학이 재미있기 때문만일까? 강세황은 "단원기"를 나중에 고쳐 쓴 "단원기우일본"에서 김홍도의 솜씨를 이렇게 적었다.

> …사람살이 날마다의 백 천 가지 일과 세속의 여러 양태를 옮겨 그리기를 잘했으니, 저 길거리며 나루터, 가겟방과 노점상, 과거장과 놀이마당은 한번 붓을 대면 사람들이 손뼉을 마주치며 기이하다고 부르짖지 않음이 없었다. 세상에서 일컫는 '김사능*의 속화'가 이것이다. 진실로 신령스런 마음과 지혜로운 머리로 천고의 묘한 이치를 홀로 깨치지 않고서야 어찌 능히 이렇게 할 수 있으리오.**

'사람살이'의 '묘한 이치'를 김홍도가 깨우쳤다고 했다. 이것이 바로 '김사능의 속화'가 세상에서 모르는 사람이 없을 정도로 유명한 이유라고 했다. 사람살이의 묘한 이치를 깨달았다는 말을 달리 표현하면, 그의 풍속화가 민중의 사회적인 의식, 계층 간의 사회적 관계 및 변화 양상 등 당대 사회에 대한 총체적인 인식을 담고 있다는 말이다. 그랬기 때문에 그의 풍속화는 정조가 어떤 정책을 준비하거나 또 어떤 정치적인 판단을 할 때

• 사능은 김홍도의 또 다른 호이다.
•• 강세황의 《표암고》의 "단원기우일본"에서.

정밀하게 검토하고 참고했을 민정 보고서 기능을 하기에 충분했다.

김홍도의 "타작".　　　　　김홍도의 "기와 이기".

또 노론 시파로 벽파 공격에 앞장섰다가 정조 사망 뒤에 유배를 당했던 심노숭(1762~1837)이 《서상기》와 《금병매》와 같은 책을 '천하의 정취 넘치는 글'이라고 드러내놓고 말하자 그의 동생 심노암은 형의 이런 통속적인 취향을 '단원의 풍속화' 같다고 놀린다. 이런 동생에 대해서 형은 껄껄 웃는다.

…[동생이] 《금병매》를 빌렸다가 하룻밤 만에 곧 돌려주고는 '단원의 풍속화 같다'고 하는데 (…) 보고서도 그 맛을 알지 못하니, 이는 귀한 골동품을 허드레 옷 위에 펼쳐놓은 격이나 다를 바 없다. 천리 먼 곳에서 적적한 중에 한 번 웃는다.●

당시 조선에서 《금병매》를 비롯해서 이른바 '문체를 어지럽히는 글들'은 1990년대 초 한국에 서태지가 들고 나온 "난 알아요"만큼이나 기존의 시각으로는 문제적이었지만 중요한 집단으로 새로이 떠오르는 일반 백성층의 시각으로는 이미 당연한 것

● 심노숭의 《효전산고(孝田散稿)》의 "산해필희(山海筆戲)"에서.

이었다. 그처럼 김홍도의 풍속화는 기존의 사대부 문화에 젖어 있던 사람들의 눈에는 무척이나 거슬렸겠지만 대중은 손뼉을 치며 반기도록 사로잡았던 것이다.

진경산수화나 동물이나 꽃의 정밀한 묘사와 배치 역시 18세기 들어서 달라지기 시작한 정신세계를 반영한 것이지만, 이것은 양반층 혹은 지식인층에나 익숙한 사유·감상 체계를 요구하는 것이었기에 18세기 조선에서나 21세기의 지금이나 사람들은 김홍도라면 먼저 풍속화를 떠올린다. 그것은 바로 그림 속에 묘사된 사람들의 몸짓과 표정이 18세기 후반의 조선, 조선의 정신을 담고 있기 때문이다. 이 조선의 정신을 김홍도는 화가의 눈으로 사물을 포착하고 화가의 붓으로 그림으로 표현했다.

정조가 벌인 정치 무대의 한켠에서

김홍도가 정조를 처음 만난 것은 스물여덟 살이던 1773년에 스물한 살 세손 시절의 정조 초상화 작업에 동참화사로 참가했을 때였다. 그런데 정조는 즉위하자마자 세손 때부터 국정의 첫 단추를 꿰는 작업으로 구상해왔던 규장각을 설치한 뒤에, 이 규장각 그림을 김홍도에게 그리게 했다.* 정조가 재위 마지막 해인 1800년에 '김홍도는 그림을 잘 그리는 사람이라 그의 이름을 안 지 오래되었다. 30년 전에 그가 어진(御眞, 왕의 초상화)을 그린 이후로는 그림 그리는 모든 일에 대해서는 다 그로 하여금 주관하게 하였다.'**라고 말할 정도로, 김홍도는 정조의

• 165장의 그림 "규장각도" 참조.
•• 《홍재전서》에서.

총애를 받았다.

정조 때 뛰어난 화원은 자비대령화원(差備待令畵員)으로 따로 규장각에 소속되었다. 규장각이 정조의 싱크탱크로 개혁의 중추적인 엔진 역할을 했으므로(또 그만큼 대우를 받고 권세를 누릴 수 있었으므로) 화원이라면 누구나 규장각 화원으로 발탁되길 바랐다. 그런데 김홍도는 규장각 소속이 아니었다. 국왕 직속의 대조화원(待詔畵員)이었기 때문이다. 김홍도는 정조 측근에 있으면서 정조가 내리는 특별 임무를 수행했다. 김홍도는 이른바 '민정보고서'를 올리듯 서민을 제재로 한 풍속화를 그려서 일반 백성의 생활상을 정조에게 생생하게 전달했다. 또 금강산의 명승을 화폭에 담아왔고, 정조는 이를 곁에 두고 볼 정도로 좋아했다.

김홍도가 마흔네 살이던 1789년에는 청나라로 가는 동지사 절단 정사의 군관 직함으로 연경에 가서 다음 해 2월에 돌아왔다. 갑작스런 이 연경 방문은 정조의 특명에 따른 것이었다. 김홍도가 사신단에 포함되기 한 달 전에, 사도세자의 묘를 화성으로 옮기기로 결정이 되어 있었던 것이다. 즉, 정조가 김홍도를 중국에 보낸 것은 1794년부터 시작될 수원화성 건설의 밑그림을 그리기 위한 조사 작업의 일환이었다. 이 연행을 다녀온 뒤에 김홍도는 14폭짜리 "연행도"를 그렸다. 이 그림에 나오는 조양문, 산해관, 동라성, 정양문 등은 성곽 건설과 관련된 장소다. 즉 화성을 짓는 데 필요한 정보와 그에 관련된 건축물을 상세하게 그려왔던 것이다.

또 중국에 다녀온 뒤에는 곧바로 사도세자를 위한 절 용주사의 대웅보전 불화를 그렸다.

김홍도가 그린 "연행도" 14폭 중 제7폭 '조양문'. 지금은 없어진 연경성의 동문인 조양문으로 조선 사절단이 들어가는 모습이다.

이런 활동으로 김홍도는 정조의 두터운 신임을 받았기에 마흔 살 때인 1785년에는 경상도 안동 지방의 찰방(지금의 역장 겸 우체국장)으로 임명되었고, 또 연행 이후인 1792년에는 중인 출신임에도 불구하고 이례적으로 충청도 연풍의 현감이 되기도 했다.

18세기 조선의 개혁적인 움직임 속에서 정조에게서 김홍도로, 다시 김홍도에게서, 그리고 정조에게서 정약용으로 이어지는 정표의 흐름이다.

그러나 중인 출신이 이런 관직에 오르는 걸 마뜩찮게 보는 눈들이 있었다. 특히 권력투쟁에서 밀려난 노론 벽파의 눈이 그랬다. 그래서 중앙의 권력투쟁의 불똥이 튀어, 연풍현감으로 있던 김홍도는 중매나 일삼고 하급관리를 괴롭히며 사냥을 핑계로 세금을 거두는 등 백성을 혹독하게 다룬다는 암행어사의 관찰 보고로 파직된다. 이때가 김홍도가 쉰 살이던 1795년 1월이었고, 다음 날에는 의금부로 압송해서 엄벌하라는 상소를 정조가 윤허한다. 하지만 열흘 뒤에 정조는 슬그머니 김홍도를 사면한다. 김홍도에게 중요한 일을 맡길 참이었기 때문이다.

이 해는 정조의 어머니 혜경궁 홍씨의 환갑이며 정조 즉위 20년이었고, 정조는 이를 왕권을 강화하고 또 이를 시위할 계기로 삼아서 대대적인 축하행사를 계획했다. 이 행사를 의궤로 편찬하기 위해서 의궤청이 설치되었으며, 이 의궤에 들어갈 삽화를 김홍도에게 맡긴 것이다. 이렇게 해서 나온 것이 《원행을묘의궤도》이다.

《원행을묘의궤도》의 "악기도".

그러나 김홍도의 개인적인 운도 1800년 정조가 사망하면서 다했다. 권력을 잡은 노론 벽파의 눈으로 볼 때 김홍도라는 인물이 정치적인 무게감은 없었지만, 중인 신분이면서 정조의 총애를 받았던 그가 예쁘게 보일 리 없었다.

1800년 1월에 정조가 원자를 세자로 책봉하고, 이 일을 기념해서 김홍도는 화원의 관례대로 그림을 바쳤다. 하지만 그해 6월에 정조가 사망한 뒤로는 화원 자격으로 그림을 그리지 않다가, 4년 뒤 쉰아홉 살이던 1804년 5월에 규장각 자비대령화원으로 임명되었고, 6월부터는 1년 남짓한 기간 동안 다른 화원들과 함께 승급시험의 일종인 녹취재 시험을 열다섯 차례 치렀다. 1등을 여러 번 했지만 5등을 하기도 하고 6등도 두 번이나 했다. 한때 국왕의 신임을 받아서 국왕의 가장 가까운 자리에서 국왕이 지시하는 특별 임무를 수행하던 김홍도가 환갑의 나이에 실직(實職)을 맡으려고 다른 화원들과 경쟁을 해야 했으니 참담한 심정이었을 것이다. 그리고 결국 1805년 가을에 병이 들어 자비대령화원을 그만두었다. 그해 12월 19일에는 아들에게 다음과 같은 편지를 보냈다. (이 편지는 아들이 아버지의 시문(詩文)을 모아서 서첩으로 꾸민 《단원유묵첩(檀園遺墨帖)》에 들어 있다.)

아들 연록 보아라. 날씨가 이처럼 차가운데 집안 모두 편안히 지내며 너의 독서 공부는 한결같으냐? 내 병의 상태는 네 어머니에게 부친 편지에 이미 자세하므로 다시 말할 필요가 없겠다. (…) 너의 훈장 선생 댁에 갈 월사금을 찾아 보내지 못하는 것이 한탄스럽다. 정신이 어지러워 더 쓰지 않는다. 을축년 섣달 19일 아버지가 쓴다.

김홍도가 그 뒤로 그림을 그렸다는 기록이 일절 없고 또 그의 행적에 대한 언급 역시 어디에도 없다. 1805년에 이미 병이 깊었음을 고려할 때, 김홍도는 다음 해에 사망한 것으로 추정된다. '미천한 중인' 신분이었기에, 일세를 풍미한 최고의 화가였음에도 불구하고 '조선의 주인인 양반 사대부들'은 그의 사망 연월일조차 정확하게 기록해두지 않았다.

김홍도는 이미 자기 죽음을 예견하고 있었고, 스스로 마지막 작품이라고 생각했을 그림을 그렸다. "추성부도(秋聲賦圖)"이다. 송나라 시인 구양수의 산문 "추성부"의 내용을 그림으로 그린 것이다. 병이 깊어 자비대령 화원을 그만두고 물러난 1805년 가을 무렵이었다.

"추성부도".

"추성부도"의 부분도.

스산한 바람은 앙상한 나뭇가지를 흔든다. 낙엽이 버석거리는 소리가 들릴 것처럼 모든 게 메말랐다. 달도 암울한 잿빛이다. 나무도 달도 바람도 생기를 잃었다. 그림 왼쪽에 단아한 행서체로 쓰인 "추성부"의 내용은 이렇다.

초옥에 앉은 구양수가 책을 읽다 말고 동자를 불러서 이상한 소리가 나니 나가서 살피라 하고, 살펴보고 온 동자는 이렇게 대답한다.

"별과 달이 환히 빛날 뿐 사방에 인적은 없습니다. 선생님께서 들으신 소리는 나무 사이에서 난 소리입니다."

인간사 역시 가을바람 소리와 같은 것, 인생무상이다. 가을 나무를 흔드는 바람을 맞으며 김홍도는 이 그림을 그렸고, 또 그렇게 죽었다.

　그런데 김홍도의 무덤이 어디에 있는지 아는 사람이 없다. 사실 김홍도가 정확하게 언제 어디서 죽었는지도 알려져 있지 않다. 중인 출신의 화가이던 김홍도에 대해서 조선과 조선을 지배하고 조선의 역사를 쓴 양반들은 그다지 큰 관심이 없었다. 근대의 새벽을 증언한 그의 그림만 조선의 역사에 남아 있을 뿐이다. 무정한 역사이고 또 엄연한 역사이다.

＊　＊　＊

　윌리엄 호가스와 단원 김홍도 둘 다 당시 새로이 떠오르던 계급에 속했다. 그리고 두 사람 다 각각 영국과 조선의 18세기, 근대의 새벽을 풍속화로 증언하며 당대 대중의 사랑을 한 몸에 받았다. 그러나 두 사람 사이에는 다른 점이 있었다. 호가스가 쌓은 예술적 성취는 그 이후 도미에와 쿠르베의 사실주의로 이어졌지만, 김홍도가 이룩한 예술적 성취는 그렇게 이어지지 못했다. 영국 및 유럽에서는 시민혁명이 성공해서 시민이 역사의 주인이 되었지만, 조선에서는 이런 혁명이 성공하지 못했기 때문이다. 시민혁명이 진행되던 시기를 살았던 호가스는 계몽주의자들이 그랬던 것처럼 소명의식을 가지고 대중을 보다 나은 곳으로 이끌려고 했지만, 그런 것을 꿈꿀 수 없었던 중인 김홍도는 그저 풍류 속에서 한 세상을 살고자 했다. 장차 있을 역사의 배신을 예감했기 때문일지 모른다.

10장 ︱ 정약용 VS 다윈

— 철학이 이끈 과학, 과학이 낳은 철학

성직자가 되기보다 자연과학자의 길을 선택한 찰스 다윈(1809~1882)은 사회적 약자에 편에 서고자 했고 민주주의를 지지했다. 하지만 자연선택설로 요약되는 그의 진화론으로, 신의 영역이던 자연은 마침내 인간의 정복 대상으로 전락했고, 그의 진화론은 약육강식의 폭력을 옹호하는 제국주의 철학의 기반이 되었다. 성리학적 이상세계를 꿈꾸며 백성의 살림살이를 개선하려던 다산 정약용(1762~1836)의 유교적 민본주의 정신은 실사구시의 과학을 낳았고, 이 정신이 있었기에 그는 18년 동안 유배 생활을 하면서도 민심을 읽어 천심을 찾으려는 선비의 곧은 자세로 방대한 저술을 완성할 수 있었다.

비글호(號)

티에라 델 피에고에서 탐사 작업을 하는 비글호, 콘라드 마르텐스.

1831년 12월 27일 오전 열한 시, 영국 해군 측량선 비글호가 데본포트의 플리머스 항을 떠나 대서양으로 나섰다. 남아메리카, 오세아니아, 그리고 아프리카에 이르는 세 개 대륙과 태평양, 대서양, 인도양을 항해하며 지도 제작을 하는 게 주된 임무였다. 예상 항해 기간은 2년이었다. 함장은 로버트 피츠로이였고, 이 배에는 박물학자 두 명이 탑승했다. 한 명은 경력이 많은 사람이었고, 또 한 명은 그해 4월에 케임브리지대학교 신학부를 졸업한 스물두 살의 청년이었다.

이 청년은 성서에 기술된 내용을 충실하게 믿었지만 아버지의 뜻을 따라서 성직자가 되기는 싫었다. 대학교에서 어쩔 수 없이 신학 공부를 하긴 했어도 영국을 떠나 열대림을 탐험하는 게 꿈이었다. 마침 기회가 왔다. 케임브리지대학교의 헨슬로 교수를 통해서 비글호 함장이 (정식 박물학자가 아니라 밥값은 본인이 부담하고 자기의 말상대가 되어줄) 비정규 박물학자를 구한다는 이야기를 들었던 것이다. 그래서 곧바로 지원을 했고, 함장의 까다로운 면접을 통과했다. 이 과정에서 아버지는 완강하게 반대했다. 그러나 청년은 외삼촌의 격려를 받고 아버지를 설득하는 편지를 썼다. 그때가 8월 31일이었다.

다시 한 번 더 아버님을 대단히 불편하게 해드려 죄송합니다. (…) 저나 외삼촌이 보기에는 위험이 크지도 않습니다. 경비도 대단하지 않고, 내가 집에 있는 것보다 시간을 더 낭비한다는 생각도 들지 않습니다.

청년은 결국 아버지를 설득했고, 비글호에 올랐다. 이 청년이 바로 찰스 다윈이었다.

오랜 기다림 끝에 마침내 돛대 세 개를 단 길이 26미터의 작은 범선 비글호가 남아메리카를 향해 나아가자 함장과 장교들은 시끌벅적하게 만찬을 즐기며 출항을 축하했다. 하지만 다윈은 몇 시간 지나지 않아 멀미로 먹은 것을 다 토해내고 밤새 기진맥진해서 하늘의 별이 흔들거리는 걸 지켜보았다. 청년 박물학자 다윈에게 출발은 그렇게 고통스러웠다. 다윈이 만일 그 항해가 행운과 영광을 가져다줄 줄 알았다면 멀미의 고통도 오히려 즐거움이었겠지만, 당시에는 물론 알 리 없었다.

영국 해군에서 박물학자가 군함에 동승하는 사례는 흔했다. 왜냐하면 여러 해 동안 바다를 항해하는 일은 여간 지루한 게 아니었고, 게다가 배에 탄 사람들은 교육을 제대로 받지 못해 대개 무지하고 난폭했기 때문이다. 박물학자가 할 일은 자기가 가진 지식으로 함장과 부하 장교들을 보좌하는 것이었다. 특히 최고 교육을 받은 엘리트였던 피츠로이는 대학을 갓 졸업한 사람만이 줄 수 있는 신선한 학문적 자극을 원했다.

청년 시절의 다윈

그런데 첫 번째 기항지에서, 그 배에 탔던 군의관 겸 박물학자이던 로버트 맥코믹이 여러 해 동안 항해해야 하는 상황을 도저히 견뎌내지 못하겠다면서 배에서 내려버렸다. 그러자 피츠로이는 이 생물학자가 맡았던 임무를 아무 경험도 없는 새파란 청년 다윈에게 맡길 수밖에 없었다. 다윈으로서는 행운이었다. 정식 박물학자가 된 것이었다. 그리고 이 우연한 일은 세계 과학사로서도 행운이었다. 이 젊은 과학자가 비글호의 항해 경험을 토대로 과학사에 길이 남을 획기적인 연구 결과를 발표할 것이기 때문이었다. 해군 측량선 비글호가 장차 '진화의 섬'

갈라파고스 제도와 나란히 과학사에서 가장 유명한 배가 되리라고는 당시에는 아무도 상상하지 못했다.

진화론의 탄생과 제국주의

다윈은 배에다 플랑크톤 그물을 달고 다니면서 다양한 생물종들을 수집했다. 그리고 수많은 해안을 돌아다니며 동식물을 수집하고 관찰하고 또 기록했다. 당시에 다른 생물학자들은 다양한 식물과 동물의 종들 사이에 존재하는 미묘한 차이점들에 초점을 맞추었지만, 다윈은 정반대로 다양한 생물종들 사이에 존재하는 공통점에 초점을 맞추었다.

그리고 갈라파고스 제도의 산크리스토발에 사는 새들이 수천 킬로미터나 떨어져 있는 아조레스 제도에서 보았던 새들과 무척 많이 닮았다는 점을 포착했다. 갈라파고스 제도의 핀치의 조상과 아조레스 제도의 핀치의 조상은 동일한데, 이 두 종은 어쩌다가 아조레스 제도와 갈라파고스 제도로 따로 떨어져 살게 되었고, 그 뒤로 각자 자기가 사는 환경에 적응해서 진화하는 과정을 거치며 달라졌다고 믿기 시작했다. 이런 가설을 설정하고 나니까 여러 종들 사이에 나타나는 미묘한 차이점들을 모두 설명할 수 있었다.

다윈은 여기서 한 걸음 더 나아갔다. 모든 생물종에서 공통점을 찾아낼 수 있었고, 또 어쩌면 모든 생물종이 하나의 종에서 진화했을지도 모른다고 추론했다. 핀치의 날개가 사람의 손과 구조적으로 비슷한 이유도 설명할 수 있을 것 같았다.

하지만 그런 추론은 위험한 발상이었다. 아직은 기독교 성서를 중심으로 해서 모든 사고와 판단이 이루어지던 시대였고, 다윈의 추론은 기독교적인 사상과 정반대편에 서 있었기 때문이다. 하지만 다윈에게 힘을 주는 책이 하나 있었다. 피츠로이 함장이 승선할 때 가지고 있었던 책 《지질학의 원리》(1830년)였다. 저자는 찰스 라이엘(1797~1875)이었다. 2년 일정의 항해가 5년으로 늘어났고, 그동안 다윈과 피츠로이는 몰랐지만 《지질학의 원리》를 놓고 영국에서는 찬반양론으로 꽤나 시끄러웠다. 《창세기》에 기록되어 있는 천지 창조 설명에 정면으로 도전하는 내용을 담고 있었기 때문이다.

《지질학의 원리》는 산의 특성이나 강의 형태 혹은 협곡의 깊이 등은 수억 년의 오랜 시간에 걸쳐 미세한 변화들이 조금씩 축적된 결과라고 설명했다. 어떤 산이 지금과 같은 형상을 하고 있는 것은 오랜 세월에 걸쳐 비바람에 의해 침식이 일어나고 또 먼 곳에 있던 모래가 산허리에 쌓였기 때문이라고 했다. 강이 구불구불하게 사행(蛇行)하는 것도, 강물이 굽이치는 바깥쪽 토양을 물의 흐름이 침식하고 동시에 굽이치는 안쪽에 퇴적물이 쌓이는 과정이 오랜 시간에 걸쳐 반복된 결과로 형성되었기 때문이라고 했다. 신이 만든 작품이 아니라는 것이었다. 성서에 바탕을 둔 지식으로는 지구의 역사가 5000년밖에 되지 않아 이런 변화가 일어나기에는 너무 짧았지만, 라이엘은 지구가 생긴 건 수천만 년 전이기 때문에 미세한 변화의 축적이 현재의 지질학적 특성을 낳기에 충분하다고 주장했다.

우연하게 접한 라이엘의 지질학 이론은 다윈이 생물종의 진화와 관련해서 추론하는 내용, 즉 '오랜 시간에 걸쳐서 미세한 변화가 조금씩 일어나고 이것이 쌓이고 쌓여서 지금과 같은 완전히 다른 종으로 변했다.'는 가설과 일치했다. 이 가설대로라면, 신이 인간과 모든 생물종들을 각각 완전한 형태로 창조했고 그것이 지금까지 변하지 않고 이어져 왔다는 성서의 설명은 틀렸다!

태초에 하나님이 천지를 창조하시니라. (…) 하나님이 가라사대 땅은 풀과 씨 맺는 채소와 각기 종류대로 씨 가진 열매 맺는 과목을 내라 하시매 그대로 되어 (…) 하나님이 가라사대 땅은 생물을 그 종류대로 내되 육축과 기는 것과 땅의 짐승을 종류대로 내라 하시고 그대로 되니라.[•]

비글호는 남미, 갈라파고스제도, 호주, 아프리카 등을 거쳐 1836년 10월 2일 영국으로 돌아왔다. 그리고 다윈의 손에는 여행 동안 보고 들은 것을 기록한 18권의 노트가 들려 있었다.

3년 뒤인 1839년에 다윈은 《비글호 항해기》를 출간했고, 그 뒤 20여 년 동안 진화론을 입증할 방대한 증거와 자료들을 수집했다. 하지만 무엇보다 중요한 문제가 남아 있었다. 진화 과정을 추동하는 기제가 무엇이냐는 것이었다. 하지만 이 문제도 맬서스의 《인구론》(1798)을 읽고 해결했다. 식량과 인구의 수급 불균형은 필연적으로 사람들 사이에 생존 경쟁을 촉발한다는 맬서스의 이론에서 다윈은 생존 경쟁에 의한 자연선택 원리를 포착했다. 즉, 생물은 주어진 환경에서 생존 경쟁을 벌이고, 그 환경에 적응하는 종은 살아남고 그렇지 못한 종은 도태된다는 것이었다.

이렇게 해서 마침내 1859년, 조선에서 최제우가 동학을 창시하기 한 해 전이며 또한 고종이 즉위하면서 흥선대원군이 정권을 장악하기 세 해 전이었던 그해, 세계를 뒤흔들어 놓을 책 《종의 기원》이 출간되었다. 생물종이 진화한다는 주장은 《종의 기원》 이전에 이미 존재했었다. '용불용설'의 라마르크도 있었다. 하지만 다윈이 제시한 논리의 독창성은, 진화가 자연선

• 《창세기》에서.

택에 따라 진행되며, 그 결과 생물종들은 마치 나뭇가지가 뻗어나가듯 진화한다는 사실을 밝혔다는 점에 있었다.

《종의 기원》 초판 1,250부는 하루 만에 매진되었다.

다윈의 진화론이 몰고 온 파장은 거셌다. 종교계는 말할 것도 없었고 학계에서도 사람이 원숭이의 친척이냐며 거세게 반발했다. 비글호 선장이자 오랜 세월 친구였던 피츠로이도 '성서의 진리에 어긋나는 괘씸한 주장'이라며 흥분했다. 그러나 이런 반발이 대세를 뒤엎을 수는 없었다.

창조론자가 진화론을 야유하며 그린 다윈의 모습, 1871년.

신이 자기 의지와 의도에 따라서 인간과 자연을 창조한 세상은 이제 끝이 났다. 이런 점은 다윈 본인이 자서전에서 고백한 종교관의 변화에서도 분명히 드러났다.

> 여러 가지를 더 숙고해보게 되었다. 예를 들면 기독교가 지탱하고 있는 기적을 믿게 만들려면 더없이 명백한 증거가 있어야 한다는 점, 불변의 자연법칙에 대해 알게 될수록 그런 기적은 더 믿을 수 없는 것이 되어버린다는 점, (…) 등이다.*

종교에 대한 이런 고백 때문에, 다윈이 세상을 떠나기 전 6년 동안 쓴 이 자서전은 진화론에 대한 사회적·종교적 반발을 불러와 《종의 기원》 출간 100주년인 1959년에야 온전한 형태로 발간될 수 있었다. 그만큼 아직은 '진화론'이 '창조론'을 압도하지 못했다. 하지만 적어도, 인간과 자연이 신의 피조물이 아닐수도 있음은 공공연한 주장이었다.

이제, 자연은 신의 피조물이기 때문에 역시 신의 피조물인

• 다윈의 《나의 삶은 서서히 진화해왔다》(이한중 번역)에서.

인간이 자연을 어떻게 할 수 없다는 관념은 무덤으로 들어가야 했다. 자연은 인간에게 정복의 대상일 뿐이었다. 지구상 그 어떤 생물종보다도 고도로 진화한 종인 인간은 자연과 모든 생물종보다 우월했다. 그러므로 사자가 양을 잡아먹듯이 그렇게, 자연을 자기 의지와 의도에 따라서 마음대로 정복해도 되었다. 또 힘이 센 국가는 힘이 약한 국가를 마음대로 집어삼켜도 되었다.

이렇게 진화론은 사회진화론으로 '진화'하면서 제국주의를 합리화하는 도구가 되었다. 물론 다윈은 진화론에 비판과 비난이 쏟아질 줄은 예상했지만, 자기가 정리한 진화론이 제국주의적 침략의 철학적 기반이 될 줄은 알지 못했다. 청소년 시절에 아들이 성직자가 되길 바랐던 아버지로부터 '사냥을 하고 강아지를 돌보며 쥐나 잡는 데 관심이 있는 너는 가족과 네 자신에게 부끄러운 존재가 될 것이다!'라는 폭언을 들어야 했던 다윈은 이렇게 장차 세상을 완전히 바꾸어놓는, 그에 따라서 수많은 사람들이 목숨을 잃고 또 고통을 당하게 되는 미래의 문을 열었다.

사회진화론, 과학자 다윈의 모순

산업혁명 이후 유럽의 자본주의는 급속하게 팽창했다. 특히 19세기 말에 화학과 전기 분야에서 진행된 산업화, 즉 1879년 토머스 에디슨의 백열전등 발명 및 1890년 미국에 최초의 수력 발전소 건설 등으로 제2차 산업혁명이 진행됨에 따라서, 영국과 프랑스, 미국 등 유럽의 열강들은 자국의 이익을 극대화하려고 상품 생산에 필요한 원료를 확보하고 또 생산된 상품을 소비시키기 위한 시장을 확보하는 것을 목표로 세계 각지의 국가들을 침략해서 식민지로 만들기 시작했다. 이 과정에 무자비한 폭력이 자행되었다. 하지만 이런 폭력을 행사하는 측에서는 조금도 양심의 가책을 느끼지 않아도 되었다. 강한 국가가 약한 국가를 집어삼키고 약탈하는 것은, 진화론의 견지에서 볼 때 자연스러운 현상이었기 때문이다.

여기에서 사회진화론이 나타났다. 사회진화론은 생물계의 진화론을 사회에 적용한 것으로, 인간 사회는 생존을 위해 경쟁하는 공간이며, 이 투쟁 공간은 '적자생존(適者生存)'이라는 원리가 지배한다고 규정한다. 사회 역시 개인과 마찬가지로 적자생존 원리에 따라서 진화하는 유기체이며, 인간 사회는 원시 사회에서 고대 노예제사회로 진화하고, 이것이 다시 중세 봉건 사회로 진화하고 최종적으로 근대 산업사회로 진화한다고 규정한다.

결국 서양의 제국주의 국가 그리고 앵글로색슨족이나 아리안족은 보다 낫게 진화한 사회이고 인종이기 때문에 약육강식의 논리에 따라 진화가 덜 된 아프리카나 아시아의 후진국과 열등한 민족을 지배할 수 있는 권리를 가진다는 논리였다. 물론, 이것은 강대국이 약소국 지배를 정당화할 목적으로 만들어낸 식민주의·인종주의 이데올로기였다. 유럽의 식민주의자들은 아프리카의 주민들을 상대로 노예사냥을 하고 또 아메리카 대륙에서 인디언들을 대상으로 인종 청소를 하고도 이 이데올로기를 방패막이로 삼아서 아무런 죄책감을 느끼지 않았다.

이 이데올로기에 따를 때, 제국주의는 당연하고도 필연적인 경향이었다. 그래서 유럽 강대국의 정치가는 물론이고 일반 국민들까지도 제국주의에 반대하지 않았다. 그러니 최후의 승자한 나라가 남을 때까지 끊임없이 이어지는 전쟁은 당연했고, 그 이후의 세계전쟁은 필연적인 과정이었다.

사회진화론으로 무장한 유럽의 강대국이 전 세계로 식민지를 확장하러 나아갈 때 이 식민지 확보 대상 가운데는 조선도 포함되어 있었다. 19세기 후반에 조선은 이 세계열강의 식민지 쟁탈전에 휘말려 위기를 맞는데, 이때 사회진화론은 조선의 지식인 사이에도 유입되어 조선 내부에서는 개화파와 수구파가 현실과 동떨어진 채 첨예하게 대립하며 조선을 망국의 구렁텅이로 빠르게 몰아붙인다.

하지만 자기가 만든 진화론이 제국주의의 침략 도구가 되는 건 애초에 다윈이 원한 게 아니었다. 다윈은 《비글호 항해기》에서 다음과 같이 썼다.

"빈곤의 비참함이 자연법칙이 아니라 우리의 사회제도에서 비롯했다면, 우리의 죄는 중대하다."

다윈은 빈곤이라는 인간 사회의 불평등 현상이 자연법칙이라는 생물학적 결정론에 따라 당연하다는 논리에 반발한다. 비글호 선장 피츠로이가 노예제도를 찬양할 때는 정색을 하면서 그와 싸웠으며, 보통선거에 바탕을 둔 민주주의를 비판하며 영웅주의를 주장했던 보수적 사상가 토머스 칼라일에 대해서도 '노예제도에 대한 그의 견해는 메스꺼울 정도였다. 그의 눈에는 힘이 정의였다.'고 자서전에 기술했다.

하지만 다윈의 도덕적 판단은, 본인의 진화론이 낳은 제국주의라는 괴물 철학의 파괴성을 제어할 수 없었다. 과학자로서는 어쩔 수 없었고, 그게 철학 혹의 정치경제의 하위범주로 포섭되는 과학의 한계였다. 이 한계를 본인은 느꼈을까? 만년에 쓴 자서전 도입부에서 다윈은 다음과 같이 담담하게 자기 인생을 돌아본다.

찰스 다윈.

독일의 한 편집자가 편지를 보내와서 내 정신과 성격 발달에 대해 자서전을 쓰는 기분으로 가볍게 써달라고 부탁했다. 나는 그 일이 내 아이들이나 손자손녀들에게도 유익한 기록이 될 수 있다는 생각이 들어 그 제안에 흥미를 느꼈다. 할아버지가 자기 정신에 대해 쓴 짧은 글이라도 읽어볼 수 있다면 얼마나 흥분되겠는가. 또 내가 어떤 생각을 했으며 어떤 행동을 했는지, 어떻게 일했는지도 말이다. 나는 죽은 뒤 다른 세계에서 내가 살아온 삶을 되돌아보는 듯한 느낌으로 내 자신에 대한 이야기를 쓰려고 노력했다. 이 일이 그다지 어렵지 않았던 것은 이미 살날이 얼마 남지 않았기 때문이다.•

자연선택설을 바탕으로 한 그의 진화론은 현재 생명의 의미와 현상을 설명하는 가장 훌륭한 이론임을 부정할 수는 없다. 그렇게 진화론은 정당했다. 하지만 다윈은 세상에 빚을 졌다. 과학자로서는 후대에까지 길이길이 기억될 더할 나위 없는 명성을 얻었지만, 제국주의의 깃발을 높이 흔들던 식민주의자와 인종주의자에 희생된 수많은 사람들의 원혼에도 어느 정도 책임을 져야 했다. 하지만 물론 그 일은 다윈이 아니었다면 다른 누구라도 하게 될 일이었다.

* * *

다윈의 경우 진화론이라는 과학이 제국주의라는 철학을 낳았다면, 정약용의 경우에서는 이 경로가 반대이다. 성리학적 인본주의가 과학을 이끌었다.

정약용은 1762년 6월 16일에 광주군 초부면 마현리(지금의

• 《나의 삶은 서서히 진화해왔다》(이한중 번역)에서.

양주군 와부면 능내리)에서 아버지 정재원과 어머니 윤씨 사이에서 태어났으며(어머니는 고산 윤선도의 후손으로 공재 윤두서의 손녀였다), 자는 귀농(歸農)이라고 붙여졌다. 그런데 약용이 태어나기 약 한 달 전인 5월 13일, 왕손 신분이던 정조의 아버지 사도세자가 뒤주 속에서 죽었고, 이 사건을 놓고 노론 내부에 영조의 처분이 온당하다고 주장하는 쪽과 부당하다는 쪽이 각각 벽파와 시파로 갈려서 당쟁을 벌였다. 이때 시파에 가담했던 정약용의 아버지가 벼슬을 잃고 귀향했기 때문에 갓 태어난 어린 아기 약용에게 귀농이라는 자가 붙었다. 출생 즈음에 있었던 사도세자의 죽음은, 사도세자의 아들 정조와 맺는 친밀한 관계 및 함께 도모했던 개혁의 꿈, 그리고 정조 사후에 받았던 핍박 등을 통해 정약용의 일생을 지배하게 된다.

정조의 애제자이자 브레인

정조는 스스로 백성을 다스리는 군주이자 백성을 가르치는 스승인 군사(君師)라고 생각했다. 학문의 스승으로서 정조의 사랑을 받은 제자는 무척 많았겠지만, 정조는 특히 정약용을 아꼈고 또 남인 계열의 큰 재목으로 키우려고 했다.

두 사람이 처음 만난 것은 1783년이었는데, 이때 정약용의 나이는 스물한 살이었고 정조는 서른한 살이었다. 성균관 유생이던 정약용은 2월에 순조의 세자책봉을 경축하려고 마련한 증광감시(增廣監試)에서 초시(初試)에 합격하고 4월에 회시(會試)에서 생원으로 합격했다. 이때 정조는 정약용에게 얼굴을 들라 하며 나이를 묻는 등 특별한 관심을 보였다. 조선시대 역사에서 손에 꼽을 수 있는 훌륭한 군주와 신하의 한 짝은 그렇게 첫 만남을 가졌다.

그 뒤로도 정약용은 정조로부터 특별히 사랑을 많이 받았다. 회갑을 맞았던 1822년에 자기 스스로 쓴 자기 묘지명에서도 '정조대왕의 총애와 칭찬은 동료들 가운데서도 지나칠 정도였다.'라고 적었을 정도이다. 그러나 정약용이 대과(大科)에 합격한 것은 그로부터 6년 뒤인 1789년이었다. 정조는 정약용을 곧바로 친위세력 양성소라고 할 수 있는 규장각의 초계문신(抄啓文臣)으로 발탁했다. 그리고 이 해에 정약용은 문신의 시험에 수석 5번, 수석에 비교된 것 8번을 기록했으며, 겨울에 배다리[舟橋] 설치 공사가 있었는데, 여기에서도 두드러진 공을 세웠다.

1795년 정조의 화성 능행 때의 배다리 모습. 《원행을묘의궤도》의 "주교도(舟橋圖)".

배다리는 교량을 가설하기 어려운 큰 강에 배를 나란히 붙여 띄우고 그 위에 임시로 놓은 다리를 말한다. 정조는 아버지 사도세자의 능이 있는 수원으로 능행을 할 때면 한강을 건너야 했는데, 이때 정약용이 수십 척의 배를 옆으로 길게 늘어트리고 그 위에 나무판을 깔아 임시 다리를 만들었다. 갑자기 물이 불어날 수도 있었고 비용도 많이 들기 때문에 반대하는 신하들이 많았지만, 정조는 왕실의 권위를 높이고 기술 문화를 높인다는 차원에서 배다리 건설을 강력하게 추진했고, 바로 이 일을 젊은 실학자 정약용이 설계 및 지휘를 맡아서 성공적으로 수행함으로써 정조가 원하던 목적을 달성하게 해주었다.

그리고 이때의 경험을 살려서 1795년에 있었던 정조의 화성 능행 때도 정약용은 용산과 노량진 사이에 배다리를 설치했다. 이 배다리에 동원된 배는 모두 48척이었고, 원행을 나가기 한 달 전이었던 1795년 2월 13일에 시작된 공사는 열하루 만에 끝이 났다. 이 위로 1,800여 명이 지나갔지만 배다리는 끄떡도 없었다. 이 을묘년 능행은 정조가 사도세자의 명예 회복에 반대하던 노론 벽파를 향해 강력한 경고의 메시지를 전하며 왕권 강화를 시위하는 정치적인 의미도 담고 있었기 때문에, 정조는 특별히 이 행사에 힘을 쏟았고 또 정약용은 그런 정조의 기대를 저버리지 않았다.

뿐만 아니라 정조가 집권의 정치적·문화적·경제적 철학을 담은 회심의 역작 화성을 건설할 때도 중요한 일을 정약용에게 맡겼다. 당시 홍문관에 근무하고 있던 정약용에게 화성 건설의 기본 방안을 연구해서 제시할 것을 지시한 것이다. 명을 받은 정약용은 기존의 조선 방식과 중국 방식의 장단점을 널리 검토하고 아울러 중국을 통해 입수한 서양 과학 기술 서적을 참조해서 새로운 방식을 찾았다. 그리고 당시의 기술 수준을 감안해서 새로운 성곽 건설계획서인 "성설(城說)"을 정조에게 올렸

《기중도설(起重圖說)》에 실린, 화성 건설 때 정약용이 만들어서 쓴 거중기(擧重機).

다. 화성 축성 개시를 1년여 남짓 앞둔 1792년 겨울이었다. 이 계획서는 나중에 "어제성화주략(御製城華籌略, 화성 축성을 위한 임금의 기본 방안)"이란 이름으로 내용 변경 없이 그대로 《화성성역의궤》에 한 부분으로 수록되었다. 정약용의 학식을 정조가 얼마나 깊이 신뢰했는지 엿볼 수 있으며, 아울러 정약용이 실제 정치에서 얼마나 큰 영향력을 행사했는지 엿볼 수 있는 대목이다.

정약용은 정조의 싱크탱크인 규장각 초계문신 가운데서도 단연 뛰어났으며, 따라서 노론 벽파를 견제해서 왕권을 강화하며 남인 계열의 인사들을 기반으로 조선의 정치와 경제를 일신하려던 정조의 개혁 작업에서 브레인 역할을 했다. 이런 점은 그가 남긴 글에서도 확인할 수 있다.

···살아 계시는 동안에 받은 상품이나 하사해 주신 책, 말, 호랑이 가죽 및 여러 가지 진귀하고 이색적인 물건들이 이루 다 기록하지 못할 정도로 많았다. 기밀을 들려주시기도 했고, 하고 싶은 말을 글로 써서 올려 바치면 그 자리에서 윤허하여 시행하셨다. (···) 궁중 내부에 비장되어 있는 모든 책을 내가 보겠다고 하면 언제라도 볼 수 있게 해주셨다. 모두가 남다른 대우였다.•

실용과 실천의 경세(經世) 철학

정약용은 정치에 입문하는 순간부터 정조의 정책 브레인으로 스스로 생각했고 또 정조 역시 그런 역할을 기대했기 때문에, 철저하게 실증적이고 실용적인 관점을 가졌다. 그래서 관념론에 빠진 성리학 경향을 비판했다.

성리학은 도를 알고 자신을 알아서 올바른 도리를 실천하는 데 그 의의가 있다. (···) 《맹자》에는 '마음을 다 아는 사람은 본성을 알게 된다. 본성을 알게 되면 천도를 알 수 있는 것이다.'라고 하였으니, 성리학의 근본이 바로 여기에 있다. (···) 그런데 지금 성리학을 하는 사람들은 이(理)니 기(氣)니 성(性)이니 정(情)이니 체(體)니 용(用)이니 하는가 하면, 본연(本然)이니 기질(氣質)이니 이발(理發)이니 기발(氣發)이니 이발(已發)이니 미발(未發)이니 단지(單指)니 겸지(兼指)니 이동기이(理同氣異)니 기동이이(氣同理異)니 심선무악(心善無惡)이니 심유선악(心有善惡)이니 하면서 줄기와 가지와 잎이 수천수만으로 갈라져 있다. 이렇게 터럭 끝까지 세밀히 분석하면서 서로 자기의 주장이 옳다고 기세를 올리면서 남의 주장을 배척하는가 하면, 묵묵히 마음을 가다듬어 연구에

• 정약용의 《여유당전서》, "스스로 지은 묘지명"(허경진 번역)에서.

몰두하기도 한다. 그런 끝에 대단한 것을 깨달은 것처럼 목에 핏대를 세우면서 스스로 천하의 고묘(高妙)한 이치를 다 터득했다고 떠든다. 그러나 한쪽에는 맞지만 다른 한쪽에는 틀리고 아래는 맞지만 위가 틀리기 일쑤다. 그렇건만 저마다 하나의 주장을 깃발로 내세우고 보루를 구축하니, 한 세대가 끝나도록 시비(是非)를 판결할 수가 없음은 물론이고 대대로 서로의 원망이 풀릴 까닭이 없다. 그리하여 자기의 주장에 찬동하는 사람은 존대하고 반대하는 사람은 천시하며, 의견을 같이하는 사람은 떠받들고 달리하는 사람은 공격하였다. 이러면서 스스로 자신의 주장이 지극히 올바른 것이라 여기고 있으니, 어찌 엉성한 짓이 아니겠는가.*

정약용의 초상화. 김호석.

정약용은 이렇게 성리학의 근본 의의를 알지 못하고 공리공론과 붕당을 일삼는 풍토를 성토한다. 또 한 걸음 더 나아가 실용적이지 않은 태도를 견지하는 '산림'의 '은사'들을 비판한다.

오늘날 성리학을 하는 사람은 스스로 은거한다고 말하며, 비록 세상을 떠나 사는 사람이라도 의리로 볼 때 그 기쁨과 슬픔을 나라와 함께 하여야 할 처지인데도 벼슬하지 않는다. 서울에서 태어나 자란 사람도 학문을 하면 산으로 들어가는 까닭에 '산림'이라 부른다. 이 사람들이 벼슬을 할 경우에는 오직 경연(국왕과의 토론 자리)에서 경전의 뜻을 설명하는 일과 세자를 가르치는 관직에 오르는 일에만 눈길을 돌릴 뿐이다. 이들에게 만약 곡식을 관리하고 군사를 다스리며 소송을 판결하고 손님을 접대하는 일을 맡기면 무리지어 일어나 비방하길 '어진 선비를 대우하는 것이 이와 같아

• 《여유당전서(與猶堂全書)》의 "오학론(五學論)"에서.

서는 안 된다.'고 말한다. 비록 이들이 (…) 방종하고 음란한 자들보다는 나은 점이 있기는 하다. 그러나 알맹이 없는 고고한 마음으로 스스로 옳다고 오만을 떨고 있으니, 끝내 이들 성리학 하는 사람과는 같이 손잡고 요순과 주공·공자의 문하로 들어갈 수 없다.

성리학의 근본 도리를 잘못 이해하는 경향에 대한 이런 비판적인 맥락에서, 정약용에게 정치란 가장 구체적인 실천 행위, 잘못된 것을 바로잡는 실천 행위이다.

정(政)의 뜻은 바로잡는다[正]는 말이다. 다 같은 우리 백성인데 누구는 토지의 이택(利澤)을 남들의 것까지 함께 가져서 부자로 살고, 누구는 토지의 이택을 받지 못하여 가난뱅이로 살 것인가. 그래서 토지를 개량하고 백성들에게 고루 나누어주어 바로잡으니 이것이 정(政)이다. 다 같은 우리 백성인데 누구는 풍요로운 땅이 많아서 남는 곡식을 버릴 정도이고 누구는 척박한 땅도 없어서 모자라는 곡식을 걱정해야만 할 것인가. (…) 있고 없는 것을 서로 통하게 하는 것으로 바로잡았으니 이것이 정(政)이다. (…) 다 같은 우리 백성인데 누구는 상대를 업신여기고 불량하고 악독하면서도 육신이 멀쩡하게 지내고, 누구는 온순하고 부지런하고 정직하고 착하면서도 복을 제대로 받지 못하는가. (…) 다 같은 우리 백성인데 누구는 멍청하면서도 높은 지위를 차지하여 악(惡)을 전파하고 있고 누구는 어질면서도 아랫자리에 눌려 있어 덕(德)을 펼치지 못하게 할 것인가. (…) 만약 왕정(王政)이 없어지면 백성들이 곤궁해지고, 백성들이 곤궁해지면 세금이 많아지고, 세금이 무거우면 민심(民心)이 떠나고, 민심이 떠나면 천명(天命)이 가버린다. 그러므로 급히 서둘러야 할 것이 정(政)이다.*

• 《여유당전서(與猶堂全書)》의 "원정(原政)"에서.

그렇기 때문에 그의 관점에서 보자면, 정치를 직접 실천하는 관리인 목민관(牧民官)은 무엇보다 중요한 존재이다. 하지만 그의 이런 이상은 정조의 갑작스런 죽음으로 꺾이고 만다.

황사영 백서(帛書) 사건

정약용의 집안은 혼맥을 통해 이익 계열의 학통을 계승하고, 천주교와 관련을 맺었다. 누이는 조선 최초의 영세교인인 이승훈(1756-1801)에게 시집갔고, 자신은 이승훈의 누이를 며느리로 맞아들였다. 정조 사망 후 권력을 장악한 노론 벽파가 반드시 제거해야 할 남인의 거두 세 명으로 이승훈, 정약용과 함께 지목한 이가환은 이승훈의 외삼촌이며 성호 이익의 종손으로 당대의 유명한 실학자였다. 또 이벽(1754~1786)은 다산의 맏형인 정약현의 처남이었는데, 정약용은 이벽을 통해 처음 천주교를 접하게 된다.

정조가 독살이 의심스러울 정도로 갑자기 죽은 다음 해인 1801년, 권력을 독점한 노론 벽파는 남인 및 노론 시파를 쫓아낼 목적으로 이른바 신유사옥(辛酉邪獄)을 일으켰다. 중국인 신부 주문모 및 주문모를 맞아들인 정약용의 자형 이승훈과 정약용의 형 정약종은 처형되었고, 이가환은 고문을 받던 끝에 옥사했으며, 정약용도 유배되었다. 다음은 어느 청년 천주교 신도가 당시 이가환이 맞았던 죽음을 묘사한 내용이다.

…처음에 의금부에 잡혀 들어갔을 때에는 오히려 스스로를 변명하고 죄를 승복하지 아니하였으나 옥사를 다스리는 사람들이 모두 평소 그를 원망하고 시기하던 자들이라 기필코 사지에 몰아넣으려고 하므로, 그 스스로도 끝내 면할 수 없음을 깨달아 마침내 본심을 인정하고

죽음에 이를 때까지 변하지 아니하였습니다. 혹독한 매질과 불로 지지는 형벌 아래 그만 목숨이 끊어졌는데, 이때 그의 나이 예순이었습니다.*

그런데 이 청년 신도는 조선에서 벌어지는 천주교 탄압의 실체를 가로 62센티미터 세로 38센티미터의 흰색 비단에 빼곡하게 써서(한 줄에 110자씩 122줄, 도합 1만 3천여 자), 동지사 일행에 끼어서 중국 천주교회 북경교구의 주교에 전달하려고 하였으나 도중에 적발되었다. 이 사람이 바로 황사영(1775~1801)이었다.

백서(帛書) 사건의 주인공 황사영.

황사영은 정약용의 맏형 정약현의 사위였다. 열다섯 살에 진사 시험에 장원급제했을 때 정조는 장래가 촉망되는 이 청년의 손목을 잡고는 '네가 스무 살이 되거든 나를 만나러 오너라. 내가 어떻게 해서든 네게 일을 시키고 싶다.'고 말했을 정도였다. 하지만 이 청년은 다음 해 관료로 나서는 인생을 포기하고 천주교 세례를 받았다.

황사영이 중국 북경의 가톨릭 주교에게 몰래 보내려 했던 편지에는 조선에서 포교를 하는 데 필요한 근본대책으로 서양 여러 나라로부터 재정적인 지원을 해줄 것, 청나라 황제의 동의를 얻어 서양인 천주교 신부를 보낼 것, 조선을 청나라에 부속시키고 친왕(親王)에게 명하여 조선국을 감독케 할 것, 배 수백 척과 강한 병사 5~6만 명으로 서양 전교대(傳敎隊)를 조직해 와서 선교사의 포교를 쉽도록 할 것 등이었다.

…이 나라의 병력은 본래 가냘프고 약해서 모든 나라 가운데 제일 끝인데다가 이제 태평한 세월을 2백 년간이나 계속해 왔으므로 백성들은 군대가 무엇인지 모릅니다. 위로는 뛰어난 임금이 없고 아래에는 어진 신하가 없어서 자칫 불행한 일이 있기만 하면 흙더미처럼 와르르 무너져 버리고 기왓장처럼 부서질 것이 틀림없습니다.•

조정이 발칵 뒤집어졌음은 말할 것도 없었다. 집권세력은 그렇지 않아도 반대파를 칠 구실이 필요했는데 마침 좋은 핑계거리가 생겼다. 황사영을 비롯한 핵심인물들이 처형되었고, 노론 벽파에 반대하던 세력들은 철퇴를 맞았다. 정약용도 이 일로 다시 투옥되어 조사를 받은 뒤에 강진으로 유배되었다.

세도정치의 폐해와 《목민심서(牧民心書)》

순조 4년인 1804년, 수렴청정을 하던 정순왕후가 죽자 열네 살의 어린 국왕 순조는 직접 국정을 관장했지만 권력은 안동 김씨 일문이 장악하고 국정을 마음대로 흔들었다. 이들은 정부의 요직을 독점하다시피 하면서 중앙과 지방의 인사권을 장악했다. 관직에 나아가려면 안동 김씨 일족에 줄을 대어야 했고, 그럴수록 이들의 세력은 커져갔다. 이런 세도정치 아래에서 관리들의 부정과 부패는 갈수록 심해졌으며, 양반 관료체제가 흔들렸고, 중간수탈의 가중으로 말미암아 국가의 조세체계도 흔들렸다. 탐관오리의 중간수탈과 지방 토호의 세금 전가로 농민의 삶은 더욱 피폐해졌고 농민층의 몰락은 가속화되었다.

정약용은 유배지 강진에서 어떤 아낙이 울고 있는 걸 보았

• "황사영 백서"에서.

다. 까닭을 알아보니 사연은 이랬다. 죽은 시아버지와 금방 태어난 아이가 버젓이 군적에 올라가 있어 관아에 가서 호소를 해도 소용이 없었고, 오히려 세금 명목으로 가지고 있던 소마저 빼앗겼다. 남편이 억울함을 참지 못하고 칼로 자신의 성기를 잘라내고서 '내가 이것 때문에 군포를 내게 되었다.'며 울부짖었고, 아낙이 피가 아직 뚝뚝 떨어지는 남편의 잘린 생식기를 들고 관아에 갔지만 문지기가 앞을 막고 들여보내 주지 않더라는 것이었다. 이 이야기를 듣고 정약용은 '애절양(哀絶陽, 슬픈 마음으로 남자의 생식기를 자름)'이라는 제목으로 다음과 같은 시를 지었다.

갈밭마을 젊은 여인 울음도 서러워라
현문 향해 울부짖다 하늘 보고 호소하네
군인 남편 못 돌아옴은 있을 법도 한 일이나
예부터 남자 생식기를 자른 일은 들어보지 못했노라
시아버지 죽어서 이미 상복 입었고
갓난아이는 배냇물도 마르지 않았는데
삼대의 이름이 군적에 실리다니
달려가서 억울함을 호소하려도
범 같은 문지기 버티어 있고
이정은 으르렁대며 소를 몰아가버리네
칼을 갈아 방에 들자 자리에는 피가 가득
스스로 한탄하길 '내가 아이 낳은 죄로구나!'
(…)
부호들은 일 년 내내 풍류나 즐기면서
낟알 한 톨 비단 베 한 치 바치는 일 없는데
다 같은 백성인데 이다지도 차별일까

객창에서 거듭거듭 시구편을 외워보네.

군정(軍政)의 폐단은 이토록 심각했지만, 양반에게는 군포를 납부할 의무가 없었다. 그러니 일반 백성의 원성은 점점 커져만 갔다. 조선 후기로 접어들면서 양반층은 아예 군역 의무를 지지 않았던 것이다. 세도정치 아래의 지배층은 양반 중심의 사회구조를 혁파하려 하지 않았고, 일반 백성의 부담은 가중되었다. 그리고 일반 백성의 분노는 종래의 소극적인 태도에서 벗어나서 봉기와 같은 적극적인 태도를 보이기 시작했다. 조선의 지배 이념인 성리학을 근본적으로 부정하는 주장도 더러 보이기 시작했다. 1811년 홍경래의 난을 비롯해서 여기저기서 민란이 터졌다. 조선의 끝이 보이기 시작했다.

"행려풍속도병(行旅風俗圖屛)"(김홍도, 1778년)의 한 폭인 '취중송사. 술에 취한 수령이 송사를 처리한다.

이런 암울한 상황에서 정약용은 위기의식을 느꼈다. 목민관이 성리학의 근본 도리를 앞장서서 실천하며 이런 잘못된 상황을 바로잡아야 했다. 그러나 현실 속의 목민관은 자기가 기대하는 모습과 정반대였다. 목민관은 '어떤 사람이 다툼이 있어 소송을 제기하면 곧 불쾌한 표정으로 하는 말이 "왜 그리도 시끄럽게 구느냐." 하고, 또 어떤 사람이 굶어 죽기라도 하면 "자기가 잘못해서 죽었다." 하며, 곡식이나 옷감을 생산하여 섬기지 않으면 매질이나 몽둥이질을 하여 피를 보고서야 말 뿐만 아니라, 날마다 돈 꾸러미나 세면서 돈과 베를 거두어들여서 전택(田宅)이나 장만하고 권귀(權貴)나 재상(宰相)에게 뇌물을 쓰는 것을 일삼을 뿐이었다. 정약용은 이런 점을 지적하면서, 목민관은 백성을 위해서 존재한다고 목소리를 높였다.

백성을 위해서 목(牧)이 존재하는가, 백성이 목(牧)을 위해서 태어났

는가? 곡식과 피륙을 내어 목(牧)을 섬기고, 수레와 말을 내어 추종하

면서 목(牧)을 보내고 맞이하는 등 백성들은 고혈과 진수를 모두 짜내

어 목(牧)을 살찌게 하니 백성들이 목(牧)을 위해서 태어났는가? 아니

다. 목(牧)이 백성을 위해서 존재한다.*

　백성이 정치의 근본이라는 것이다. 하지만 이 유교적 민본주
의는 서양 근대의 민주주의와 다른 개념이다. 민심(民心)은 천
심(天心)이지만 이 천심을 읽고 실행할 권리와 의무는 왕에게
있다. 바로 왕도정치(王道政治)이다. 성왕(聖王)이 유교적 이상
세계의 바람직한 전범이므로, 이 성왕의 또 다른 모습인 '훌륭
한 목민관'은 백성과 국가가 모두 부유하고 다툼이 없는 이상적
인 유교 국가 조선을 만들어나가는 데 핵심적인 요소라고 파
악한 것이다. '목민관(牧民官)'이라는 단어의 '목(牧)'은 '탈 없이
건강하게 잘 기른다'는 뜻이다. 어디까지나 주체는 관리이고 왕
이지 백성은 아니다. 이것이 성리학의 울타리이다. 이 울타리
바깥은 신분제 타파였다. 정약용은 이 울타리를 넘지 않았다.
　정약용은 이 울타리 안에서나마 개혁을 이루어내야 한다고
간절하게 믿고 또 바랐다. 이런 간절한 바람으로 유배지에서
《목민심서(牧民心書)》를 썼다. 청년 시절 지방수령이던 아버지
곁에서 본 것과 암행어사 활동을 하면서 또 곡산부사로 있으면
서 본 것들 등, 자기 체험을 바탕으로 해서 고을 수령이 백성을
다스리는 방법과 갖추어야 할 기본자세를 조목조목 적었을 뿐
만 아니라 농민의 실태와 서리의 부정, 토호의 작폐, 도서민의
생활 상태 등을 백성의 시각에서 소상하게 적었다.

또, 사회개혁의 핵심은 농지 소유의 개혁에 있다면서, 기존에 제안된 여러 농지 제도들을 비판하면서 농지는 경자유전의 원칙에 따라서 농사짓는 사람에게만 주자는 여전제(閭田制)를 정조가 살아 있을 때 이미 주장했다. 이것은 한 마을을 '여(閭)'라는 단위로 하여 토지를 공동으로 소유·경작하게 하고, 수확량 가운데서 세금을 뺀 나머지를 경작에 참가한 사람들이 각각 자기가 들인 노동량에 따라 분배받는 일종의 공동농장제도로 공동생산·공동분배제도이다.

> 농사짓는 사람에게는 토지를 가지게 하고, 농사를 짓지 않는 사람에게는 토지를 가지지 못하게 하는 것이 옳다. (…) [그러려면] 여전제를 시행해야 한다. (…) 선비란 대체 무엇 하는 사람인가? 선비는 어찌하여 손발을 한가하게 놀리면서 남의 땅에서 생산된 것을 삼켜먹으며, 남이 힘써 일한 것을 얻어먹는가?*

하지만 그가 정치적인 영향력을 행사할 수 있는 자리에 있던 기간은 짧았다. 정조가 죽자 끈 떨어진 연 신세가 되고 말아, 《목민심서》를 쓸 때 그는 이미 현실 정치권에서 완전히 밀려나 있었다.

유배지의 선비

정약용은 정조 사망 뒤 정치 생명이 끝났을 뿐만 아니라 목숨까지 위태로움을 알고 고향으로 돌아갔다. 그리고 고향 별장에, '겨울에 시냇물을 건너는 것처럼 신중하게 하고, 사방에서

---

* 《여유당전서》, "전론(田論)"에서.

나를 엿보는 것을 두려워하듯 경계하라.'는 노자의 말 앞 두 글자를 따서 '여유당(與猶堂)'이라는 당호를 짓고 몸을 바짝 낮추었다. 하지만 아무리 몸을 낮추어도 새로 권력을 잡은 노론 벽파의 탄압은 피할 수 없었다. 다음 해 신유사옥으로 그는 조사를 받은 뒤에 목숨을 간신히 구해서 경상도 장기로 유배되었다. 형인 정약종을 비롯해서 가까운 사람들이 사형을 받거나 고문을 받고 옥사한 뒤라 언제 죽을지 모르는 위태로운 상황이었다. 아니나 다를까, 예상치도 못했던 황사영 백서 사건이 터져서 그는 다시 조사를 받는데, 다행이 이번에도 목숨을 건져 강진으로 유배되었다. 1801년 겨울, 그의 나이 서른아홉 살이었다.

강진은 한양에서 걸어서 열하루가 걸리는 곳이었다. 한양에서부터 함께 유배를 떠났던 약종과 약전 형제는 나주에서 헤어졌다. 신지도로 가는 형은 목포 쪽으로 향하고 강진으로 가는 동생은 해남 쪽으로 향하고…….

원래 죄인이 유배지로 귀양을 가면 이 죄인이 거처할 집을 관할지의 수령이 지정해주게 되어 있었다. 그리고 집을 제공한 사람은 관청으로부터 그에 따른 대가를 받았다. 하지만 강진의 관할지 수령은 정약용을 외면했고, 그러다보니 그를 돌봐주겠다고 선뜻 나서는 사람이 없었다. 유배 처음 4년 동안 그가 머문 곳은 강진읍 동문 밖의 주막집이었다. 그는 자기가 거처했던 이 주막집의 방에 '사의재(四宜齋)'라는 이름을 붙였다.

사의재는 내가 강진에 귀양 가서 살 때 거처하던 집이다. 생각은 마땅히 담백해야 하니 담백하지 않은 바가 있으면 그것을 빨리 맑게 해야 하고, 외모는 마땅히 장엄해야 하니 장엄하지 않은 바가 있으면 그것을 빨리 단정히 해야 하고, 말은 마땅히 적어야 하니 적지 않은 바가 있

으면 빨리 그쳐야 하고, 움직임은 마땅히 무거워야 하니 무겁지 않음이
있으면 빨리 더디게 해야 한다.*

그러면서 학업이 무너져버린 것 같아서 슬프다고 했다. 유배
생활 3년째, 머릿속에서는 온갖 잡생각이 들고 게으름 때문에
외모는 단정하지 못하고 쓸데없이 말이 많아지고 행동 또한 경
망스러워진 자기 모습에 위기감을 느끼며 스스로를 추스르려
고 애를 쓴다.

전남 강진군에 있는 다산 초당. 원래 초가
집이었던 것을 1958년에 기와로 복원하였
다.

그 뒤 1805년 강진읍 뒷산에 있는 보은산방
으로 거처를 옮기고 또 1806년에는 제자 이청
의 집에 기거하다가, 1808년에 다산초당으로
거처를 옮겼다. 비록 동네의 아이들을 가르치
고 또 아들을 불러다 데리고 있으면서 가르치
기도 했지만, 유배지 바깥으로는 한 발자국도
나갈 수 없는 형편이었다.

그럼에도 불구하고 정약용은 존립 자체가 점
점 위태로워지는 조선, '천하가 이미 썩은 지 오래'라고 보았던
조선을 걱정했다. 그리고 백성의 고통을 덜 수 있고 나라의 기
강을 바로세울 방책을 연구하면서 책을 썼다. 그리고 책을 쓰
면서 가족과 친구 등과 수시로 연구 결과를 놓고 토론을 했다.
형 약전에게 보낸 편지의 한 부분만 보아도 그가 얼마나 진지
하게 연구에 몰두했는지 엿볼 수 있다.

예서(禮書)에 대한 연구는 지난 가을 이래 많은 질병에 시달리느라
초고(草稿)를 끝마친 것이 극히 적습니다. 초본(草本) 5편(編)을 부칩니

• 《여유당전서》의 "사의재기(四宜齋記)"에서.

다만 모두가 절단되고 전도되어 문리가 통하지도 않을 것입니다. 그 중에는 또 처음의 견해를 바꾸어 정본(正本)으로 삼고서도 초본에는 고치지 않은 것이 있는데 우선 심심풀이로 보아주십시오. 중간의 초본은 이미 집으로 보내어 아이에게 탈고하게 하였으니, 돌아오고 난 다음에야 질문할 날이 있게 될 것입니다. 이것이 비록 초본이긴 하지만 그 중에 착오난 해석이 있으면 조목조목 논박해서 가르쳐 주시고 의당 절차탁마하여 정밀한 데로 나아가게 해주십시오. 그러다가 더러 갑(甲)이다 을(乙)이다 서로 우기며 분쟁이 오감으로써, 어린 시절 담장 안에서 서로 다투던 습관을 잇는 것도 절로 하나의 즐거움이 될 것입니다. 또 보내드린 《제찬고(祭饌考)》도 제 나름대로는 앞사람들이 언급하지 못했던 곳을 드러냈다고 생각합니다.•

뜻은 높고 컸지만 유배지에 갇혀 있는 그에게는 그 뜻을 펼칠 힘은 없었다. 《목민심서》 서문에도 이런 사정을 적어서, 책 제목에 '심서(心書)'라고 붙인 이유가 백성을 다스릴 마음은 있지만 몸소 실행할 수가 없기 때문이라고 했다. 그럼에도 불구하고, 집필에 몰두해서 정치·경제·역사·지리·문학·철학·의학·교육학·군사학·자연과학 등을 두루 망라한 분야에 걸친 500권 이상의 방대한 저서를 평생에 걸쳐서 썼다. 대부분의 저서는 18년 동안 계속된 유배 기간 동안, 특히 다산초당에 기거하는 동안에 쓴 것이었다. 자기를 버린 나라에 무슨 애정이 남아서 그렇게 애를 썼을까 싶지만, 이런 모습 역시 요순과 주공·공자를 모범으로 삼아 마지막까지도 성리학적 이상세계를 꿈꾸었던 실학파 조선 선비의 모습이었다. 사실 이수광에서부터 시작해서 이익과 홍대용, 박지원, 박제가 등을 통해서 이어져온

• 《여유당전서》의 "중씨께 답함(정약전에게 보낸 편지)"에서.

실학의 전통과 발전은 성리학의 진화 과정이었기 때문이다.

아내가 유배지로 보내준 담황색 치마 다섯 폭

유배 생활 10년째인 1810년 초가을, 정약용의 아내가 남편에게 선물을 보냈다. 아내가 입던 치마였다. 남편은 이 치마를 잘라 종이에 바른 다음 묶어서 첩(帖, 소책자) 네 개를 만들어 두 아들에게 교훈이 될 만한 글을 적어서 주었다.

> …병이 든 아내가 헌 치마 다섯 폭을 보내왔다. 시집을 적에 가져온 훈염(상류층 여자가 시집갈 때 입는 소매가 넓은 예복)인데, 붉은빛이 담황색으로 바래서 서본(書本)으로 쓰기에 알맞았다. 그래서 이것을 잘라 조그만 첩(帖)을 만들어 손이 가는 대로 훈계하는 말을 써서 두 아이에게 보낸다. 훗날 이 글을 보고 감회를 일으켜 어버이의 흔적과 손길을 생각한다면 틀림없이 그리운 감정이 뭉클하게 일어날 것이다.*

그리고 3년 뒤인 1813년 7월, 딸이 결혼을 하자, 첩(帖)을 만들고 남은 천에다 매화 두 마리가 나뭇가지에 앉아 있는 그림을 그리고 그 아래 다음 시를 함께 적어서 행복한 미래를 축원한다.

"매화쌍조도(梅花雙鳥圖)".

가벼이 펄펄 새가 날아와
우리 집 매화 가지에 쉬는구나.

• 《여유당전서》의 "제하피첩(題霞帔帖)"에서.

매화꽃 향내 짙게 풍기자

그 향기 즐기려 날아왔겠지.

이제부터 여기에 머물러 지내며

집안을 즐겁게 하며 살려무나.

꽃도 이미 활짝 피었으니

열매도 주렁주렁 많이 달리겠지.

그리고 다음 달인 8월에는 강진에서 소실의 딸이 태어나자 남은 아내의 치마폭 천에 또다시 그림을 그리고 그 아래에 시를 썼다.

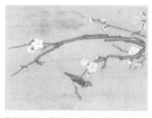

"의증종혜포옹매조도(擬贈種惠圃翁梅鳥圖)".

묵은 가지 다 썩어서 그루터기 되려더니

푸른 가지 뻗어 나와 꽃을 다 피웠구나.

어디선가 날아온 채색 깃의 작은 새는

한 마리만 응당 남아 하늘가를 떠도네.

1818년 정약용은 긴 유배생활을 마치고 집으로 돌아왔다. 그리고 고향에서 18년을 더 산 뒤에 회혼식날 아침에 모든 가족과 제자들이 모인 가운데 자연으로 영원히 돌아갔다. 아내에게는 사흘 전에 미리 써두었던 회혼시를 남겼다. 그의 나이 일흔네 살이었다.

육십 년 세월, 눈 깜빡할 사이 날아갔지만

짙은 복사꽃 봄 정취는 신혼 때 같구려.

살아서 떨어지고 죽어서 헤어짐이 늙음을 재촉해도

슬픔은 짧았고 기쁨은 길었으니 임금님 은혜 아니겠소.

이 밤 노랫가락이 더욱 듣기 좋은데

그 옛날 치마에 먹 자국은 아직도 남아 있구려.

나뉘었다 합함이 참으로 우리의 모습이니

한 쌍의 표주박을 자손에게 남겨 줍시다.

다윈의 진화론으로 서양에서 자연은 신의 지위를 잃고 인간에게 정복되는 대상물로 전락했지만, 정약용이 살고 또 꿈꾸었던 자연은 여전히 '천심(天心)'으로써 인간과 더불어 조화를 이루어야만 의미가 있는 존재였다.

11장 | 흥선대원군 VS 빅토리아여왕

— 제국주의의 격랑, 쇄국정책과 해가 지지 않는 나라

빅토리아여왕(1819~1901)에게 제국주의의 격랑은 즐거운 땅따먹기 놀이였다. '통치'하지 않았기에 그녀가 대영제국을 위해 실제로 한 일은 미미했지만, 제국의 모든 영광은 '군림'했던 그녀에게 돌아갔다. 그리고 그녀의 죽음은 영국인에게 대영제국의 아름다운 추억으로 남았다. 흥선대원군 이하응(1820~1898)은 아들을 앞세워 군주의 권력을 손에 넣고 지엄하던 왕실의 권위를 예전처럼 드높이려고 했다. 그러나 무너져가는 조선을 이끌고 제국주의의 격랑을 뚫기에는 그의 정치 철학이 시대착오적이었다. 그의 투쟁과 몰락은 한국인에게 회한과 반성의 부끄러운 역사로 남았다.

열여덟 살 소녀 알렉산드리나 빅토리아

영국의 런던, 1837년 6월 20일 아침. 155센티미터의 키에 푸른 눈동자를 가진 소녀 알렉산드리나 빅토리아가, 큰아버지인 윌리엄 4세가 죽은 뒤 그의 뒤를 이어서 영국의 왕으로 즉위했다. 그녀는 접견실에서 신하들을 차례대로 만났고, 신하들은 몸을 굽혀 예를 갖추며 여왕의 손등에 키스를 했다. 태어난 지 일곱 달 만에 잃은 아버지의 빈자리를 외삼촌이자 사촌 형부이던 남자에게서 대신 찾아야 했던 열여덟 살 소녀가 대영제국의 여왕이 된 것이다. 즉위 다음 해에 국민 100만 명이 지켜보는 가운데 거행된 대관식장에서도 그녀는 애처롭게만 보였다.

그즈음 지구 반대편 아시아의 조선에서 영조의 5대손 이하응은 세도정치 아래 굴욕의 나날을 보내며 왕이 되어 왕실의 권위를 드높이길 간절하게 바랐고, 또 기어코 자기 아들을 왕위에 올리며 그 뜻을 이루려 했지만, 빅토리아여왕은 처음부터 왕이 되고 싶은 생각도 없었고 또 그런 기대를 하지도 않았다. 조지 3세의 네 번째 아들의 딸이었기 때문이다. 열 살이 지났을 무렵에 자기가 장차 왕이 될 것임을 알았지만, 왕이 되면 무엇을 어떻게 하겠다는 정치적인 포부는 가지고 있지 않았다.

어쩌면 그게 그녀에게 주어진 행운이었는지도 모른다. 그녀는 운이 좋았다. 욕심만 내지 않으면 되었다. 즉, 군림은 하되 통치를 하지 않기만 하면 되었다. 이 지혜를 그녀는 깨달았다. 즉위하자마자, 노동자들이 선거권을 비롯한 자기 권리를 주장하며 조직적으로 벌이던 차티스트운동을 바라보면서, 또 1848년 프랑스에서 2월 혁명으로 왕이 쫓겨나는 걸 바라보면서, 바뀐 세상에서 왕의 지위가 어떠해야 하는지 잘 알았던 것이다. 왕으로 군림함으로써 권위를 지킬 수 있었고, 통치를 하지 않

음으로써 프랑스의 왕처럼 목이 잘리거나 쫓겨나는 비참한 꼴
을 당하지 않을 수 있었다.

물론 왕의 통치권 일부를 내놓아야 했다. 정치권력
이 아닌 정치제도로서의 입헌군주제 전통을 만들었다.
그 일을 빅토리아여왕은 기꺼이 했다. 그럼으로써 신변
의 안전과 왕의로서의 권위와 권리를 보장받았다. 또한
그러면서도 중요 사안의 마지막 결정권은 끝까지 놓치
지 않을 만큼 영리했다.

스물세 살 때의 빅토리아
여왕.

해가 지지 않는 나라

사회진화론이 인종과 종족 간의 협동이라는 측면보다는 투
쟁이라는 측면에 초점을 맞춰서 식민지 개발과 후진국 착취를
정당화하자, 열강의 제국주의적 팽창은 당연한 결과로 나타났
다. 이 팽창 경쟁의 선두에 영국이 서 있었다.

1820년대까지 보호무역 정책을 고수했지만 산업혁명 이후 세
계의 경제 패권을 잡은 영국은 원료 공급지 및 시장을 확보하
기 위해서 전 세계를 돌며 자유무역의 기치를 들고 무력을 앞
세워 통상을 요구하고 또 식민지로 삼았다. 당시 전 세계의 공
장이고 또 은행이었던 영국은, 1850년 기준으로 전 세계 공업
생산의 28퍼센트를 차지했다. 전 세계에서 생산되는 철강 70퍼
센트와 면직물 50퍼센트가 영국산이었다. 또한 전 세계 상선
의 3분의 1이 영국인 소유였다. 이런 막강한 경제력으로 전 세
계에 식민지를 거느렸다. 영국은 해가 지지 않는 나라였다. 지
구가 자전하면서 런던에 밤이 찾아와도 아시아 혹은 아프리카
혹은 아메리카에 있는 영국의 식민지에서는 여전히 해가 비치
고 있었기 때문이다. 하지만 그것은 다른 나라들에서 뜨는 해

를 빼앗았기 때문에 가능한 일이었다.

인도도 이렇게 영국에 해를 빼앗겼다. 1857년 5월, 동인도회사가 고용한 인도인 용병 '세포이'들이 중심이 되어 하층 농민과 상인층 일부가 가세해서 영국의 인도 식민지 정책에 반대하는 항쟁을 일으켰다. 하지만 이 항쟁은 영국에 진압되고 말았고, 1858년부터는 영국동인도회사가 인도를 통치했다. 그리고 다시 20년 뒤인 1876년에 인도는 영국령 인도제국으로 바뀌었고 빅토리아여왕의 호칭에는 '인도의 여제'라는 수식어가 추가되었다. 홍선대원군이 10년 동안 앉았던 권좌에서 물러난 지 3년 뒤이자, 운요호 사건을 계기로 조선이 일본과 불평등조약인 강화도조약을 체결하게 되는 바로 그해였다.

영국의 팽창 정책은 청나라로까지 계속 이어졌다. 영국은 1·2차 아편전쟁을 통해서 아편무역을 합법화하고 청나라에 10개의 항구를 개방하고 막대한 배상금과 위로금을 요구하는 톈진조약(1858년)을 체결하며 청나라의 주권을 침해해 이권을 챙겼다. 1842년의 난징조약으로 영국은 홍콩섬을 영국령 식민지로 얻었고, 1860년의 1차 베이징조약으로는 홍콩 너머 주룽반도를 떼어먹었다. 또 1898년 2차 베이징조약으로는 주룽반도의 나머지 광활한 지역인 신계지를 99년 동안 빌리기로 했다. (말이 빌리는 것이지, 명의만 중국이 가질 뿐 실제 지배는 영국이 한다는 말이었다.)

영국 제국주의 팽창의 손길은 조선에도 뻗쳤다. 처음 영국의 눈에 조선은 식민지로서의 가치보다는 동아시아에서 러시아의 남하정책을 저지하는 군사전략적 의미가 더 컸다. 하지만 일본이 조선과 조일수호조약(강화도조약)을 맺자, 영국은 이 조약과 같은 내용으로 조선과 통상조약을 맺고자 청을 통해 압력을 가했고, 결국 1883년에 조영수호통상조약이 체결되어 다음 해에 비준되었다. 이 조약에서 빅토리아여왕과 대원군의 아들 고종은 각각 '대영제국 및 아일랜드의 여왕 폐하, 인도의 여제(Her Majesty the Queen of Great Britain and Ireland, Empress of India)'와 '조선 국왕 폐하(His Majesty the King of Corea)'로 대등하게 만났다. 하지만 이 조약은 제국주의 영국이 식민 정책의 일환으로 체결했던 숱한 조약이 그랬듯이, 그리고 조일수호조약 이후 조선이 외국과 맺었던 여러 조약이 그랬듯이, 영국 군함이 정해진 개항장 외에도 조선 어디에서나 정박할 수 있게 하는 등 전형적인 불평등조약이었다.

1884년 조선이 영국과 맺은 수호통상조약문. 3월 8일 고종이 창덕궁에서 직접 서명한 것이다. (자료: 국립중앙도서관)

제1관. (1) 대조선국 대군주와 대영국 대군주 애란국(愛蘭國) 겸 인도국의 연합왕국여제폐하 및 그 후대사군(後代嗣君)과 그 인민으로 더불어 피차간 영원한 평화와 우의가 있을 것이며 차국인이 피국에 가면 그 나라에서 반드시 생명, 재산, 안정의 보호를 받는다. (2) 체약국의 일방과 제3국간에 분쟁이 야기되는 경우에는 만약 청원할 경우 체약국의 타방은 타협을 초래하기 위하여 조정에 노력한다. (…) 제12관. (1) 본 조약은 한문과 영문의 양어로 작성하며 해당 양역문(兩譯文)은 동일한 내용을 갖는다. 그러나 해석상의 이의(異議)는 영문을 참조(參照)로 하여 결정할 것을 이에 협정한다. (…)*

사악하고 탐욕스런 전쟁

19세기 말 20년 동안 세계는 경제 불황에 시달리며 열강들

• 조영수호통상조약 총 13관 가운데서. 강조는 필자.

이 보호주의로 자기 경제권을 블록화했다. 영국은 대영제국의 세력권을 더욱 넓혀나갔고, 이런 제국주의적 팽창은 필연적으로 식민지에 대한 무자비한 억압과 전쟁을 낳았다. 그리고 '제국'에 대한 환멸이 안팎에서 제기되는 사건이 터졌다. 이른바 보어전쟁 혹은 남아프리카전쟁이었다.

보어인은 남아프리카에 사는 네덜란드계 백인들을 일컫는 말이다. 가난에 쫓긴 네덜란드 사람이 남아프리카의 케이프타운 일대에 정착한 것은 17세기 후반이었다. 그런데 이들은 19세기 들어 아프리카에 진출한 영국군에 밀려 케이프타운 북쪽으로 쫓겨났고, 그곳에 살던 줄루족(흑인)을 몰아내고 1852년과 1854년에 각각 트란스발공화국과 오렌지자유국을 세웠다. 1867년 트란스발에서 금광이 발견되고 오렌지강변에서 다이아몬드가 발견되자, 영국은 이 자원을 노리고 전쟁을 일으켰지만 패배했다. 1881년의 1차 보어전쟁이었다.

영국은 1899년에 다시 전쟁을 일으켰다. 당시 트란스발공화국의 보어인 병력은 87,000명인 데 비해 아프리카에 진출해 있던 영국인 병력은 45만 명이었다. 보어인은 게릴라전을 전개하며 영국군에 완강히 맞섰고, 쉽게 끝날 것 같던 전쟁이 길어졌다. 그러자 영국은 철저한 전멸전법을 채택해 보어인의 집과 토지를 불사르며, 21만 명이던 비전투 민간인을 강제로 수용소에 몰아넣었다. 일정한 공간에 한 사람씩 수용하는 방식의 이 수용소의 설비와 대우는 대단히 야만적이어서, 이 가운데 어린이와 부녀자 27,927명이 수용소에서 목숨을 잃었다. 결국 보어인은 민족 말살의 위협에 직면해서 1902년 5월 31일에 항복했고, 트란스발공화국은 영국의 식민지가 되었다. (1920년에 영국은 트란스발공화국과 케이프타운 식민지 등을 합쳐서 남아프리카 연방을 만든다.)

보어전쟁이 터지자 빅토리아 여왕은 남편 앨버트와 사별한 뒤 수십 년 만에 처음 대중 앞에 나타나 남아프리카에서 싸우는 영국 병사들의 사기를 북돋우려고 부대를 시찰하고, 훈장을 수여하고, 군 병원을 방문했다. 뿐만 아니라 거의 30년 만에 아일랜드를 방문해서 군대를 파견해준 데 대해서 고맙다는 뜻을 아일랜드 사람들에게 전했다.

보어전쟁 때의 보어인 강제수용소.

영국은 전쟁에서 이겼다. 하지만 국내외적으로 도덕적으로 심각한 타격을 입었다. 영국 안팎에서 '제국에 대한 신념'이 흔들렸고, 탐욕스런 제국주의에 대한 환멸이 일었다. 보어전쟁은 대영제국 팽창에 거대한 먹구름을 드리웠다. 그러나 제국주의의 탐욕은 그 뒤로도 열강들 사이에서 끝없이 경쟁적으로 펼쳐져 세계대전으로까지 이어진다.

하트의 여왕

영국의 수학자이자 작가인 찰스 루트위지 도지슨이 루이스 캐럴이라는 필명으로 1865년에 발표한 소설 《이상한 나라의 앨리스》에는 '하트의 여왕'이 등장한다. 이 여왕은 어떤 말썽이 생기건 간에 그 말썽을 '목을 쳐라!'라는 간단하고도 단순한 명령으로 해결한다. 언제나 황금귀걸이를 하고 머리에 하트 장식이 달린 지팡이를 들고 다니는 이 뚱뚱하고 퉁명스런 여왕은 어딘지 모르게 빅토리아여왕을 닮았다. 소설에서 이 여왕은 세상 물정 모르며 무소불위의 권력을 휘두른다.

하트의 여왕이 앨리스의 목을 치라고 명령한다.

빅토리아여왕이 왕위에 오른 무렵부터, 부당한 사회·경제적 처우에 불만을 품고 있던 영국의 노동자들은 선거권을 달라고 목소리를 높였다. 이른바 차티스트운동이었다. 하지만 빅토리아여왕은 이 운동을 탄압해야 한다고 했다. 그녀는 영국 노동자들이 현재의 생활에 만족하고 있으며 또한 자기에게 충성한다고 믿었기 때문이다. 하지만 1844년에 개정되어 이전보다 조금 나아졌다고는 해도 아동 및 여성의 근로조건이 '9~13세의 아동 노동자는 점심시간을 포함해 하루 노동시간이 9시간을 넘어서는 안 된다.'거나 '여성과 청년의 노동시간은 동일하게 하며, 30분의 식사시간을 포함하여 12시간을 넘을 수 없으며 일요일 근무는 9시간으로 제한한다.' 등임을 놓고 볼 때, 아동 및 여성뿐만 아니라 일반 노동자의 상황은 여전히 열악했음을 알 수 있다. 그리고 여왕은 1848년에 런던에서 열린 마지막 차티스트운동 시위가 실패하자, 무척 만족스럽게 여기며 국민의 충성심에 감동했다고 말했다.

그녀에게 영광의 나날들은 계속되었다.

빅토리아시대 절정기를 상징하는 사건은 1851년 런던에서 열린 만국박람회였다. 유리로 만든 건물인 수정궁에서 열린 만국박람회는 영국이 쌓은 부와 영국이 발전시킨 과학기술을 전 세계에 과시하는 자리였다. 대영제국이 세계 최고·최대 국가임을 선언하는 자리이기도 했다. 박람회를 기획하고 준비한 여왕의 남편 앨버트는 개막식 연설에서 이렇게 말했다.

"우리가 지금 가장 놀라운 대전환의 시기를 살고 있으며, 이러한 전환이 모든 역사가 궁극적으로 지향해왔던 위대한 목적, 즉 모든 인류가 하나 되는 일을 앞당기고 있다는 사실을 부인할 수 없을 것입니다."

빅토리아여왕은 사랑하던 남편과 사별한 것만 빼고 마지막 순간까지도 행복하고 운이 좋았다. 보어전쟁이 끝나기 전이던 1901년 1월 여든두 살의 나이로 평온하게 세상을 떠나며, 자기 시대에 이룩한 제국의 '흉한 꼴'을 보지 않아도 되었기 때문이다. 19세기 빅토리아 시대에 영국이 누렸던 영광은 크고 화려했다. 빅토리아여왕이 사망한 1901년을 기준으로 할 때 영국이 거느린 식민지의 넓이는 지표 면적의 약 20퍼센트였고, 대영제국에 소속된 인구는 전 세계 인구의 약 25퍼센트인 4억 명이었다.

이 영광은 물론 영국 내 하층민과 식민지 민중에게 착취의 고통을 짊어지웠기 때문에 가능한 것이었다. 그러나 빅토리아여왕은 이런 착취에 따른 비난이 일어나기 전에 세상을 떠났다. 가장 절묘한 시점에 태어나서 영국 왕실의 권위를 그 어떤 왕보다 드높이고, 영국 역사상 가장 강력한 제국을 건설해 국민의 존경과 사랑을 받았으며, 가장 절묘한 시점에 천수를 다하고 죽었다. 또 첫눈에 반한 남자를 사랑해서 결혼하고 아홉 명의 자식을 낳았고 남편을 먼저 떠나보낼 때까지 그 사랑이 변치 않았으니 그것 또한 정치가로서 특히 일국의 왕으로서 쉽게 누릴 수 없는 행복이었다.

1897년 즉위 60주년의 빅토리아 여왕.

미국에서 망명해 영국 시민이 된 소설가 헨리 제임스는 빅토리아여왕의 뒤를 이은 에드워드왕의 대관식을 다음과 같이 기록했다.

"오늘 우리는 모두 어머니를 잃은 듯한 기분을 느끼고 있다. 신비로운 빅토리아가 죽고, 평범한 뚱보 에드워드가 왕이 되었다."

그녀의 재위 기간인 이른바 '빅토리아 시대'는 후대에 영국의 황금기로 평가되며, 그녀는 지금도 여전히 '해가 지지 않는 나라'의 액자 속에서 군림하고 있다.

그녀보다 한 해 먼저 조선에서 태어났던 흥선대원군 이하응으로서는 부러운 일이 아닐 수 없다. 똑같이 방계 왕손이었지만, 엘리자베스가 누렸던 권력과 국민의 존경심과 가족의 사랑 가운데 그 어떤 것도 제대로 누리지 못했기 때문이다. 며느리 와 벌이는 권력투쟁의 와중에 며느리 편에 붙은 형을 죽여야 했고, 자식이 또 다른 자식이 내린 사약을 받는 것을 지켜보아 야 했고, 죽음의 문턱을 막 넘어서려던 장손(長孫)의 목숨을 살 리려고 일본인들에게 무릎을 꿇어야 했고, 또 처남이자 며느리 의 오빠를 죽여야 할 정도로 분노했고, 또 며느리가 일본인에 게 피살되는 걸 방관하거나 혹은 나중에 알고도 그걸 놓고 일 본인과 정치적인 거래를 할 정도로 원한이 사무치는 인생을 살 았다. 그리고 죽어서는, 자기 손으로 왕위에 올린 아들 고종이 자기 장례식에 참여하지도 않는 불효를 지켜보아야 했다. 아마 도 대원군은 지하에서 눈을 제대로 감지 못했을 것이다. 대원 군의 이런 원한과 기구한 운명의 뿌리는 세도정치로 거슬러 올 라간다.

세도정치, 약화된 왕권

정조 사망 후 정순왕후가 수렴청정을 하며 노론 벽파가 조정 의 실권을 장악하고 국정을 좌우했지만, 정순왕후가 사망한 뒤 순조의 처가인 노론 시파 안동 김씨 세력이 노론 벽파를 몰아 내고 실권을 장악해, 영조와 정조 때의 탕평론에 입각했던 균 형과 조화의 정치는 사라지고 세도정치가 자리를 잡았다. 세도 정치는 척족이라는 특권 세력이 극단적으로 발호해서 왕권을 무력화시킨 새로운 형태의 정치 지배 구조였다. 이로써 그때까 지 맥이 이어졌던 사림정치와 탕평정치는 완전히 무너졌다. 이 세도정치는 훗날 흥선대원군과 민비를 낸 여흥 민씨 일가의 척 족 세도에 이르기까지 거의 한 세기 동안 지속된다.

열 살이라는 어린 나이에 왕위에 오른 순조는 정순왕후가 죽은 뒤부터 친정을 시작했지만 허수아비 왕이었다. 그리고 서른일곱 살이던 1827년에 뒷전으로 물러나 아들 효명세자에게 대리청정을 시켰다.

당시 효명세자는 열여덟 살이었지만 열다섯 살 때부터 정무를 봤을 정도로 똑똑했고 무엇보다 안동 김씨 일족의 세도정치로 무너진 왕권을 세우려고 노력했다. 할아버지 정조를 이상적인 모델로 삼고 왕권 강화 및 개혁 정치를 시도했던 것이다. 어쩌면 순조는 자기가 할 수 없었던 일을 아들에게 기대하며 수렴청정을 시켰을지도 모른다. 그랬기에 효명세자는 조정의 실권을 장악한 안동 김씨 집단과 부닥칠 수밖에 없었다. 그러나 효명세자는 굳세게 자기 뜻을 밀고 나갔다. 이런 정황은 1827년 10월의 《순조실록》을 잠깐만 펼쳐봐도 엿볼 수 있다.

> 의금부 당상이 연명으로 상서하기를 '죄인의 이름이 대간의 계사에 들어 있는 자는 석방하라고 하령하셨으나, 신의 부서에서 거행하지 못하는 것은 4백 년 동안 내려온 금석(金石)과 같은 법입니다. 엄한 영을 어기어 매우 황송하지만 떳떳한 법은 어길 수 없습니다.' 했지만, [세자는] 즉시 거행하라고 하령하였다.*
>
> 대사헌 김이재(金履載)가 상서하여, 빨리 삼사(三司)의 청을 따를 것을 청하였으나, 의례적인 답을 내리고 허락하지 않았다.**

그런데 효명세자의 부인은 풍양 조씨였고, 이번에는 풍양 조씨가 세도정치를 펼치기 시작했다. 풍양 조씨와 안동 김씨의

• 《순조실록》 1827년 10월 19일.
•• 《순조실록》 1827년 10월 24일.

권력 다툼이 전개되었고, 효명세자는 대리청정을 시작한 지 3년 만이자 아버지 순조가 사망하기 4년 전인 1830년 스물한 살의 나이에 할아버지 정조가 그랬던 것처럼 갑작스럽게 의문의 죽음을 맞이했다.

뒤에서 바라본 경릉.

순조의 뒤를 이은 헌종은 일찍 세상을 떠난 효명세자와 풍양 조씨인 신정왕후 사이에서 태어났는데, 그의 무덤은 경기도 구리시 인창동에 있는 동구릉의 경릉(景陵)에 조성되어 있다. 그런데 이 경릉은 조선 왕릉 최초의 삼연릉으로, 헌종의 무덤뿐만 아니라 정비인 효현왕후와 계비인 효정왕후의 무덤까지 한자리에 나란히 있다. 그것도 먼저 죽은 효현왕후 곁에 헌종이 뒤따라간 꼴이었다. 왕이 살아 있을 때 왕비 곁에 자리를 마련하라는 전교가 없을 때는 왕이 왕비 곁으로 가지 않는 것이 왕실의 전통 장례법이었다. 안동 김씨 일족이 이런 사실을 몰랐을 리 없다. 게다가 왕의 무덤은 세 개의 무덤 가운데가 아니라 맨 오른쪽이다. 효현왕후가 좌우로 헌종과 효정왕후를 거느리고 있는 형태다.

또한 이곳은 선조 능이 있다가 이장해서 나간 곳으로 파묘 자리였다. 흉당이라 일반인도 쓰지 않는 파묘 자리를 명당 중에 명당이라고 우겨대며 헌종의 묘지로 썼으며, 왕릉을 팔 때는 열 자 깊이로 파는 것이 원칙이었음에도 겨울이라 땅이 얼어붙었다는 이유로 넉 자 반만 팠다는 사실은, 세도정치의 집권세력이 왕실의 권위를 의도적으로 떨어뜨렸음을 말해준다. 조선에서 왕릉은 왕권의 상징이었기 때문이다.

헌종이 죽을 때는 후사도 없었다. 15년 동안 왕위에 있으면서 아들이 없었다면 입양으로라도 후계자를 세웠어야 했지만 왕실에서는 그렇게 하지 못했다. 입양 대상으로 가장 유력했던 이하전을 안동 김씨 일족이 꺼렸기 때문이다. 이런 상황은 예전의 정상적인 상황에서라면 도저히 있을 수 없는 일이었다. 후계자를 미리 정해둬야 왕위 계승을 둘러싼 갈등을 미리 예방할 수 있을 뿐만 아니라, 후계자는 왕위를 물려받을 때까지 제왕 교육을 충분히 받을 수 있기 때문이었다. 그러나 안동 김씨 일족에게는 똑똑한 왕이 필요하지 않았다. 그랬기에 후계자를 정하지 않았다.

헌종이 죽자 헌종의 할머니 순원왕후가 이원범에게 왕위를 잇게 한다는 교지를 내렸다. 이원범은 사도세자의 장남 은언군의 3남 전계대원군의 아들로 강화도에 살고 있었다. 이 교지를 받든 사람들이 강화도로 가서 이원범을 찾았다. 열일곱 살의 소년 이원범은, 아버지와 형이 모두 반역사건으로 죽임을 당했는데 군사와 신하들이 몰려와서 자기를 찾자 혼비백산해서 숨으려고 했다. 하지만 교지 내용을 듣고는 한 번 더 놀랐다. 아는 것도 배운 것도 없는 자기더러 왕이 되라고 하니……

이렇게 해서, 어릴 때부터 아버지의 귀양지인 강화도에서 자란 '강화도령' 이원범이 조선의 25대 왕 철종이 되었다. 그리고 세도정치에 위험인물이던 이하전은 13년 뒤에 스물한 살의 나이로 역모 혐의를 받고 철종이 내린 사약을 받았다. 다음은 그때 철종이 내린 교지이다.

…전후의 옥안(獄案)을 참작하여 보았더니, 난와(亂窩)도 그이고 흉괴(凶魁)도 그였다. (…) 국론을 안정시키고 백성의 뜻을 귀일시키는 것이 오늘날의 더할 수 없이 큰 급무이니, 제주목(濟州牧)에서 귀양을 살고 있는 죄인 이하전에게 사약을 내리도록 하라.●

미처서 살고 정신 들어 죽다 ―

이처럼 외척 세력은 왕실을 마음대로 주무르고 허수아비 왕을 내세워서 국정을 농단했다.

농민 항쟁과 흥선대원군 이하응

세도정치 아래에서 여론 수렴과 균형이라는 성리학적 이상 정치 개념은 완전히 내팽개쳐졌다. 인재 선발 제도인 과거제에는 무법이 판을 쳤고, 매관매직은 일상적인 일이 되었다. 돈을 주고 관직을 산 사람들은 본전과 이자를 뽑으려고 눈에 불을 켜고 백성을 수탈했고, 정부에서는 또 정부대로 세금을 늘렸으며, 이 늘어난 세금이 누구의 호주머니로 들어가는지 아는 사람은 다 알았다. 애초에 가난한 농민을 구제할 목적으로 시행되었던 환곡도 관청의 고리대금업으로 변질되어 농민의 피를 뽑았다.

그러니, 1811년 평안도에서 일어난 홍경래의 난 이후로 전국에서 농민의 봉기가 줄을 이어 일어났다. 특히 철종 13년이던 1862년에 경남 창원 지역에서 일어난 항쟁은 가장 규모가 컸다. 이런 항쟁과 황폐해진 삶을 통해서 농민의 정치적인 의식은 점차 높아져, 이후 동학농민혁명의 바탕이 되지만, 왕은 이런 위기 상황을 전혀 알지 못했다. 철종 14년 1863년 1월에 철종은 함경도에서 일어난 농민 항쟁을 조사하고 온 안핵사 이삼현을 불러서 '왜 이 지경이 되었는지' 묻는다. 그러자 이삼현이 말하기를……

산협(山峽)의 백성들은 본디 우둔하고 미련하여 환상(還上, 춘궁기에 백성에게 빌려준 곡물을 추수 뒤에 일정한 이자를 붙여 받아들이는 것)을 독촉하는 일 때문에 관청에 연명으로 하소연하다가 술기운에 편승하여 과격한 소란을 일으켜 그렇게 된 것입니다. 체포되어 갇혀 있는 여러 사람들도 또한 스스로 모두 반드시 죽을죄를 저질렀음을 알고 있었습니다. 그런데 다시 사핵하여 판하(判下)하던 날에도 심후(深厚)한 은택(恩澤)이 온 경내(境內)에 두루 미쳤으므로 기뻐서 춤추고 뛰며 여러 사람들의 마음이 서로 편안해졌으니, 실로 더없는 다행입니다.•

철종은 이런 엉터리 보고를 곧이곧대로 믿었다. 그리고 그해 12월에 서른두 살의 나이로 사망했다. 철종도 헌종과 마찬가지로 세상을 떠날 때까지 후사를 세우지 못했다. 아들이 다섯이었지만 모두 일찍 죽고 없었다. 이번엔 누구를 왕으로 내세울까, 안동 김씨 집권 세력은 고민했다. 허수아비 노릇을 가장 잘할 수 있는 만만한 인물이어야 했다. 이들의 눈에 이하응과 그의 둘째 아들이 들어왔다.

철종 어진(부분도, 1861년). 한국 전쟁 때 훼손되었다.

영조의 아들 사도세자와 숙빈 임씨 사이에 두 아들 은언군과 은신군이 있었는데, 은신군의 아들이 남연군이고 남연군의 아들이 이하응이었다. 그는 영국 빅토리아여왕보다 한 해 뒤인 1820년에 태어났고, 스물세 살이던 1843년(헌종 9년)에 흥선군(興宣君)에 봉해졌으며, 3년 뒤인 1846년에는 순조의 원자 익종(翼宗, 효명세자)의 능을 다른 곳으로 옮기려고 임시로 만든 기구인 수릉천장도감(綬陵遷葬都監)의 대존관(代尊官)이 되었다. 안동 김씨의 세도정치가 무소불위의 권력을 휘두르며 조선을 쥐락펴락하던 시절이었다.

그 뒤 이하응은 한직을 전전하면서 불우한 세월을 보냈다. 같은 왕실의 자손인 이하전이 역모를 했다는 누명을 쓰고 귀양지에서 사약을 받고 죽는 것을 가까이서 보았기에, 세도정

• 《철종실록》 1863년 1월 16일.

치 아래에서 살아남으려면 바보나 미치광이로 사는 수밖에 없었다. 안동 김씨 일족의 눈에 거슬리지 않으려고 몸을 바짝 낮추고 살았다. '파락호(破落戶)'라는 말도 들었고 '상갓집 개'라는 말도 들었다. 그들에게 밉보이지 않으려고 아첨을 하며 살아야 했다. 아첨을 하려고 그 집안에 드나들 때 어떤 사람은 그를 '궁도령'이라고 부르며 조롱했고, 또 언젠가 화양동서원에 놀러 갔을 때는 서원지기와 시비가 붙은 끝에 서원지기에게 발로 차여서 계단 아래로 굴러 떨어지기도 했다. 하지만 이하응은 가슴에 칼을 품고 이런 수모를 견뎠다. 수모를 견딘 것은 목적이 있기 때문이었다.

그리고 철종의 뒤를 이어서 이하응의 아들이 안동 김씨 일족의 낙점을 받아 1863년 12월에 왕위에 올랐다. 하지만 안동 김씨 일족은 이하응의 속마음을 알지 못했다. 이것이 그들로서는 치명적인 실수였다.

조선 왕실의 자존심을 위하여

이하응은 아들을 왕위에 올려 권력을 장악한 뒤, 정조 사후 60여 년 동안 이어졌던 세도정치 혁파에 나섰다. 고종이 왕위에 오를 때 그의 나이 마흔세 살이었다. 굴욕을 강요했던 지난 세월에 대한 복수였다. 자기를 발로 찼던 서원지기도 죽었고 자기를 '궁도령'이라고 불렀던 사람도 죽었다. 개인적인 복수이기도 했고 또한 조선 왕실을 대표한 복수이기도 했다. 그 복수의 궁극적인 목적은 실추된 왕권을 강화하는 것이었다.

우선 세도정치 아래에서 권력의 핵심기구로 부상한 비변사를 축소하고 국정 최고의결기구인 의정부 기능을 복원하며, 삼군부를 두어 행정권과 군사권을 분리시켰다. 그리고 전국에

700개가 넘던 서원을 47개만 남기고 모두 없애버렸다. 세도정치 아래에서 국가의 기강이 문란해지면서 서원은 지방의 권력을 분점하고는 서원이 쓸 돈을 내라고 하고 응하지 않는 사람은 평민이든 양반이든 가리지 않고 사형(私刑)을 가했다. 황현(1855~1910)은 《매천야록(梅泉野錄)》에서 이런 사정을 다음과 같이 기록했다.

흥선대원군 초상화(1869년). 고종 원년인 1863년 43세 때 그린 초본을 토대로 다시 그렸다.

> [화양동서원을] 책임지는 자들은 대개 충청도에서 행패를 일삼던 양반집 자제들로서 묵패지(墨牌旨)를 보내고 응하지 않은 사람을 잡아다 껍질을 벗기고 골수까지 빼내니 남방의 좀이라 불렀다. 백 년이 지나도록 수령들은 그 무리가 두려워 죄를 따지지 못했다. *

대원군의 이런 조치로 전국의 유생들이 들끓었고 대궐 문간에 나아가 울부짖는 사람이 수십만이었다. 하지만 대원군은 끄덕도 하지 않았다.

"진실로 백성에게 해가 되는 것이 있으면 비록 공자가 다시 살아난다 하더라도 나는 용서하지 않겠다. 하물며 서원은 우리나라에서 존경받는 유학자를 제사하는 곳인데, 지금은 도둑의 소굴이 되어 버렸으니 말할 것도 없다."

대원군은 형조와 한성부의 나졸들을 풀어서 대궐 앞에서 호소하려는 선비들을 강 건너로 몰아내버렸다. 또한 그는 세도정치를 타파하고 남인을 등용하는 탕평책을 쓰겠다면서 이렇게 선언했다.

• 황현의 《매천야록》(허경진 번역)에서.

미쳐서 살고 정신 들어 죽다 ㅡ

"나는 천 리(千里, 왕실)를 끌어다 지척(咫尺)을 삼겠으며, 태산(노론)을 깎아내려 평지를 만들고, 남대문(남인)을 3층으로 높이려는데 공들은 어떠시오?"

하지만 무엇보다 백성의 환영을 받은 것은 문란하던 조세제도 삼정(전정·군정·환곡)의 폐해를 바로잡은 일이었다. 또한 도고(都賈)의 매점매석을 금지하고 청과 일본에서 들어오는 상품에 대한 과제 징수를 강화해 재정 수입을 높이고 국내 산업을 보호했다. 이런 개혁 조치로 대원군은 백성의 지지를 받고, 이 지지는 이후 쇄국정책의 기반이 된다.

그러나 대원군이 진정으로 바란 것은 백성의 편안함보다는, 세도정치 기간 동안 무너질 대로 무너진 왕실의 권위를 세우는 것이었다. 그래서 경복궁을 중건하기로 했다. 임진왜란 때 선조가 북으로 피난을 가자 백성들이 울분을 참지 못하고 불을 질렀던 바로 그 경복궁, 왕실로서는 뼈아픈 굴욕의 상징이던 건물이었다.

그런데 왕권 강화는 좋지만 비용이 문제였다. 그래서 애초 자발적으로 내는 돈이라는 뜻의 '원납전(願納錢)'이, 나중에는 강제로 징수했기 때문에 원망하면서 내는 돈이라는 뜻의 '원납전(怨納錢)'이 되었다. 또 이 공사에 백성의 부역을 동원하고 돈이 부족하자 기존 상평통보 가치의 100배인 당백전을 대량으로 찍어서 유통시켰다. 그 결과 통화증발(通貨增發) 현상이 일어나서 쌀 가격이 한두 해 만에 대여섯 배씩 오를 정도로 인플레이션이 심각해, 민생은 피폐해졌다. 경기민요의 "경복궁타령"에는 당시 백성이 경복궁 중건 때문에 겪고 품었던 고통과 원망이 가득 담겨 있다.

남문을 열고 파루를 치니 계영산천이 밝아 온다.

에~ 에헤야 에이야 얼럴럴거리고 방아로다.

을축 4월 갑자일에 경복궁을 이루었네. (후렴)

우리나라 여덟 도 유명탄 돌은 경복궁 짓는 데 주춧돌감이로다 (후렴)

우리나라 여덟 도 좋은 나무는 경복궁 중건에 다 들어갔네 (후렴)

경복궁 역사가 언제나 끝나 그리던 부모처자를 만나볼까 (후렴)

덩커덩 소리가 웬 소리냐 경복궁 짓느라고 헛방아 찧는 소리다 (후렴)

　반대와 화재 등 온갖 우여곡절이 있었지만 대원군의 고집으로 경복궁 중건 공사는 1868년에 끝났다. 그러나 경복궁 완성이 모든 것을 해결해 주진 않았다. 경복궁 중건으로 수렴되고 마는 그의 개혁은 궁극적으로 지엄했던 과거 왕실의 권위를 세우고자 한 것이었지, 제국주의 열강이 탐욕으로 미쳐 날뛰는 19세기 말 그리고 20세기를 준비하는 국가 전략을 마련하고자 한 게 아니었다. 그의 개혁은 과거로 돌아가는 것이었지 미래를 향한 게 아니었다. 과거로 돌아가는 데 가장 손쉬운 방법은 일단 문을 걸어 잠그고 안에 틀어박히는 것이다. 할 수만 있다면 어머니의 자궁 속으로 돌아가는 것이다. 정조에서 영조로, 다시 더 위로 세종으로, 태종으로, 태조로…… 과거를 바꾸어 미래로 나아가기에는 500년 동안 조선을 지탱해온 이념적·제도적 체제는 여전히 너무도 강고했다. 결코 쉽게 바꿀 수 없을 정도로…….

쇄국정책

　천주교는 이미 대원군의 아내에게까지 파고들었다. 뿐만 아니라 고종의 유모 역시 천주교 신자였다. 이런 특별한 관계 때문에 프랑스 선교사는 대원군과 어렵지 않게 접촉했고, 대원군은 처음엔 프랑스 선교사들이 천주교를 전파하는 것을 이용해, 남하정책의 일환으로 두만강까지 와서 통상을 요구하던 러시아를 조선에서 발붙이지 못하게 하려고 했다.

하지만 '사방의 오랑캐'에 둘러싸인 형세로 동병상련의 고통을 겪던 청나라가 천주교도들을 탄압한다는 소식을 듣고는 마음을 바꾸었다. 경복궁 중건 공사가 한창이던 1866년 5월, 대원군은 프랑스 선교사 9명과 조선인 천주교 교도 8천여 명을 죽였다. 학살을 피한 프랑스 선교사가 이 일을 본국에 알렸고, 같은 해 10월에 프랑스는 일곱 척의 함대를 이끌고 강화도 일부를 점령하면서 조선군과 전투가 벌어졌다. 이른바 병인양요이다. (병인양요는 두 달 만에 끝났지만 강화도에 있던 외규장각의 귀중도서와 은괴 19상자 등을 약탈당했다.) 이 싸움에서 프랑스를 물리친 뒤 자신감을 얻은 대원군은 조선의 문을 더욱 굳게 잠갔다.

한편 병인양요가 있었던 그해 8월에 미국상선 제너럴셔먼호가 대동강에 나타나 평양 앞바다에 정박한 뒤 퇴거 요구를 거부하고 민가를 약탈하며 총기를 난사하자 평양 시민이 이 배를 불태워버렸다. 미국은 이 일을 문제 삼아서 1871년 4월에 강화도를 침공해서 점령했다. 하지만 조선이 통상을 거부하며 항전 의지를 굽히지 않자 대규모 병력 동원이 힘들었던 미국은 결국 조선에서 물러났다. 이 사건이 바로 신미양요였다.

병인·신미양요 이후 대원군은 쇄국의 의지를 더욱 단단히 하며 전국 각지에 척화비를 세웠다. 이 비석에는 '서양 오랑캐가 침입하는데, 싸우지 않으면 화친하자는 것이니, 화친을 주장함은 나라를 파는 것이다.'라는 문구가 큰 글자로 새겨져 있고,

'우리들의 만대자손에게 경계하노라. 병인년에 짓고 신미년에 세우다.'라는 글귀가 작은 글자로 새겨져 있다. 그렇게 대원군은 나라의 문을 걸어 잠그고 중화사상의 자존심을 끝까지 지키려 했다. 하지만 돌이켜보면 그것은 대원군 개인으로나 조선에게는 부질없는 몸부림일 뿐이었다.

신미양요 때 강화도 광성보의 조선군 전사자들.

한편 일본은 1858년에는 미국을 비롯하여 영국, 러시아, 네덜란드, 프랑스 등과 통상조약을 체결했고, 조선에 병인양요가 있었던 다음 해인 1867년에 일본 천황 메이지가 즉위했다. 메이지는 다음 해부터 부국강병의 기치를 내걸고 입헌군주제의 근대 일본을 준비하기 시작했다. 메이지 유신이었다.

대원군과 최익현 그리고 민비

흥선대원군 이하응과 면암 최익현(1833~1906)은 위정척사가 조선이 나아가야 할 방향이라고 본 점에서는 같았다. 하지만 최익현은 사림을 대표하는 선비였고 대원군은 왕권 강화를 지상 목표로 설정했기에, 두 사람의 갈등은 필연적이었다. 500년 동안 이어온 조선이라는 국가 체제의 힘을 두 사람은 믿었다. 혹은, 그것 말고 다른 것은 알지 못했다.

최익현은 1868년 경복궁 중건 공사가 막바지를 향해 치달을 때 토목공사 중지, 수탈정책 중지, 당백전 철폐, 사문세(四門稅, 사대문출입세) 폐지 상소를 올려서 대원군의 정책을 비판했다. 그리고 그로부

대원군의 초상화(부분). 이 초상화 역시 1863년의 초본을 토대로 다시 그린 것이다.

터 5년이 지난 1873년 11월, 최익현은 다시 대원군의 권력 남용을 통렬하게 비판하는 내용으로 상소를 올렸다.

최익현의 초상화, 1905년.

> 지금 나랏일을 보면 폐단이 없는 곳이 없어 명분이 바르지 못하고 말이 순하지 않아 짧은 시간 안에 다 마칠 수 없을 정도입니다. 다만 그 가운데 더욱 드러나고 심한 것을 보면, 황묘(皇廟)의 철거로 임금과 신하의 윤리가 썩게 되었고, 서원의 철폐로 스승과 제자의 의리가 끊기게 되었고, 귀신의 후사(後嗣)로 나가는 일로 아비와 자식의 친함이 문란하게 되었고, 나라의 역적이 죄명을 벗으니 충신의 도리가 구분 없이 혼란되고, 청나라 돈을 쓰니 중화와 오랑캐의 분별이 어지러워졌습니다. (…) [담당 관리로서] 이러한 지위에 있지 않으면서 오직 종친의 반열에 속하는 사람들은 (…) 나라의 정사에는 간섭하지 못하도록 하여…….•

대원군더러 정치 일선에서 물러나라는 말이었다.

이 상소를 가장 반긴 사람은 민비였다.

1866년, 대원군이 고종의 배필로 자기 아내 민부대부인(閔府大夫人)의 여흥 민씨 집안 출신인 처조카딸 민자영(1851~1895)을 선택한 것은 눈여겨보았던 처녀 시절의 민비가 영특하기 때문이기도 했지만, 무엇보다도 세도정치를 답습할 만큼 외척이 많지 않았기 때문이다. 하지만 이 판단은 또 다른 변수를 고려하지 못한 대원군의 실책이었다. 고종보다 한 살 많은 열다섯 살 나이의 민비가 장차 자기에게 어떤 위협이 될 줄 몰랐던 것이다.

민비에게는 오빠 민승호가 있었다. 친오빠는 아니었다. 민승

• 《승정원일기》 1873년 11월 3일.

호는 대원군 아내의 친동생이었지만, 민씨 가문에서 민자영(민비)의 아버지 민치록의 대가 끊기지 않도록 그의 집안에 양자로 들어감으로써 민비의 오빠가 되었던 것이다. 여흥 민씨 일족은, 과거 60여 년 동안 지속되었던 세도정치의 학습효과로 쉽게 권력욕에 사로잡혀 세력을 키워나가고 있었다. 대원군도 반대파를 견제하기 위해서 이들이 세력을 키우도록 도왔다. 그러나 최익현의 상소가 조정 및 재야의 호응을 얻자, 고종은 친정을 선언했고 결국 대원군은 뒤로 물러날 수밖에 없었다. 10년 만이었다. 권불십년이라고 했던가…….

이제 권력은 민승호를 비롯한 여흥 민씨 일족에게 넘어갔다. 대원군이 물러나고 석 달 뒤인 다음 해 2월에 민비는 장차 고종의 뒤를 이어 순종이 될 아들을 출산했다. 그런데 같은 해 11월에 민승호가 누군가가 보낸 선물 상자를 전해받았는데, 상자를 여는 순간 폭발이 일어났고 민승호와 그의 아들은 폭사했다. 소포 폭탄이었다. 물증은 없었지만 흥선대원군의 복수극이 분명했다. 그때부터 대원군과 민비 사이의 갈등은 서로의 목숨을 노리는 지경으로 증폭된다.

그리고 1881년, 대원군은 서자 이재선을 왕으로 추대하려다가 실패했다. 이 일로 대원군의 여러 측근들이 참형을 당하고 재선은 제주에 유배되었다가 두 달 만에 사약을 받았다.

개항의 물결과 대원군의 재기 시도

대원군에 반대하던 세력들을 규합한 민씨 정권은 대원군이 실시하던 거의 모든 정책을 폐지하거나 예전으로 되돌렸다. 그리고 자기 정권 유지를 최우선 목적으로 삼았다. 그랬기에 일본이 치밀한 계획 아래 운요호사건을 일으킨 뒤에 이 사건을 구실로 일본이 제시한 조약을 강화부 소속 군사의 훈련장이던 연무당에서 체결했다. 1876년에 체결된 조일수호조규(강화도조약)는 조선이 외국과 맺은 최초의 근대적인 조약이었다. 하지만 무관세 무역과 일본 화폐의 통용 그리고 조계 설정 등 일본의 일방적인 특혜를 보장하는 불평등조약이었다. 아직 조선은 개항 및 외국과의 통상에 필요한 준비를 갖추지 못했기 때문이다. (이와 비슷한 조약은 1882년에 미국과, 그리고 1884년에 영국과도 맺는다.)

일본인이 그린 강화도조약 체결 현장의 모습.

개항 뒤 일본 상인들은 불평등한 무역 관행을 기반으로 국내 유통을 잠식했다. 쌀의 일본 수출이 늘어나면서 국내 쌀값이 뛰어올랐지만, 대규모 지주는 더욱 더 땅을 늘릴 수 있었고, 그에 따라 소규모 지주는 빠르게 소작농으로 바뀌었다. 그리고 대규모로 수입되는 면직물은 면화 재배농가 및 막 싹을 틔우려던 면직물 산업을 고사시켰다.

심지어 군인들이 봉급을 제대로 받지 못해 폭동을 일으키는 일까지 벌어졌다. 1882년 6월 초, 이른바 임오군란이었다. 이들은 대원군을 정치적인 대안으로 보았고, 대원군은 이들을 지휘해서 경기 감영과 일본 공사관을 습격하고, 민비를 죽이려고 궁궐 안으로까지 쳐들어갔다. 민비는 변장을 해서 탈출했다. 당시 상경해 있던 예천 선비 박주대는 이런 상황을 일기 《저상일월(渚上日月)》*에서 다음과 같이 기록했다.

…군졸들은 교동(校洞) 이최응[홍선대원군의 형]의 집을 부수고 벌

• 경북 예천의 선비 집안에서 박득녕부터 5대에 걸쳐 1834년부터 1950년까지 작성한 한문 일기.)

벌 떨고 있는 그를 죽였다. 군병들은 그가 다시 살아날까 염려하여 장창(長槍)으로 항문을 찔러 창날이 머리와 뺨에 나오는 것을 확인하고서야 멈추었다. 그리고 나서 '장안의 민가 놈은 다 죽이겠다'고 호언하면서, 민겸호, 민태호, 민규호, 민두호, 민영익, 민치서, 민치상, 민영목, 민창식은 종루(鐘樓)에 끌려나와 난자질 당하여 죽었다. (…) 그밖에도 민가(閔家)와 친근한 사람이나 궁궐에 출입하는 점쟁이와 무당들 집까지도 모두 파괴하였다. 이날 피살된 사람의 숫자는 헤아릴 수 없을 정도로 많았다.[*]

쿠데타로 권력을 잡은 대원군은 민비가 죽었다고 공표하며 국상을 진행했다. 그러나 민비 측의 요청으로 출동한 청나라 군대가 임오군란 배후 조종 혐의로 대원군을 체포해서 톈진으로 끌고 갔다. 이렇게 해서 9년 만에 왔던 흥선대원군 이하응의 권력 재탈환 기회는 무산되고 말았다. 무산되었을 뿐만 아니라, 기약 없는 포로 신세로 전락해 중국 땅에서 분노를 삭이며 하루하루를 보내야 했다.

임오군란 뒤 중국에 붙잡혀 있던 흥선대원군(1883년, 예순세 살).

정치·사회·경제적으로 혼란스러운 이런 배경에서, 연암 박지원의 손자로 청을 오가며 쌓은 경험을 실학적 전통에 녹인 박규수와 중인 출신의 통역관이었던 오경석을 중심으로 북학파의 사상에다 서양 근대 사상을 접목한 개화사상이 나타났고, 이것을 현실 정치에 실현해 민씨 정권의 부패와 무능을 개혁하겠다는 집단이 나타났다. 김옥균, 박영효, 홍영식 등이었다. 이들은 일본의 무력을 등에 업고 정변을 시도하지만 3일 천하로 끝나고 말았다. 1884년

미쳐서 살고 정신 들어 죽다 —

의 갑신정변이었다. 인민평등권 보장, 군주의 권한 축소, 내각 권한 강화, 조세법 개정 등을 내세웠지만, 지지 기반 없이 위로부터 이루려고 한 혁명의 꿈은, 봉건적인 지주제의 토지 소유 관계를 농민의 관점에서 개혁하겠다는 의지가 결여되었기 때문에 농민의 지지를 이끌어내지 못하고, 결국 애초의 의도와는 다르게 조선 사회를 식민지로 삼으려는 일본에게만 좋은 일을 해주는 것일 뿐이었다.

대원군에게 다시 기회가 왔다. 1885년, 3년 만에 귀국한 그는 운현궁에서 재기를 노렸고, 마침내 그때가 왔다. 1887년, 민씨 일족이 청나라를 견제하려고 러시아를 끌어들이는 상황에서, 청나라의 위안스카이와 공모해서 고종을 폐위시키려고 했지만 이 시도는 실패로 돌아갔고, 다시 운현궁에서 하루하루를 보내야 했다.

하지만 포기하지 않았다. 1892년 봄에 운현궁에서 화약이 터지고 또 여러 건물에 폭약이 장치되어 있는 게 발각된 사건이 일어났으며, 이 사건의 배후에 민비가 있어 자기 오빠와 생모가 죽은 방식 그대로 대원군을 죽이고자 했던 민비의 복수극일 가능성이 높았지만, 대원군은 끝내 포기하지 않았다. 그가 그린 묵란도의 예리하면서도 힘찬 난초 줄기의 선에는 이런 처절한 권력 투쟁의 야망과 좌절이 배어 있다.

1894년 동학농민혁명이 일어난 직후, 대원군은 일본의 도움을 받아서 섭정에 나섰다. 그러나 이것도 얼마 동안뿐이었고, 일본은 고분고분하지 않은 대원군을 다시 밀어냈다. 그리고 다음 해인 1895년에 일본이 조선에서의 지배력을 강화하려고 낭인들을 동원해 민비를 살해했을 때 다시 한 번 더 정치무대에

흥선대원군의 묵란도.

올랐지만, 이미 너무 늦었고 또 너무 추했다. 얼마 뒤 스스로 물러났고, 두 해 뒤에 경기도 고양군 공덕리(현재 서울 마포구 염리동)에 있던 아소당(我笑堂)에서 세상을 떠났다. 민비를 살해할 때 미우라 일본 공사가 하수인을 보내 대원군과 이 사건을 놓고 협의를 하게 했던 바로 그 별장이었다. 그의 나이 일흔여덟 살이었다. 한성부에서 7일장으로 장례를 치렀지만, 고종은 그의 장례식에 참석하지 않았다.

대원군은 이 별장에 아소당이라는 이름을 붙일 때 시를 한 편 썼었다.

아소당 전경.

이내몸 무거운 짐 내가 버리고

나랏일 그만두고 술잔만 기울이네

지나간 일 생각하면 모두 다 꿈이러니

어쩌다 남은 생애 세상 물정 따를거나

산촌에 앉아 있으니 속된 말도 좋기만 하니

매미 우는 시냇가 버들 그늘에서 시를 짓노라

이 내 인생 백 년에 무슨 일을 어떻게 할거나

나는 그저 전생도 이생도 모두 웃고 마노라

그가 웃든 혹은 울든 세상과 역사는 이미 아무 상관하지 않았다.

그리고 조선은 이미 썩을 대로 썩었다. 대원군이 죽은 지 3년 뒤인 1901년의 매관매직을 황현은 다음과 같이 묘사했다.

이때의 매관 남발은 갑오년(1894년) 이전에 비해 훨씬 심하여 (…) 관찰사 자리는 10만 냥에서 20만 냥이었고, 일등 수령은 적어도 5만 냥 아래로 내려가지 않았다. 그리고 관직에 오른 뒤에는 빚을 갚을 길이 없어 서로 앞을 다투어 공금을 끌어다가 갚았다. 교활한 자는 상납을 더 많이 해 좋은 자리로 승진했다. (…) 관리들이 범하는 것은 모두 공금이었으므로 국고가 자연히 새어나갔다. 그러나 왕(고종)은 국고를 공물(公物)로 생각하여 국고가 차거나 비거나 신경 쓰지 않았다. 벼슬을 팔아서 만든 돈은 사전(私錢)으로 생각하여 혹 손해가 날까 두려워하기만 했을 뿐 관리들이 속이는 줄 몰랐다.[•]

대원군은 땅에 떨어진 왕실의 권위를 세우겠다는 야망을 품고서 중년까지 갖은 굴욕을 당하며 살다 마침내 권력을 잡았지만, 무너져가는 왕조의 왕실 권위를 세우려는 투쟁의 길은 아들과 며느리 그리고 친형까지 적으로 돌리고 죽여야 하는 험난한 길이었다. 하지만 끝내 그 꿈도 이루지 못했다. 그 꿈을 이루기에는 시대를 잘못 타고났다. 그가 살았던 시기는 제국주의의 격랑이 거세게 일던 때였고, 그 시대의 허약한 조선을 이끌고 그 격랑을 헤쳐나가는 데는 과거 지향적인 그의 정치 철학이 시대착오였다. 그랬기 때문에 그가 일생을 바쳤던 투쟁은 사소한 복수극 혹은 추잡한 사적 권력투쟁으로밖에 기억되지 않는다. 어떤 사람들은 대원군에게서 '조선의 마지막 자존심'을 읽기도 하지만, 미래로 향하지 못하고 과거로 회귀하는 자존심에 주어질 것이라고는 기껏해야 연민밖에 없다. 초라한 그의 무덤은 지금 경기도 남양주시 화도읍에 있다.

• 황현의 《매천야록》(허경진 번역)에서.

12장 ┃ 전봉준 VS 링컨

— 누구를 위해 해방의 깃발을 들었나?

전봉준 VS 링컨

에이브러햄 링컨(1809~1865)은 가난한 개척민의 아들로 태어나 대통령으로 암살당했고, 전봉준(1855~1895)은 몰락한 양반의 아들로 태어나 반역 죄인으로 처형당했다. 링컨은 미국 북부 공업 경제의 주도권을 남부로 확대하는 데 성공했고, 전봉준은 반봉건 혁명으로 조선을 엎으려 했지만 실패했다. 이후 미국은 제국주의 열강의 하나로 성장했고, 조선은 외세의 압박에 서서히 숨이 끊어졌다. 150년 혹은 120년의 세월이 지난 뒤, 노예 해방 자체에 그다지 관심이 없었던 링컨은 인자한 얼굴의 '노예 해방의 아버지'로 받들어지고, 혁명가 전봉준은 독한 얼굴의 '전봉준 선생'으로만 일컬어진다.

죽음을 예고한 꿈

에이브러햄 링컨 대통령은 남북전쟁이 진행되는 동안 이상한 꿈을 여러 차례 꾸었다. 언제나 같은 꿈, 연방군 함정이 부서진 배를 추격하는 꿈이었다. 그 꿈을 꾼 다음에는 늘 연방군이 전투에서 승리를 거두었다는 보고를 받았다. 남북전쟁이 막바지이던 1865년 4월 초의 어느 날 밤에도 링컨은 꿈을 꾸었다. 그런데 이 꿈에서는 연방군 함정이 나타나지 않았다.

그날 밤 링컨은 늦은 시각까지 잠자리에 들지 않았다. 전선에서 날아오는 중요한 소식 몇 개를 기다려야 했기 때문이다. 그런 다음에야 잠자리에 들었는데, 눕자마자 바로 깊은 잠에 빠져들었다. 너무 피곤했기 때문이다. 그런데 어디에선가 이상한 소리가 났다. 많은 사람들이 모여서 흐느껴 우는 소리 같았다. 그러더니 갑자기 그 소리가 뚝 끊기더니 아무 소리도 들리지 않았다. 마치 죽음과 같은 침묵이 이어졌다. 링컨은 눈을 떴다. 그 순간, 흐느끼는 소리가 다시 또 들렸다. 링컨은 이상하다 생각하며 침대에서 내려와 아래층으로 갔다. 흐느끼는 소리는 들렸지만 사람은 보이지 않았다. 백악관의 이 방 저 방 다 돌아다니며 살폈지만, 방마다 불이 대낮처럼 환하게 켜져 있었지만 사람은 보이지 않았다. 그러나 비통한 흐느낌은 계속해서 귓가에서 울렸다. 누가 죽었는데 이렇게 사람들이 슬프게 울고 있을까? 무슨 영문일까? 링컨은 그런 생각을 하면서 계속 이 방 저 방 살폈고, 나중에는 이스트룸(East Room)까지 갔다. 그 방에 들어선 링컨은 깜짝 놀랐다. 사람들이 관 주위에서 울고 있었다. 관에는 죽은 사람이 누워 있었고, 이 사람의 얼굴은 흰 천으로 덮여 있었다. 그리고 관 주변을 경호병들이 지키고 서 있었다. 링컨이 병사 한 사람에게 도대체 누가 죽었는가 묻자 병사가 대답했다. '대통령 각하십니다. 암살범에게 피살되셨습니다.' 그 말에 관 주변에 모여 있던 사람들은 더 큰 소리로 울며 슬픔을 토해냈고, 그 소리에 놀란 링컨은 잠에서 깨어났다.

링컨의 마지막 공식 사진. 1865년 2월.

링컨은 4월 11일에 부인인 메리와 가까운 사람들에게 이 꿈 이야기를 했다.

그리고 사흘 뒤이자, 남군이 북군에게 항복을 하며 4년 동안 계속되었던 남북전쟁이 마침내 끝난 지 닷새 뒤인 4월 14일 금요일, 링컨은 워싱턴의 포드 극장에서 연극을 보던 중에 암살자가 쏜 흉탄을 맞고 다음 날 사망했다. 열렬한 남부 지지자이던 암살자는 링컨에게 총을 쏜 뒤에 무대 위로 뛰어 올라가서 이렇게 외쳤다.

"영원한 폭군! 남부는 복수를 했다!"

이 복수의 저주 때문일까, 링컨 대통령이 노예제를 폐지했지만, 그 뒤로도 미국에서는 흑백의 인종 갈등이 150년 동안이나 계속되고 있다.

노예제도, 미국 경제 발전의 엔진에서 걸림돌로

1492년 콜럼버스가 신대륙에 발을 디딘 뒤부터 유럽의 노예 상인이 아프리카 대륙에서 아메리카와 카리브해 연안국으로 팔아넘긴 흑인 노예는 300년 동안 1200~1500만 명이나 되었다. 특히 영국과 프랑스가 이 노예무역에서 중심적 역할을 했다.

1619년 8월, 버지니아 주 제임스타운에 네덜란드 배가 도착했고, 이 배에 짐짝처럼 실려 있던 흑인 스무 명이 미국 땅을 밟았다. 이들이 미국 땅에 최초로 발을 디딘 흑인들이었고, 이들은 백인 정착자들에게 '물건'으로 팔렸다. 미국에 노예제도가 처음 시작되는 순간이었다. 그리고 3년 뒤인 1662년에 버지니아 주 법이 '노예'라는 용어를 공식적으로 사용하면서 미국에서 노예제도는 공식화되었다. 흑인 노예는 말을 알아듣는 가축이고 사유재산이었으며, 누구든 흑인의 피가 한 방울이라도 섞여 있으면 평생 흑인의 멍에와 굴레에서 살아야만 했다. 이 값싼 생산요소는 식민지 미국의 경제 발전에 결정적인 기여를 했다.

그러나 비인간적인 노예제도는 인간의 존엄성을 기본 가치로 하는 시민혁명을 거치면서 점차 철폐의 압박을 강하게 받기 시작했다. 영국은 1807년 3월 25일 노예무역 금지법을 채택하고 노예제를 법적으로 폐지했으며, 이는 1833년에 영국, 1848년에 프랑스, 1858년에 포르투갈, 1863년에 네덜란드 등으로 이어진다. 노예제도 폐지는 대세였다.

미국에서도 영국과 독립전쟁을 치러 승리를 거둔 뒤로 노예제도는 금방 폐지될 것 같았다. 그러나 이런 전망은 빗나갔다. 산업혁명이 본격적으로 전개되면서 특히 미국에서 노예가 없어서는 안 되는 기본적인 생산요소로 자리를 잡았기 때문이다.

남북전쟁 전까지 전체 대외 수출 가운데 면화의 비중이 절반이 넘었던 초보적인 산업 수준이던 미국에서 면화를 생산하는 데 필요한 노동력의 원천인 노예는 절대로 없어서는 안 될 존재였다. 새로운 종류의 면화가 유입되었고, 1793년에는 그동안 사람의 손으로 했던 면화와 씨 분리 작업을 대신해주는 조면기(繰綿機)를 엘리 휘트니가 발명함으로써 이 작업 속도를 50배나 빠

이송 중인 노예를 묘사한 18세기 판화.

르게 하게 되어, 보다 많은 면화 생산을 자극했고, 따라서 면화 생산에 필요한 노예는 절대적으로 필요했다.

목화를 따는 노예들.

게다가 1812년 영국과 전쟁을 해서 이긴 뒤로는 면화를 생산할 수 있는 새로운 대지가 활짝 열려 대규모 농장도 가능하게 되었다. 산업혁명도 보다 많은 면화 공급을 요구했고, 면화 산업은 동부 지역에서 남부의 미시시피강 하구 지역 나아가 텍사스로 빠르게 이동해 갔다. 사탕수수를 비롯한 노동집약적인 작물 재배 역시 남부 지역에서 노예제도가 퍼져나가는 데 크게 기여했다. 1790년대에 70만 명이던 노예 인구는 남북전쟁이 있었던 1860년대에 350만 명까지 늘어났다. (노예 수입이 금지되어 있었지만 편법이 횡행했고, '재산' 증식을 위한 백인의 의도적인 겁탈과 출산도 많았다.) 이처럼 노예제도는 미국 경제 발전의 엔진 역할을 했고, 그에 따라 노예의 수는 꾸준하게 늘어났다.

하지만 미국 특히 북부에서 산업혁명에 따른 경제 발전이 보다 본격적으로 전개되면서 상황은 달라지기 시작했다.

산업혁명의 기술과 생산력을 최종적으로 완성한 것은 철도였다. 1825년 영국에서 석탄을 탄광에서 항구까지 운반하는 스톡턴-달링턴 철도가 개통된 뒤로 철도망은 급속하게 확대되었으며, 영국에서 시작된 철도 건설은 서유럽 여러 나라와 미국에서 급속히 추진되었다. 1830년에 볼티모어-오하이오 철도가 개통되었고, 1850년부터 1857년 사이에 애팔래치아산맥의 장벽에 다섯 개의 간선 철도망이 놓이며 중서부 지역과 동부 지역을 연결했다. 그리고 이후 (남북전쟁 종료 4년 뒤인) 1869년의 대륙횡단철도 개통으로 철도망은 확대된다. 철도 및 증기선으로 교통·수송 능력이 늘어나면서 공업 부문의 규모는 점점 커졌고, 거기에 따른 노동력이 더욱 필요하게 되었다. 이민과 출산만으로는 커져가는 이 노동력 수요를 충족할 수 없었다.

이제 공업 중심의 미국 북부는 농업 중심의 남부에 매여 있는 노예들에게 채워진 노예의 사슬을 끊어서 노동자로 삼고 싶었다. 노예제가 오히려 경제 발전을 가로막는다고 보았다. 하지만 남부도 노예제도를 포기할 수 없었다. 1850년에 미국 남부에서 생산되는 면화가 세계 총생산량의 80퍼센트를 차지할 정도로 규모가 커졌고, 면화 재배는 노예제도 없이는 불가능했기 때문이다. 이렇게 해서 미국에서 남부와 북부의 갈등은 노예제도를 매개로 해서 점점 커져갔다.

노예 해방의 깃발을 든 링컨

《톰 아저씨의 오두막》 속 삽화. 매질을 당한 톰이 건초더미에서 몸을 추스른다.

1852년에 《톰 아저씨의 오두막(Uncle Tom's Cabin)》이라는 소설이 출간되었다. 노예제도의 잔혹함과 노예제도를 둘러싸고 사람들 사이에 그리고 주(州)들 사이에 벌어지는 갈등을 생생하게 묘사한 소설이었다. 다음은 소설에서 농장주 조지가 자기집의 노예들에게 더는 노예가 아님을 증명하는 자유증명서를 나누어 주면서 하는 말이다.

나는 톰 아저씨의 무덤 앞에서 두 번 다시 노예를 거느리지 않으리라고 맹세했습니다. 톰 아저씨처럼 가족과 친구들과 헤어져서 머나먼 농장에서 혼자 쓸쓸히 죽는 일은 어느 누구에게도 다시는 없을 것을 다짐했습니다. 당신네들이 자유롭게 된 것은 톰 아저씨 덕분입니다. 톰 아저씨의 아름답고 슬픈 죽음 때문입니다. 그러니 클로 아주머니와 톰 아저씨의 아이들에게는 할 수 있는 한 최대한 친절을 베풀어 주었으면 합니다. 그리고 톰 아저씨의 통나무집을 볼 때마다, 여러분의 자유에 대해 생각하며, 톰 아저씨처럼 정직하고 성실한 인간이 되도록 노력해 주기를 바랍니다.•

이 소설로 노예제도를 둘러싼 찬반 갈등의 불길은 예전보다 한층 강하게 타올랐다. 이 갈등으로 미국 합중국은 둘로 쪼개 질 위기를 맞았다.

바로 이런 위기의 시기에 에이브러햄 링컨은 화려하게 중앙 정치 무대에 이름을 알렸다. 1858년 링컨은, 노예제도에 대해서 어정쩡한 태도를 보이던 휘그당이 해체된 뒤, 노예제도 폐지를 내세우고 출발한 공화당 후보로 나서서 일리노이에서 상원 의원 자리를 놓고 민주당의 스티븐 더글러스와 대결을 벌였다. 그는 선거유세 첫 연설 서두에서 다음과 같이 목소리를 높였다.

분란이 일어난 가정은 제대로 유지될 수가 없습니다. 노예제도에 대해 반은 찬성하고 반은 반대하는 상태로는 우리 정부가 영원히 지속될수 없다고 믿습니다. 나는 우리 가정이 쪼개지는 걸 원하지 않는 것처럼 우리 합중국이 둘로 나뉘는 걸 원치 않습니다. 결코 그런 일은 있을수 없다고 확신합니다.

그 뒤 링컨은 더글러스와 일곱 차례 공개 토론을 하면서 비록 선거에는 졌지만 전체 미국인에게 강렬한 인상을 심어주며

• 해리엇 비처 스토의 《톰 아저씨의 오두막》에서.

전국적인 정치인으로 떠올랐다.

억센 남부 개척민의 아들로 창문 하나에 문 하나가 달랑인 방 한 칸에서 온 가족이 살아야 했지만 링컨은 독학으로 변호사가 되었다. 일리노이의 스프링필드에서 변호사 일을 하면서 순회법정이 열리는 곳을 따라다니기도 했다. 해마다 봄과 가을에 그는 말이나 마차를 타고 이 마을 저 마을로 인구가 적은 대평원을 여행했으나 대부분 재판의 규모는 작았고 보수도 얼마 되지 않았다.

그러나 철도가 부설되기 시작하면서 여행은 쉬워졌고 변호사 일도 수입이 좋아졌다. 여러 개 철도회사를 고객으로 뒀고 은행과 보험회사의 소송 및 특허신청 관련 일도 했다. 40대이던 1850년대에는 중서부에서 가장 큰 철도회사로 성장한 일리노이센트럴 철도회사를 의뢰인으로 뒀으며, 이때 그의 연소득은 일리노이 주지사 봉급의 세 배나 될 정도로 성공했다.

링컨의 성공은 남부의 농업이 아니라 북부의 공업을 기반으로 했다. 그랬기에 그의 정치적인 기반은 남부가 아니라 북부였다. 그리고 또 그의 관심은 노예 해방 그 자체가 아니라 미국이라는 나라를 쪼개지 않는 것이었다. 남부는 북부와 쪼개져도 손해 볼 게 없었지만, 북부는 남부의 노동력과 시장을 잃으면 손해였기 때문이다.

더글러스와 벌였던 일련의 토론에서 노예제도 폐지에 대한 링컨의 입장은 보다 구체적으로 드러났다. 더글러스가 인종 혼합을 우호적으로 생각하는 급진주의자로 몰아세우자, 링컨은 이렇게 자기 입장을 밝혔던 것이다.

나는 현재도 그렇거니와 과거에도 백인과 흑인의 사회·정치적 평등에 찬성한다는 의견을 어떤 식으로든 말한 적이 없습니다. (…) 흑인에

게 배심원 자격이나 선거권을 주는 것도 찬성하지 않으며 찬성해본 적
도 없습니다. 그들에게 공직권을 주거나 백인과의 혼인권을 부여해주자
고 말한 적도 없습니다. 덧붙여 말하면, 두 인종은 신체적으로 엄연히
다르기 때문에 앞으로 사회·정치적으로 두 인종이 평등하게 사는 일
은 영원히 없을 것입니다.

노예제도 폐지가 개인의 자유나 인권과 상관이 없다는 뜻이
었다. 자기가 설정한 정치적인 목적을 달성하기 위한 정치적인
수사가 포함되어 있었다 치더라도, 링컨은 노예제도 폐지의 목
적을 경제적인 측면으로만 한정한 것은 분명했다.

남북전쟁(1861~1865)과 노예제 폐지

남부와 북부 사이의 갈등은 점점 고조되었다. 북부에서는
노예제도가 인간성을 파괴하는 제도라며 비난의 목소리를 높
였지만, 남부에서는 노예들에게는 노예 신분을 유지하는 게 오
히려 북구의 가혹한 임금노동자로 전락해서 하루하루의 생계
를 걱정하며 사는 것보다 나을 것이라고 반박했다. 북부 노동
자들의 처참한 삶은 남부 사람들의 눈에는 노예제도보다 더
욱 비도덕적인 착취의 결과로 비쳐졌기 때문이다. 1841년에서
1842년까지 미국을 방문했던 영국 소설가 찰스 디킨스 역시 미
국인의 삶, 특히 하층민의 삶을 목격하고는 고개를 절레절레
흔들었다. 그는 지인에게 보낸 편지에서 다음과 같이 썼다.

이 나라는 내가 보고자 했던 공화국이 아니다. 이 나라는 내가 상상
하던 그런 공화국이 아니다. (…) 이 나라가 탄생한 지 얼마 되지 않았
다는 점을 생각하면 할수록, 이 나라는 수천 가지 점에서 더욱 값어치

가 없는 초라한 나라로만 비친다. 이 나라가 자랑하는 모든 점에서, 시민에 대한 교육과 가난한 어린이에 대한 배려를 제외하고는, 내가 생각했던 것보다 훨씬 낮은 수준으로 추락하고 있다.•

남부에서는 또 농업이나 광업에서처럼 토지에서 비롯되는 '생산적인 부(富)'가 아니라 기존 재화를 이전하는 방식인 상업에서 비롯되는 부를 '비생산적인 부(富)'라고 규정하며, 북부가 이룬 경제적인 성공을 오히려 '도덕적인 악'으로 바라보았다.

그런데 사실 남부 사람들 가운데 노예를 소유한 사람은 극히 일부 계층에 속했다. 1860년에 노예제도를 인정하고 있던 주를 통틀어 스무 명이 넘는 노예를 소유하던 대농장주는 5만 명이 채 되지 않았다. 노예의 절반 이상이 대농장에서 일했으며, 40헥타르 미만의 땅을 경작하는 사람이 70퍼센트나 되던 자작농 가운데 일부만이 노예를 소유했을 뿐, 대부분의 자작농은 노예를 소유하지 않았다. 이들을 포함한 '가난한 백인들'은 흑인 노예가 해방이 되면 결국 자기들과 토지를 놓고 경쟁을 벌이게 될까봐 두려워했고, 또 노예제도가 폐지되는 순간 노예가 있음으로 해서 누릴 수 있었던 상대적으로 우월적인 지위를 잃을까봐 두려워했다. 그래서 남부의 백인들은 대농장주나 가난뱅이나 할 것 없이 모두 노예제도 폐지에 반대했던 것이다.

이런 갈등 속에서, 1930년대 초에 도망 노예들을 북부의 안전한 곳에 숨겨주거나 캐나다로 도피시키는 운동이 시작되었는데, '지하철도'라 일컬어지던 비밀조직망의 활동은 더욱 활발해졌고, 1830년부터 1860년까지 4만 명이 넘는 노예들을 도망시

• 프란시스 휘트니 외의 《미국의 역사》에서 재인용.

켰다.

이 와중에 1860년 대통령 선거에서 링컨이 당선되었고, 곧 사우스캐롤라이나 주가 연방에서 탈퇴하며 다음과 같이 천명했다.

"미합중국이라는 이름으로 사우스캐롤라이나가 다른 주들과 맺어온 연합은 깨졌다."

그리고 다음 해 2월, 연방을 탈퇴한 일곱 개 주가 이른바 '남부 연방'의 예비 헌법을 채택했다. 3월에 에이브러햄 링컨은 대통령 선서를 하면서 일곱 개 주가 연방에서 탈퇴한 건 법적으로 무효라며 인정하지 않았고, 4월 12일에 남부 연방은 사우스캐롤라이나의 섬터 요새에 주둔하던 연방 군대를 향해 포격을 가했다. 이로써 전사자 20만 명을 포함해서 사망자만 총 60만 명이 발생하는 전쟁이 시작되었다.

전쟁은 북부의 승리로 끝났다. 남부의 면화 수출을 막은 북부군의 해상 봉쇄가 결정적이었다. 상공업이 농업을 이기는 대세를 거스를 수 없었던 것이다.

남북전쟁 무렵의 소년 노예. 노예매매 계약서와 함께 발견된 사진이다.

그런데 링컨이 노예제 폐지를 공식적으로 선언한 것은 전쟁이 시작된 지 한참 뒤인 1863년 1월로, 수세로 몰리던 전세를 뒤집기 위해서였다. 다음은 "노예해방선언"의 첫머리이다.

1863년 1월 1일부터 미합중국에 대하여 반란 상태에 있는 주 또는 어떤 주의 특정 지역에서 노예로 예속되어 있는 모든 이들은 영원히 자유의 몸이 될 것이다. 육해군 당국을 포함한 미국 행정부는 그들의 자유를 인정하고 지킬 것이며, 그들이 진정한 자유를 얻고자 노력하는 데 어떠한 제한도 가하지 않을 것이다.

그러나 흑인에 대한 차별은 그 뒤로도 문화적으로뿐만 아니라 제도적·법률적으로 20세기 중반까지 지속된다. 미국 정부에게 가장 크고 기본적인 목표는 쪼개지지 않은 단일하고도 강력한 국가를 건설하는 것이었지, 흑인의 인권을 보장하는 것이 아니었기 때문이다.

1863년 11월 19일, 게티즈버그 전투가 끝난 지 넉 달 뒤였다. 당시의 전투 현장에서 전사자를 위한 국립묘지의 봉헌식이 진행되었고, 링컨 대통령이 연단에 섰다.

> 지금으로부터 87년 전 우리 선조는 이 대륙에서, 자유 속에 잉태되었으며 만인은 모두 평등하게 창조되었다는 명제에 봉헌된, 새로운 나라를 탄생시켰습니다. 우리는 지금 거대한 내전에 휩싸여 있고, 우리 선조가 세운 나라가, 아니 그렇게 잉태되고 그렇게 봉헌된 어떤 나라가, 과연 이 지상에 오랫동안 존재할 수 있는지 없는지를 시험 받고 있습니다. (…) 이 나라가 신의 가호 아래 자유의 이름으로 다시 태어날 수 있기를 희망합니다. 인민의, 인민에 의한, 인민을 위한 정부는 이 땅에서 결코 사라지지 않을 것입니다.

3분이 채 걸리지 않은 이 연설에서 링컨은 '자유 속에 잉태된' 나라가 '자유의 이름으로' 다시 태어나야 한다고 역설했다. 이 자유는 북부 자본가를 위한 자유이지, 남부 농장주를 위한 자유가 아니었듯이 노예제도의 사슬에 묶여 있던 흑인 노예들을 위한 자유가 아니었다. 노예제도 폐지는 남북전쟁의 표면적인 문제였을 뿐이었다. 남북전쟁은 노예 해방 전쟁이 아니라 남부와 북부가 미국 경제의 주도권을 놓고 벌인 경제 전쟁이었고, 링컨이 들었던 해방의 깃발은 흑인 노예를 위한 게 아니라 북부 자본가를 위한 것이었다.

이 전쟁은 북부의 승리로 끝이 났고, 전쟁이 끝난 지 닷새 뒤이자 재선 취임식에서 선서를 한 지 석 주 뒤에 링컨 대통령은 암살자의 총에 맞았고, 다음 날 사망했다.

링컨이 피격된 4월 14일은 부활절 이틀 전인 수난일, 즉 예수가 십자가에서 목숨을 잃은 성금요일(聖金曜日)이었고, 이런 사망 일자와 상황 덕분에 링컨은 신화적인 존재로 미국 국민의 의식에 각인되었다. 링컨의 신화는, 대서양 연안의 보잘것없던 몇 개 식민지에서 출발했던 미국을 세계 최강의 부국이자 '인민'의 나라로 '다시 태어나게 만든' 건국 신화나 다름없다. 이 신화의 한 모퉁이에서 노예들은 해방되었다. 그리고 5년 뒤에는 투표권도 부여받았다. 이렇게 해서 노예 해방은 미국 경제의 발전, 세계 최강의 자본주의 국가 건설을 위한 징검다리가 되었다. 하지만 흑인이 링컨이 재선 취임사에서 말한 '우리'라는 울타리 안에 온전하게 포함되려면 아직도 많은 시간을 기다려야 했다.

누구에게도 악의를 가지지 맙시다. 모든 사람에게 따뜻한 마음을 가집시다. 신이 우리에게 가르친 선을 향해서는 단호합시다. 그리고 우리에게 맡겨진 일들을 매듭짓기 위해 노력합시다. 이 나라가 입은 상처를 보듬읍시다. 전투에서 다친 사람들, 목숨을 잃은 사람들, 그리고 그의 아내들과 아이들을 돌봅시다.

너는 누구인가?

1895년 2월 9일, 조선의 법무아문의 권설재판소(權設裁判所) 법정. 법무아문은 한 해 전의 갑오개혁 때 종래의 형조를 없애고 대신 둔 관청으로 사법행정, 은사, 복권, 재판소의 관리를 주관하던 기관이다. 당시 일본의 영향 아래 이런 관청을 만들었으나 명칭은 청나라식인 아문(衙門)을 계속 사용하다가, 얼마 지나지 않아서 일본식인 법부로 개칭했다. 그리고 권설재판소는 동학혁명의 지도자들을 재판하려고 법무아문에 임시재판소 격으로 설치한 것이다. 형식적으로는 조선 정부로 하여금 재판을 하도록 하였으나 사실상 일본 영사가 심문을 주도하기 위해서였다.

재판정에 선 피고는 키가 작았다. 별명이 어째서 '녹두'인지 쉽게 알 수 있었다. 하지만 딱 벌어진 어깨에 상대의 심장까지도 꿰뚫어보는 듯한 서늘한 눈빛은 또한 그에게 '장군'이라는 호칭이 어째서 붙었는지도 쉽게 알 수 있었다. 심문은 법무아문의 재판관과 일본 영사 우치다 사다츠지(內田定槌)가 함께 맡았지만, 주로 일본 영사가 했다.

전봉준 재판 기록인 '전봉준 공초(供招)'의 첫 장

질문 : 너는 누구인가?

답변 : 전봉준이다.

질문 : 나이는 몇 살인가?

답변 : 마흔한 살이다.

질문 : 살고 있는 곳은 어디인가?

답변 : 태인 산외면 동곡이다. (오늘날의 행정명으로는, 정읍시 산외면 동곡리)

질문 : 업으로 하는 일은 무엇인가?

답변 : 선비로 생업을 삼고 있다.

질문 : 오늘은 법부아문의 관원과 일본 영사가 회심하여 공정히 결단해서 조처할 터이니 낱낱이 바른대로 고하라.

답변 : 낱낱이 바른대로 고하겠다.

(…)

질문 : 네가 전라도 동학의 괴수라고 하는데, 과연 그러한가?

답변 : 애당초 의(義)를 외치고 일어난 것이니 동학의 괴수라고 할 것까지는 없다.

(…)

질문 : 2차 봉기를 한 것은 무슨 까닭인가?

답변 : 그 뒤에 들으니, 귀국[일본]이 개화라 일컬으면서 처음부터 일 언반구도 민간에게 전파함이 없었고 또한 격서도 없이 군사를 거느리고 우리 도성에 쳐들어와 한밤중에 왕궁을 부수고 상감을 놀라게 하셨다고 하기에* 초야의 사민(士民)들이 임금에게 충성하고 나라를 사랑하는 마음으로 강개함을 억누르지 못하고 의병을 모아 일본 사람과 싸워서 이런 사실을 일차적으로 묻고자 한 것이다. (…)**

재판은 이틀 뒤에 다시 열렸고, 그 뒤로도 세 번 더 열려서 재판은 모두 다섯 차례 열렸다. 공식적인 기록으로 남은 문답은 모두 275개였다. 마지막 재판은 3월 10일이었으며, 재판부는 3월 29일에 전봉준에게 사형 선고를 내렸다.

사형 방식은 교수형이었고, 사형 집행일은 바로 다음 날이었다. 전봉준은 사형을 당하기 직전에 가족에게 남길 말이 있으면 하라고 하자, 이렇게 말했다.

"나는 다른 말은 없다. 나를 죽이려면 종로 네거리에서 목을 베어, 오고 가는 사람들에게 내 피를 뿌려주는 것이 마땅하거늘 어찌 컴컴한 적굴에서 남몰래 죽이느냐?"

그리고 곧 사형은 예정대로 집행되었다. 1855년, 링컨이 마흔

• 1894년 6월 21일의 이 사건을 시발점으로 삼아 일본은 청일전쟁을 시작했다.
•• 전봉준 재판 기록 "전봉준 공초"에서.

여섯 살의 나이에 첫 번째로 일리노이 주의 연방 상원의원에 도전해서 패배했던 그해, 극장에서 암살자에게 피살되기 10년 전이던 그해에 전봉준은 태어났고, 미국에서 링컨 사망 30주년 기념식 준비로 한창 바쁘던 1895년의 봄에 죽었다. 한 해 전까지만 해도 세 마지기 땅으로 농사를 짓고 서당에서 아이들을 가르쳤던 그의 나이 마흔 살이었다.

조직가 전봉준

위로부터의 개혁인 갑신정변이 3일천하로 끝난 뒤에 주체적인 개혁의 의지는 집권층에서 찾아볼 수 없었다. 민씨 일족이 지배한 집권층은 사리사욕을 채우기에 바빴고, 이런 실정(失政)과 학정(虐政)에 전국 곳곳에서 농민 항쟁이 터져 나오기 시작했다. 이런 항쟁들은 자연발생적이고 서로 연계되지 못했지만, 계기만 있으면 언제든 전국적인 규모로 폭발할 수 있을 정도로 농민의 생활은 피폐했다. 지방 관리와 양반 지주의 착취에 따른 이런 피폐함은 특히 전라도에서 심했다. 매천 황현(1855~1910)은 《오하기문(梧下記聞)》에서 다음과 같이 적었다. 《오하기문》은 1864년부터 1907년 12월까지의 조선 말기 역사를 월별·일별로 기록한 책으로, 동학혁명 당시 전남 구례에 은거하면서 본인이 직접 목격하거나 들은 이야기를 담고 있다.

최근에는 욕심을 채우는 더러운 일들이 날로 늘어났는데, 호남은 재물이 풍부하여 이런 욕심을 채워줄 만했다. 무릇 이곳에서 벼슬을 하는 사람들은 백성을 양이나 돼지처럼 여기며 마음대로 묶고 빼앗았으며 평생 종과 북을 치면서 사방에서 빼앗았다. 이리하여 서울에서는 아들을 낳아 호남에서 벼슬을 살게 하는 것이 소원이라는 말이 떠돌

지경이었다.[*]

19세기 백여 차례에 걸쳐 일어난 농민봉기는 전국적인 대규모 농민항쟁이 일어날 수 있는 사회적 분위기를 형성시켰다. 숱한 농민봉기의 실패에서 얻은 경험을 바탕으로 지역주의 및 근왕주의의 한계를 극복하는 지도자가 성장하는 계기가 마련되었던 것이다.

이런 상황에서 '인내천(人乃天, 사람이 곧 하늘이다)'을 내세운 동학은 인간의 평등을 강조하며 신분 차별에 따른 고통에 몸부림치던 농민의 마음을 사로잡았다. 고종 즉위년인 1863년 12월에 선전관(宣傳官) 정운귀가 '조령(새재)에서 경주까지 가는 동안 (…) 어느 하루도 동학에 대한 이야기가 귀에 들어오지 않는 날이 없었으며, 주막집 여인과 산골 아이들까지 동학의 글귀를 외우지 못하는 자가 없었습니다.'[**]라고 보고를 할 정도였다.

동학이 빠른 속도로 퍼져나가자 조정에서는 1864년 3월에 최제우를 혹세무민의 죄로 처형하고 동학을 불법화했다. 하지만 2대 교주 최시형에 이르러 동학은 더욱 널리 퍼졌고, 1880년대에는 삼남지방까지 퍼졌다. 그리고 교조 최제우의 억울함을 풀어달라는 이른바 교조신원운동이 퍼져나갔다. 하지만 동학은 어디까지나 종교일 뿐 혁명의 실천 이념은 아니었다. 그런데 이 종교적인 교조신원운동이 1893에 접어들면서 '척왜양이' 구호를 담기 시작해서 하층 동학교도 및 민중 사이에 반봉건과 반외세의 정서와 운동이 본격적으로 드러나기 시작했다. 이 움

• 황현의 《오하기문》(김종익 번역)에서.
•• 《고종실록》 즉위년 12월 20일.

직임을 주도한 인물들이 후에 동학농민혁명 남접의 지도자로 부상하는 전봉준, 서장옥(서장일), 황하일 등이었다.

전봉준의 집안은 지체는 높지 않지만 양반 가문이었다. 하지만 증조부 이후로는 관직을 지낸 인물이 전혀 없었다. 한마디로 몰락한 양반 집안이었다. 아버지 전창혁은 사회적 의식이 있는 농촌의 지식층 인물이었고, 고부군수 조병갑의 학정에 맞서다 죽음을 당했다. (조병갑의 탐학을 따지는 문건을 여러 사람들과 함께 냈다가 곤장을 맞고 죽었다는 설도 있고, 이장으로 있으면서 모친상을 당한 조병갑이 부의금 2천 냥을 거두는 책임을 지우자 거부했다가 곤장을 맞고 죽었다는 설도 있다.) 아버지의 이런 죽음은 전봉준에게 혁명적인 의식을 일깨웠을 것이다.

전봉준의 영정(전정호).

전봉준이 동학에 입교한 것도 종교적인 목적만은 아니었다. 1895년 3월 6일자 《도쿄아사히신문》에 소개된 "동학당 대두목 후속 심문" 내용을 보면, 전봉준이 평상시에 보국안민의 생각을 가지고 있었는데 우연히 전도를 하던 사람으로부터 동학 문건을 건네받고 '정심(正心)'이라는 내용에 감동해서 입교했다. 탐관오리를 축출하고 보국안민의 대업을 이루려는 구상을 실현하기 위해서 협동일치와 결당(結黨)이 유용할 것이라고 보았다는 것이다.

전봉준이 서당 훈장을 하고 있을 무렵에 때로 먼 곳에서 사람이 찾아와서 며칠씩 머물다 가곤 했는데, 이런 사람들은 아마도 전봉준과 함께 사회변혁의 구체적인 계획을 세우던 사람이었을 것으로 추정할 수 있다. 그리고 바로 이 사람들이 서장옥, 김개남, 황하일 등이었다. 이들은 교조신원운동 집회 때 이미 척왜양(斥倭洋)을 주장하며 동학의 상층부를 조직적으로 압박했다. 또한 이런 움직임 속에서 전봉준은 동학교도 및 지역 농민 사이에서 영향력을 키워갔다.

농민군의 봉기

1894년 1월 10일, 전봉준과 농민군 지도자들은 사발통문을 돌리며 치밀한 준비를 한 끝에 봉기했다. (사발통문이란 주모자가 드러나지 않도록 참가자의 이름을 사발모양으로 빙 둘러가며 적은 통문을 말한다.) 말목장터에서 전봉준

전봉준 고택. 나중에 복원한 것이다.

은 감나무 아래에서 농민들에게 봉기의 필요성을 역설하는 연설을 했고, 농민군은 고부관청을 점령하고 아전들을 처벌하고 무기고를 부숴 무장했다. 그리고 관아 창고를 열어 양곡 1,400여 석을 몰수하여 부당하게 거둔 세곡을 돌려주고, 조병갑이 물세를 더 받으려고 만석보 아래 새로 쌓았던 팔왕보를 허물었다.

이 사발통문은 1893년 11월에 전봉준을 중심으로 동학농민군 간부 20여 명이 작성한 것이다. (나중에 작성된 필사본일 수도 있다.) 고부성을 격파하고 군수 조병갑을 효수할 것, 군기창과 화약고를 점령할 것, 군수에게 아부해서 인민을 침어한 탐리(貪吏)를 처벌할 것, 전주영을 함락하고 서울로 향할 것 등을 결의하고 있다.

조정에서는 조병갑 대신 박원명을 고부군수로 임명하고 장흥부사 이용태를 안핵사로 임명해서 폐단을 고치도록 했다. 박원명은 농민군에 잔치를 베풀었고, 다른 지역에서 더 봉기가 일어나지 않자 농민군은 해산했다. 하지만 이용태는 역졸 수백 명을 거느리고 고부에 들어와서 민란의 책임을 동학교도에게 돌리고 조병갑을 옹호하며, 봉기에 참가한 농민 및 가족들까지 잡아들여 학살했다. 이에 전봉준과 지도자들은 농민군을 다시 소집했고, 3월 23일에는 고부 관아를 점령했다.

1894년 3월 21일.

전봉준이 영솔하는

5천 농민이

동학 농민혁명의 깃발

높이 나부끼며

고부 군청 향해 진격했다,

머리마다 휘날리는

노랑 수건,

질서정연한

대열, 여기저기

높이 펄럭이는

깃발,

(…)

그들은 벌써

관아를 향해 뛰고 있는 발이

아니었다.

신들린 사람처럼

힘이 전신에 솟구쳐

견딜 수 없어, 그저 달리고 있었다

그건 기막힌 하나의

슬픔이었을까

수백 년의 누더기 속서 풀려나와

고삐를 스스로 끊고

뛰고 있었다

이유 없이 얽매이었던
수십 대의 고삐를 끊고
뛰고 있었다

하늘을 본 것이리라
자기 가슴 속의 피를
만져보고 놀란 것이리라

자기의 하늘을 보고
놀란 것이리라.*

　농민군의 봉기 소식에 호남 각지의 농민들이 속속 모여들었
고, 25일에는 백산에서 동학교도와 농민 8,000여 명이 농민군
으로 편성되었다. 전봉준이 창의대장, 손화중과 김개남은 부대
장인 총관령이 되었다. (김개남은 전봉준이 이미 이십대 때부
터 교유하던 친구였으며, 김개남이 전봉준의 딸 혼사에 중매를
설 정도로 두 사람은 친했다.) 그리고 27일에는 농민군의 타도
대상과 동맹 세력을 밝힌 격문을 발표했다.

　우리가 의(義)를 드높이려고 여기에 이른 것은 (…) 백성을 도탄에서
건지고 나라를 반석 위에 올려놓으려는 것이다. 안으로는 악질 관리의
머리를 베고 밖으로는 횡포한 강적의 무리를 쫓아내려 한다. 양반과 부
자들 앞에서 고통 받는 백성 그리고 수령·방백 아래에서 굴욕을 받는

미처서 살고 정신들어 죽다 ―

아전들은 우리와 같이 원한이 깊은 자들이다. 조금도 주저하지 말고 이 시각에 일어서라. 만일 기회를 잃으면 후회해도 돌이킬 수 없을 것이다. 갑오 3월 27일, 호남창의대장소,* 백산에서.

아울러 '첫째, 사람을 함부로 죽이지 말고 가축을 잡아먹지 마라. 둘째, 충효를 다하여 세상을 구하고 백성을 편안케 하라. 셋째, 일본 오랑캐를 몰아내고 나라의 정치를 바로잡는다. 넷째, 군사를 몰아 서울로 쳐들어가 권귀(權貴, 권세있고 지위가 높은 사람)를 모두 없앤다.'는 4대 명의를 일종의 행동강령으로 채택해 봉기의 목적을 분명히 드러냈다. 이로써 농민 봉기는 혁명을 선포한 셈이었다. 또한 농민군의 군사행동 원칙인 12개조의 기율을 발표했다.

1. 항복하는 자는 대접한다.

2. 곤궁한 자는 구제한다.

3. 탐학한 자는 추방한다.

4. 순종하는 자에게는 경복한다.

5. 도주하는 자는 쫓지 않는다.

6. 굶주린 자는 먹인다.

7. 간사하고 교활한 자는 그치게 한다.

8. 빈한한 자는 진휼한다.

9. 불충한 자는 제거한다.

10. 거역하는 자는 효유한다.

11. 병든 자에게는 약을 준다.

12. 불효자는 죽인다.

• 농민군 지휘부 명칭.

농민군은 전주를 향해 진격했고, 4월 7일에는 황토재에서 전라 감영군을 맞아 치열하게 싸운 끝에 승리했다. 4월 23일에는 장성에서 관군을 격파한 뒤에 왕명을 전하러 왔던 종사관 이효응과 배은환 등을 원평장터에서 참수했는데, 왕명을 전하는 왕의 대리인을 참수했다는 것은 왕을 부정했다는 뜻이고, 동학혁명이 유교적인 근왕주의를 벗어났다는 뜻이다.

4월 26일 농민군은 전주성의 턱밑인 삼천에 이르렀고, 거기에서 전주성까지는 불과 십 리, 용머리고개를 넘으면 바로 전주였다.

4월 27일, 전주 서문 밖. 마침 이 날은 서문 밖에 장이 서는 날이라 무장, 영광 등지로부터 샛길로 사방으로 흩어져 오던 동학군들은 장꾼들과 섞여 미리 약속한 대로 장터 안에 들어왔다. 그리고……

…오시(午時)쯤 되자 장터 건너편 용머리고개에서 일성(一聲)의 대포 소리가 터져 나오며 수천 방의 총소리가 일시에 장판을 뒤덮었다. 별안간의 난포 소리에 놀란 장꾼들은 정신을 잃어버리고 뒤죽박죽이 되어 헤어져 달아난다. 서문으로 남문으로 물밀듯이 들어가는 바람에 동학군들은 장꾼과 같이 섞여 문 안으로 들어서며 일변 고함으로 지르며 일변 총질을 하였다. 서문에서 파수 보던 병정들은 어찌된 까닭을 몰라 엎어지며 자빠지며 도망질을 치고 말았다. 삽시간에 성 안에도 모두 동학군의 소리요, 성 밖에도 또한 동학군의 소리다. 이때 전대장(전봉준)은 완완(緩緩)히 대군을 거느리고 서문으로 들어와 좌(座)를 선화당에 정하니 어느새 전주성은 함락이 되었다.•

동학무명농민군, 박홍규.

이렇게 해서 농민군은 조선 왕조의 발상지이자

전라도의 수부(首府)인 전주성을 장악했다. 동학농민혁명 최대의 승리였다. 이 승리는 또한 동학혁명이 조선 왕조에 대한 전면적 저항임을 만천하에 선포하는 것이기도 했다.

전주화약과 청일전쟁

위기감을 느낀 집권 민씨 정권은 청에 구원 요청을 하는 한편 농민군을 회유하기 시작했다. 청군에 이어 일본군마저 조선에 상륙하자 농민군도 군사적인 열세 때문에 계속 밀고나갈 수 없다고 판단한 끝에 정부와 협상을 체결하고 철수했다. 이른바 '전주화약(和約)'이다. 이때가 5월 8일이었다.

그 뒤 농민군 지도부는 호남 대부분의 고을에 집강소를 설치해서 농민군의 지방 통치조직으로 삼았다. 집강소는 무기 관리와 치안 유지 그리고 합법적인 폐정개혁 활동을 벌였지만, 곳에 따라서는 부정한 지방관과 아전들, 지주와 양반을 대상으로 반관투쟁(反官鬪爭)과 반부민투쟁(反富民鬪爭) 그리고 신분해방투쟁을 벌이기도 했다. 집강소를 통한 농민의 권력 참여는 비록 불완전한 형태이긴 했지만, 근대사에 새로운 지평을 여는 것이었다.

그런데 횡포한 부호를 엄벌하고 불량한 유림과 양반을 징벌하며 노비문서를 태운다는 농민군의 폐정개혁 내용에 대해서 각지의 봉건 유생층이 반발해 민보군(民堡軍, 민간인 자원병)을 결성했다. 이들은 비록 외세에 강한 반감을 가지고 있었지만, 농민군의 사회개혁으로 자기들이 손해를 보고 또 나아가 유교적인 이념이 훼손되는 걸 참을 수 없었던 것이다. 일체의

• 오지영의 《동학사》에서.

신분 제도를 인정하지 않고 베를 짜는 여자나 어린아이까지 '한울님'이며 모든 사람이 다 하늘이라는 동학의 이념은 유교의 질서를 근본부터 무너뜨리는, 따라서 하늘을 함께 이고 살 수 없는 극악무도한 발상이었기 때문이다.

민보군은 각지에서 봉기에 참여했던 농민을 잡아내 처형하기 시작했다. 전봉준과 동갑이며, 뒷날 1910년 한일합방조약 때 비분강개한 선비의 마지막 저항 방식으로 자살을 결행하는 선비 황현도 《오하기문》에서 동학을 '선비를 모욕하고 국가의 관리를 조롱하고 포박하는(辱士族 嘲罵官長 縛束吏校) 무리'라고 기술하고 동학군을 '동비(東匪)'라 표기하며 '적'으로 여겼다.

> 우리나라 총의 사정거리는 100보 정도에 불과하지만, 일본 총의 사정거리는 400~500보도 더 되었으며, 불이 총대 안에서 저절로 일어나 불을 붙이는 번거로움이 없었다. 따라서 비록 눈이나 비가 내린다고 하여도 계속 쏠 수가 있었다. [아군은] 적과 수백 보 떨어진 거리에서 적의 총탄이 미치지 못할 것을 헤아린 다음 비로소 총을 쏘았으므로, 적은 빤히 쳐다보면서 감히 한 발 쏘지 못하였다.[•]

한편 일본은 6월 21일에 무력으로 경복궁을 점령해 청나라와 국교를 단절하도록 조선 정부에 압력을 가했다. 그리고 일본군은 아산만에 주둔해 있던 청군을 공격했고, 이로써 청일전쟁이 시작되었다.

한편 친일 인사들로 새로 구성된 내각이 갑오개혁을 추진했지만 개혁 작업은 지지부진했고, 동학 농민에 대한 일본군과 관군의 탄압이 강화되었으며, 게다가 봉건유생의 민보군이 극

• 황현의 《오하기문》(김종익 번역)에서.

성을 부리자 농민군은 다시 결집해서 싸움에 나섰다.

8월 말에 김개남의 지휘 아래 7만여 명의 농민군이 남원에서 재봉기했고, 전봉준도 9월 초에 재봉기를 했다. 그리고 9월부터는 북접군까지 함께 합세해서 2차 농민전쟁이 시작되었다. 그러나 2차 전쟁에서는 승리보다 패배가 더 많았다. 현대식 무기로 무장하고 고도로 훈련된 일본군 그리고 관군과 민보군의 연합군에 맞서야 했던 농민군은 훈련과 조직 그리고 화력 측면에서 크게 뒤졌다. 일본군은 잘 훈련된 정예병이었다. 거기에다 대포와 연발총, 최대사거리가 2,000미터에 이르는 미제 스나이더 소총과 무라다 소총 등 최신식 무기로 무장했지만, 농민군의 무장은 대부분 칼과 활, 죽창이었고, 일부가 지닌 재래식 화승총도 사거리가 100보 정도밖에 되지 않았다. 11월 3일자 《승정원일기》는, 동학농민군을 진압하기 위해 최고 군사지휘부인 양호 도순무영(都巡撫營)에게 안성 군수가 보고한 내용을 다음과 같이 싣고 있다.

지난 10월 23일 후원 참령관(後援參領官) 구상조와 함께 군대를 거느리고 공주의 효포(孝浦)에서 파수하고 있었는데, 비도(匪徒) 전봉준이 옥천의 비도들을 대교(大橋)에 모았다고 하였습니다. 그래서 그 말을 듣고 출발하였는데, 숲 기슭에 모여서 기(旗)를 세우고 둘러선 것이 족히 수만여 명은 되었습니다. 몰래 뒤쪽으로 가서 먼저 숲에 의지하고 있는 비적을 습격하여 총을 쏘며 추격하여 이십여 명을 죽이고 여섯 놈은 생포하였는데, (…) 위 여섯 놈은 효수하여 사람들을 경계하였고, 노획한 군수 물자는 성책(成冊)하여 올려 보내겠습니다.

11월 9일 농민군은 우금치에서 치명적인 타격을 입었다. 전봉준은 관군을 향해서 항일투쟁에 나설 것을 호소했다.

경군영병에 고시한다. 두 차례의 교전을 함에도 후회됨이 이를 데 없다. 당초의 의거는 척사원왜(斥邪遠倭)뿐이어늘 경군이 사(邪)를 돕는 것이 어찌 제 뜻에서 나온 것이리오. 필경에는 천리(天理)로 돌아가는 것이니 이제부터는 서로 싸우지 말고 부질없이 인명을 상해하지 말고 민가를 불태우지 말고, 함께 대의(大義)를 도와 위로는 국가를 돕고 아래로는 백성을 편안하게 할 일뿐이다. 우리가 만일 기만하면 반드시 천죄(罪)가 있을 것이요, 임금의 마음을 속일 것 같으면 반드시 자멸할 것이라. 원컨대 하늘을 우러러 해님에게 맹세하여 다시는 상해가 없게 할지어다. 갑오 11월 12일.

하지만 관군은 일본군의 지휘 아래 있었고 게다가 승세는 이미 기울었기 때문에, 전봉준의 호소는 씨도 먹히지 않았다.

동학군은 패배를 거듭하며 일본군과 관군의 합동부대가 펼치는 추격의 손길에서 벗어나려고 필사적으로 몸부림을 쳤다. 조선을 집어삼키려고 차근차근 수순을 밟아가던 일본으로서는 조선에서 유일하게 그것도 조직적으로 무장까지 해서 달려드는 세력을 결코 용납할 수 없었다. 그랬기에 일본군은 동학혁명에 가담한 농민을 철저하게 색출해서 처단했다. (이때는 이미 청일전쟁의 전세가 일본으로 기울어, 조선은 일본의 손안으로 거의 완전하게 들어간 것이나 다름없었다.) 퇴각하는 농민군 소탕 상황을 당시 서호도순무영 우선봉(西湖都巡撫營 右先鋒)으로 진압에 앞장섰던 이두황은 《좌선봉진일기》에서 다음과 같이 기록했다. (이두황은 나중에 일본이 민비를 살해할 때 병력을 이끌고 광화문 경위를 맡았으며 그 뒤로도 친일 행각을 계속하며 식민지 조선에서 관료로 승승장구한다.)

남은 도둑 천여 명이 여지없이 무너졌는데 새벽하늘에 별이 떨어지는 것 같았고 가을바람의 낙엽과 같았다. 길에 버려진 총과 창, 밭 둔덕에 버려진 시체가 눈에 걸리고 발에 차였다.

1894년 12월부터 이듬해 1월까지 전국에서 적어도 20만 명이 넘는 농민이 일본군과 관군 그리고 민보군에 살육되었다.

드디어 동학농민군의 마지막 전투가 다가왔다.

어린 소년과 서른 살 안짝의 임산부 한 명을 포함해서 모두 스물여섯 명이었던 마지막 남은 동학군이 도망칠 데라고는 이제 평지에는 아무 데도 없었다. 산밖에 없었다. 대둔산이었다. 전북 완주군과 충남 금산군의 접경인 대둔산. 하지만 산도 안전하지 않았다. 점점 조여 오는 포위망에서 조금이나마 숨통을 트려다 보니 점점 더 높은 곳으로 달아날 수밖에 없었다. 이들은 결국 해발 878미터의 대둔산 정상 부근까지 쫓겨 올라갔다. 그리고 여기에서 험한 암벽을 요새 삼아 버텼다. 하지만 거기까지였다.

마침내 운명의 1895년 1월 24일, 날씨는 매서웠고 토벌군의 창검은 날카로웠다. 이 대둔산 전투에서 마지막 동학군은 몰살당했다. 딱 한 명, 어린 소년만이 살아남았다. 규모는 작았지만 기록에 남아 있는 동학군의 마지막 전투였다. 이 전투를 마지막으로 동학혁명의 무장투쟁은 대단원의 막을 내렸다. 그리고 다음 날부터 동학군을 토벌하러 진주했던 전라도 일대의 일본군과 관군은 철수했다.

대둔산 전투에서 마지막까지 살아남은 그 어린 소년은 어떻게 되었을까? 당시 살육된 20만 명 가운데 운 좋게 끼지 않고 성인이 되기까지 살아남아 결혼을 하고 또 후손을 남겼을까?

전봉준의 최후

1894년 12월 1일에 손화중 휘하의 농민군이 해산했고 김개남이 체포되었다. 그리고 다음 날 전봉준도 순창에서 체포되었다. 김개남은 재판도 없이 처형을 당했지만, 전봉준은 체포 직후 일본군에게 넘겨져 서울로 압송되었다. 대둔산에서 마지막 동학군이 몰살당한 지 엿새 뒤인 다음해 1월 30일에 서울에 도착했고, 남산 아래 일본 영사관의 순사청에 구금되었다. 황현은 압송되던 전봉준을 다음과 같이 묘사했다.

전봉준이 벼슬아치를 보고는 모두 너라 부르고 꾸짖으며 조금도 굴복하지 않았다. 압송 도중에 죽력고(대나무 진액으로 빚은 술)와 인삼 그리고 미음을 달라고 해 먹으면서 행동거지에 조금도 두려움이 없었다. 조금이라도 뜻을 거스르면, '내 죄는 종묘사직에 관계되니 죽게 되면 죽으면 되지만 너희들이 어찌 나를 함부로 대하느냐!'고 호통을 치자, 압송하는 사람들이 그저 '예예.' 하며 잘 모셨다.•

전봉준은 일본 영사관 순사청에서 50일이 넘는 기간 동안 집중적으로 조사를 받은 뒤, 2월 9일부터 3월 10일까지 법무아문 권설재판소에서 5차에 걸쳐 재판을 받았다.

질문 : 너는 [학정의] 피해를 보지 않았다면서, 무슨 까닭으로 들고 일어났는가?
답변 : 내 한 몸 피해를 입었다고 일어난다면 어찌 사내의 일이라 하겠는가? 세상이 날로 잘못되어 가므로 세상을 한번 건져볼 뜻이 있었

• 황현의 《오하기문》(김종익 번역)에서.

다.

(⋯)

질문 : 네가 작년 3월에 봉기한 뜻은 백성을 위해 해악을 없애는 것을 의로 삼았다는데 과연 그런가?

답변 : 과연 그렇다.

질문 : 그러면 내직을 차지하고 있는 자나 외직으로 나가 있는 관원이 다 탐학을 했다는 말인가?

답변 : 내직을 차지한 사람이 관직을 사고파는 것으로 일을 삼으니 중앙과 지방은 말할 것 없이 모두 탐학한 것이다.

질문 : 그러면 전라 한 도에서 탐학하는 관리만을 없애 버리려고 봉기하였던가 아니면 8도에서 전부 봉기하려던 생각이던가?

답변 : 전라 한 도에서 탐학을 없애고 내직에 있는 벼슬을 사고 판 권신을 그 자리에서 쫓아낸다면 8도가 저절로 하나가 될 터이다.

질문 : 전라도 감사 이하 각 고을의 수령이 다 탐학한가?

답변 : 십중팔구가 그렇다.*

1895년 2월 27일의 전봉준. 일본영사관 순사청에서 재판을 받으러 법무아문(法務衙門)으로 출두하기 직전의 모습이다. 사진 속 글자는 '동학수괴 전봉준'이다.

전봉준은 3월 29일 《대전회통(大典會通)》 추단조(推斷條)의 군복 차림으로 말을 타고 관문에서 변을 일으킨 경우에 해당하는 형률'에 따라** 사형을 선고받았으며, 다음 날 손화중과 김덕명, 최경선, 성두한 등의 농민군 지도자와 함께 교수형을 당했다. 백산에서 호남창의대장소를 설치하고 대장으로 추대되어 농민군 4대 행동강령을 선

• 전봉준 재판 기록 "전봉준 공초"에서.
•• 《승정원일기》 1895년 3월 29일.

포한 지 정확하게 1년하고도 닷새 만이었다. 전봉준은 죽기 전에 "운명(殞命, 목숨이 끊어짐)"이란 시를 남겼다.

> 때를 만나서는 천하도 내 뜻과 같더니
> 운 다하니 영웅도 스스로 어쩔 수 없구나
> 백성을 사랑하고 정의를 위한 길이 무슨 허물이랴
> 애국의 붉은 마음 그 누가 알까.•

사형 집행 뒤 그의 시신을 누가 어떻게 수습했는지 아무도 알지 못한다. 하지만 그가 죽은 뒤로 사람들은 '새야 새야 파랑새야 녹두밭에 앉지 마라 녹두꽃이 떨어지면 청포장수 울고간다'는 노래를 불렀다. 지금 정읍시에 있는 전봉준단소(壇所)의 묘는 허묘이다.

동학농민혁명이 일으킨 전쟁은 중국의 태평천국혁명 그리고 인도의 세포이투쟁과 함께, 제국주의적 침략에 반대하며 일어난 19세기 아시아 3대 농민전쟁으로 꼽힌다. 하지만

무명동학농민군위령탑(전봉준이 동학혁명을 모의하고 사발통문을 돌렸던 대외마을의 마을회관 앞).

이 세 전쟁의 또 다른 공통점이 하나 있다. 모두 실패했고, 그 나라는 모두 제국주의 침탈의 희생자가 되었다는 점이다. 전봉준이 처형될 무렵에 청일전쟁의 대세는 기울어 이미 청군이 일본군에 무릎을 꿇은 뒤였고, 4월 17일에 체결될 시모노세키조

미쳐서 살고 정신 들어 죽다 —

약 협정문이 다듬어지고 있을 때여서, 조선은 일본이 '맛있게 먹어치우기' 직전이었다.

에이브러햄 링컨 대통령은 북부 경제의 주도권을 남부까지 확대하기 위해서 노예 해방이라는 깃발을 들고서 남부를 무릎 꿇리고 미국을 온전하게 하나로 합쳐 이후 제국주의 열강의 하나로 성장할 기반을 닦았다. 같은 시기, 10년 전에 위로부터의 개혁인 갑신정변이 실패하고 10년 뒤 전봉준이 반외세 반봉건의 깃발을 들고 아래로부터의 개혁인 갑오농민혁명을 시도했지만 역시 실패로 돌아갔다. 그리고 조선의 숨통은 서서히 조여졌다. 조선은 예정된 사망 시점을 향해 점점 가까이 다가갔다. 물론 전봉준의 잘못은 아니다.

전봉준을 비롯한 동학혁명의 지도자들이 처형되고 여섯 달 쯤 지난 뒤인 1895년 10월 8일, 민비(나중에 명성황후로 추존) 가 일본의 조직적인 계획 아래 무사들의 칼에 살해되었다. 조 선을 삼키겠다는 일본의 야욕은 노골적으로 전개되었고, 고 종은 일본과 러시아 사이에서 국권을 유지하려고 줄타기를 하 며 독립국가로서 조선의 위상을 정립하려고 애를 썼다. 그리고 1897년에 대한제국을 선포했다.

그러나 일본의 국권 탈취 계획은 치밀하고도 집요하게 진행 되었다. 1904년 2월 한일의정서로 조선 영토를 군사적으로 이 용할 수 있게 했고, 같은 해 8월에는 일본인 고문을 내세운 내 정 간섭을 시작했다. 1905년 11월의 을사늑약으로 일본은 조선 의 외교권을 박탈했으며, 같은 해 영국과 미국은 일본과 조약 을 맺으며 자기들이 각각 인도와 필리핀을 식민지로 삼는 것을 인정받는 대가로 일본이 조선을 식민지로 삼는 것을 인정했다. 약육강식의 비정한 현실이었다.

1906년에는 일본의 통감부가 조선에 설치되었고, 1907년에 고종은 강제로 퇴위되었으며 군대도 해산되었다. 이 해에 나라 의 빚을 십시일반으로 모아 갚음으로써 독립국의 위상을 되찾자는 구국운동 차원의 국채보상운동이 전국적으로 진행되었지만, 조선을 집어삼키려는 일본의 야욕을 꺾을 수는 없었다. 1908년에는 동양척식주식회사가 설립되어 2년 뒤부터 진행될 조선의 토지수탈을 준비했다.

그리고 마침내 1910년 조선은 일본에 삼켜졌다.

이로써 500년 동안 이어왔던 조선은 사라졌다. 일본의 식민지 조선이 있을 뿐이었다. 어떤 사람들은 망국의 비분강개를 자결로써 표현했고, 어떤 사람들은 국권을 되찾겠다고 무기를 들고 나섰고, 어떤 사람들은 서둘러 일본말을 배우러 나섰고, 또 어떤 사람들은 조선이 일본에 먹힌 줄도 모른 채 그저 땅만 파며 살았다.

지금으로부터 100년 전에, 30년을 한 세대라고 할 때 2011년에 스물한 살인 청년의 아버지의 할아버지, 즉 증조할아버지가 열 살이던 때 그랬다.

의문은 아주 오래전에 시작되었다. 고등학생 시절, 국사 시간이었는지 국어 시간이었는지 모르겠다. 아니 어쩌면 과학 시간이나 수학 시간이었을 수도 있다, 그 충격적인 이야기를 처음 들은 게. 정확하게는 두 사건의 대비였다. 하나는 독일에서 일어난 일이었고, 또 하나는 조선에서 일어난 일이었다.

1895년 11월의 어느 금요일 오후였다. 뢴트겐은 레나르드의 유리관으로 바륨 화합물을 칠한 형광물질의 스크린에 음극 광선이 어떻게 반응하는지 그 효과를 실험하고 있었다. 레나르드가 했던 방식 그대로 판지와 주석 박막으로 유리관을 감쌌다. 정전기가 발생하는 걸 막고 또한 빛을 유리관 안에 가두기 위해서였다. 앞서 행한 실험에서는 형광물질이 음극 광선을 아주 조금 이동시키는 걸 확인했었다. 뢴트겐은, 크루케스의 유리관도 판지와 주석 박막으로 감싸면 동일한 효과가 나타날지 모른다고 생각했다. 뢴트겐은 실험에 쓸 크루케스의 유리관을 개선했다. 유리관 안의 압력은 더 낮추고 유리관 안으로 통과시킬 전압은 더 높인 것이다. (…) 실험실의 불을 끄고 코일에 전류를 흘려보내 덮개가 제대로 역할을 하는지 시험을 했다. 덮개가 제대로 역할을 하는 것 같았다. 이때 그는 유리관에서 빛이 나오는 걸 전혀 보지 못했다.

하지만 전류 스위치를 내리고 바륨 스크린을 가까이 끌어당겨 본 실험을 하려는 순간, 테이블 끝에 초록색 얼룩이 생긴 게 눈에 띄었다.*

같은 해인 1895년, 조선 시대 말기였고, 상투를 자르라는 단발령이 내려졌다.

"상투를 잘라라! 위생에 이롭고 작업을 편리하게 하기 위함이다!"

조선은 발칵 뒤집어졌다. 신체와 터럭과 살갗은 부모에게 받은 것이므로 훼상하지 않는 게 효(孝)의 시작이고, 출세해 도리를 실천함으로써 이름을 떨치고 부모님을 빛나게 하는 게 효의 끝이거늘, 효의 시작을 뒤집어엎자니 이게 무슨 해괴한 일인가!

당대 유림의 거두 최익현이 단발령에 반대하는 운동의 선두에 섰다. 내무대신 유길준은 최익현을 잡아들여서 상투를 자르려고 했다. 그러자 최익현은 이렇게 호통을 쳤다.

"내 머리를 자를 수 있을지언정 머리털을 자를 수는 없을 것이다!"

머리카락에 목숨을 건 사람은 최익현뿐만이 아니었다. 서울에 머물던 지방 사람들 가운데 강제로 상투를 잘린 사람들은 상투를 주머니에 넣고 통곡을 하면서 서울을 떠났다.

도대체 상투가 뭐길래, '효'가 뭐길래, 서양에서는 엑스선을 발견하고 있을 바로 그때에 조선에서는 한심하고 답답하기 짝이 없게도 이러고들 있었을까? 상투 하나에 목숨을 건 이런 사람들이 조선을 이끌었으니, 조선이 망한 것도 당연하지 않았을까?

허나 최익현이라면, 1905년에 을사조약이 체결되자 "청토오

---

* 《의학사의 이단자들》(줄리M. 펜스터) 중에서.

적소(淸討五賊疏)"를 올려 조약의 무효를 국내외에 선포하고 이 조약에 참여한 5적을 처단할 것을 주장했으며, 그 뒤에는 의병을 일으키고 체포된 뒤에도 일본의 회유와 심문에 굴하지 않고 저항하다가 대마도에서 순국한, 당대 조선의 지성을 대표하던 엘리트가 아니었던가? 그렇다면, 상투를 주머니에 넣고 울며불며 과천 고갯길을 넘던 행렬은 단순한 '바보들의 행진'만은 아니었을 것이다.

과연 그렇다면, '내 머리를 자를 수 있을지언정 머리털을 자를 수 없을 것이다!'는 정신의 실체는 무엇일까?

이 의문에 상상이 보태졌다.

만일, 단발령을 놓고 조선에서 벌어진 사건을 뢴트겐이 혹시라도 신문의 해외토픽 난에서 읽고 알았다면, 과연 과학자 뢴트겐은 뭐라고 논평했을까? 그리고 만일 그런 논평을 유학자 최익현이 접할 수 있었다면, 최익현은 또 뢴트겐에게 뭐라고 대꾸했을까?

이 책은 이 오랜 질문 혹은 상상에서 출발했다. 과학의 기역자도 모르면서 문명을 거부한다며 최익현을 나무라는 뢴트겐에게 최익현을 변호하는 내용이기도 하고, 또 동시에 과학을 위해 인간 정신을 팔아먹었다며 뢴트겐을 나무라는 최익현에게 왜 이런 못난 나라를 우리 후손에게 남겼느냐고 따지는 내용이기도 하다. 아울러, 우리를 돌아보고 미래를 바라보는 내용이기도 하다.

이미 오래전에 죽은 사람을 놓고 변호를 하든 따지기를 하든 그게 무슨 상관이냐는 바보 같은 말은 하지 말자. 과거를 지우면 현재도 없고 미래도 없다. 조선의 역사는 엄연히 지금까지 이어지고 있다. 박물관에서가 아니라 현실 속에서 펄떡거리며 이어지고 있다. 누구는 이순신이고 누구는 선조이며, 누구는 정조이고 누구는 박지원이며, 누구는 대원군이고 누구는 고종이며, 또 누구는 최익현이고 누구는 유길준이다.

과거는 현재를 바라보는 눈으로 그린 그림이다. 선명하든 혹은 흐릿하든 간에 누구나 이런 그림을 제각기 다르게 하나씩 가지고 있다. 이 책은 그런 수많은 그림들 가운데 하나이다. 독자의 눈이 필자의 눈과 같든 혹은 다르든 간에, 이 책으로 해서 독자가 가지고 있는 역사 그림이 조금이라도 더 선명해지면 좋겠다.

아울러, 꼭 고마운 마음을 전해야 할 사람들이 있다. 원고를 쓰면서 참조하고 인용한 수많은 글들의 저자들이다. 특히 고전번역원에 감사한다. 고전번역원이 쌓아온 오랜 결실의 도움을 받지 않았다면 이 책이 나오기 어려웠을 것이다. 그런데 고전번역문의 경우, 번역문 일부를 내 임의대로 수정하면서도 이런 수정의 폭에 따라서 더러 원 번역자의 이름을 따로 표시하지 않기도 했다. 굳이 이름을 명기할 경우 오히려 누가 될까 싶기도 하고 또 필요 이상으로 번거롭고 복잡해진다고 판단했기 때문이다. 이런 내 판단이 잘못되었을 수도 있기에 고마운 마음에 죄송스러운 마음이 앞선다. 용서하시길······.

2011년 4월, 이경식